查文检字续

汉字检索探赜

蒋伟　蒋薇　著

上海社会科学院出版社
SHANGHAI ACADEMY OF SOCIAL SCIENCES PRESS

前言

《查文检字》是创立一种汉字精查学说的开篇之作，由蒋伟、蒋薇研发撰著，上海社会科学出版社 2012 年出版。这本专著第一次向中外社会和盘托出用于字典检字的汉字首部件检字法和用于电脑检字的“中文音形输入法”，率先展示了书检、机检在配套统一的体系中犄角合力的卓越功效和广阔前景，同时也首次公开了探究这一践行方向的理论集成。

《查文检字续》再接再厉，追踪汉字检索成败利钝的关键，在哲学根基、社会背景、检字要素、造字原理、汉字性质、“六书”解析、导检机制、电脑输入和配套统一的检字体系等方面探赜索隐。这本新作首次将首部件检字法和“中文音形输入法”直接运用到最新版本的现成字典和国颁字表上，辑录了可供通查《新华字典》第 11 版的《首部件检字表》、可供通查《通用规范汉字表》的《编码检字表》，以及 4 篇阐述检字新法理论和实践的论文，在更大范围的社会活动中验证汉字检索改革的有效途径和积极作用。

《首部件检字表》，第一次采用首部件检字法成功覆盖整部当代流行字典，用实证再次表明《查文检字》书检法的实用性和优越性，展示首部件驾驭字典的明效大验。本表提供了一个汉字检索的全新模式，可以直接当作检字工具投入实际使用，也确立了一个典型范本，为今后首部件参与更多形式的书面检字做好了准备。

《编码检字表》，源自取码和编码与汉字首部件检字法保持谐调一致的“中文音形输入法”第39版。此举意在示范，力图用事实证明，汉字的书检和机检完全可以统一标准、相得益彰。配套书检的电脑输入法，不但顺理成章、便于掌握，而且可以一箭双雕，运用机检编码，易如反掌地书检全部通用规范汉字，再一次用实效成果演绎检字新法的卓尔不群。

论文汇集的内容，是我们宣传推广检字新法时使用的讲座稿。第一篇《邀您走进检字传奇》，简介汉字检索史略和《查文检字》系统的构成。第二篇《首部件检字法的原理、方法和机制》和第三篇《中文音形输入法的原理和应用》，分别从原理和操作等方面阐述《查文检字》的字典检字法、电脑输入法和书检、机检配套统一的汉字检索创新体系。第四篇《〈查文检字〉创新体系的立论基础和架构支点》，辑要阐明检字新法的理论成果。这些论述是对《查文检字》一书相关内容的深究和细说，旨在披露更多创意信息，倡导革故鼎新。

《查文检字》问世5年，初尝被热赞、被冷藏的判若天渊，检字新法也随之历练着创新路上更为艰难的磕磕绊绊。可喜的是，这项成果得到上海发明协会的鼎力支持，在2014年面向全国征集的第三届上海发明创新大赛上，经过20多位专家评委的认定，从1 000多项发明中脱颖而出，荣获一等奖。2017年，检字新法又收获了上海市优秀发明选拔赛铜奖。如今，在国家图书馆和上海、浙江等省级图书馆都有《查文检字》的收藏和外借。这项成果还曾被《文汇报》、上海教育网等20多家媒体宣传报道。我们坚信，事实说话，胜于雄辩，桃李不言，下自成蹊，创新的锋芒势不可挡。

改善检字现状，有助于维护汉字根基，有益于繁荣汉字文化，有利于加强国家软实力。或早，或迟，实现汉字科学检索，终将成为社会共识。在适宜展翅的春天，查文检字的高飞，就一定会实现。

目 录

高效机检

完善体系

编码检字

B 部件检字

BU JIAN JIAN ZI

首部件检字法概要

首部件检字法，是一种依据汉字笔顺结构的第一个构字单位编排和检索汉字的方法，也可简称为部件检字法。这种检字法，继承部首检字法按构字部件排检汉字的传统，但规避其按主观认知设定部类、凭主观判断认定部首的缺憾。这种检字法，优于不知读音就只能束手无策的拼音检字法，也胜过偏离汉字根基的号码检字法和笨拙烦琐的笔画检字法。这是一种精准高效、便捷普适、联袂电脑，矢志于接力部首的书面检字新方法。

对字典编辑来说，首部件检字法用作编排的检字部类，是根据客观固有的汉字开端部类设定的。首，就是第一，就是唯一。由此起锚，顺水推舟，无论构字成分是多是少，都无需为部类属性、部件分合，以及事先必须具备哪些相关知识而踌躇。例如，“繁”有5个部件属于部首，“奉”的两个部件都不是部首，如果按部首设定，“繁”在“糸部”，“奉”在“大部”，晦涩难辨。而根据首部件设定，这两字则分别在“𠂉(每字头)部”和“𡗗(春字头)部”，毫无悬念。曾经坎坷的检字之旅，在这里一马平川。

对检字者来说，首部件检字法用来定位的检字部件，是按照固定不变的汉字起笔部件认定的。例如“警”的部件，“艹、勹、口、攵、亠、言”都在部首之列。如果囿于汉字本意和部件表义，按部首检字法认定，应查最末一个组合部件“言”。而按首部件检字法认定，则查第一个部件“艹(草字头)”。前者出手随“意”，常见云山雾罩，难免众口不一。后者落脚于“实”，如同查“China”，从第一个字母切入，好比探囊取物。

首部件检字法开创了导检机制。在瞄准汉字的第一个部件后，检字目录会适时标出下一步应该如何操作。这个导检机制，不仅使首部件检字成为可能，也极大方便了实际应用。例如查“鲜”，选定“⺈(刀字头)”后，目录会引导实查“鱼”部。再如查“乱”，如果错求“舌”部，目录会引导应查“千”部。导检使检字路径一目了然，再也无需揣摩和强记。首部件目录就像电脑上的多选项菜单，将单一平面改为多层级提供检字信息，既保障了按需进取的主动权，也减轻了检字操作的认知负担，预留了知识储备和经验积累的空间。

首部件检字法的实质是形序定位、按图索骥。对于汉字及其平面结构的第一个图形，不讲究会“意”，不苛求知“声”。例如查“畅”，按部首检字在“丨部”，很难把握；按首部件则从“申”这个字端图形切入，绝不会因为不明“申”的义理和读音、不懂“畅”的表意及归属而不知所措。采用首部件检字，不论老幼高低，都只要照葫芦画瓢、顺藤摸瓜，就能百发百中。

严格按照汉字本身的书写形式和部件的既定顺序排检汉字，如同按照字母的固定顺序操作，可使孑然“另类”的中文字典与通行世界的主流范式字典明投暗合，彻底摆脱两千年来汉字检索仰仗“寓意”导致的困惑，助力汉语字典加速踏进无愧于完美字典的行列。

谨请留意，首部件检字法还是一种与电脑“中文音形输入法”缜密配套的汉字检索法，是创立一种汉字书检、机检完整统一体系的基石，占据着汉字检索的一个制高点。

掌控首部件检字法，就意味着开启了全新的汉字检索津梁要道。

首部件检字说明

“首部件”是指汉字笔顺结构的第一个构字单位。对于具有两个及以上独立部件的合成字，“首部件”是指与汉字首笔相交相接的连笔组合，或是一个独立的首笔，例如“推”的“扌”、“广”的“点”。对于全部笔画交接联结的一体字，“首部件”是指首笔，例如“人”的“撇”、“民”的“折”。

在首部件检字法中，连笔组合的首部件都设置为检字的基础部类；独立首笔和一体字首笔则归于名为“首笔”的基础部类，再按起笔的笔形，分为“横”“竖”“撇”“点”“折”等实际检字部类，并将笔势转向的笔画都归于“折”，例如“刁以买”和“又力乃已女乡出”的首笔。

在首笔分类中有一个特例，就是一笔字“一”和“乙”及其变体“乁”作首部件时，不设置在只表示笔画的“首笔”部类，而是设置在表示字块的“一画”部类，例如“画”“亘”和“飞”“迅”分别在“一画”的“一部”和“乙部”，而“旧乏主习”和“土口禾己”的首部件是单纯笔画，则归于“首笔”部类。

在检字目录的列表中，用[一][丨][丿][丶][乛]表示起笔的笔形，直观对应“首笔”部类的横竖撇点折5个检字部类，并据此对笔画数相同的首部件归类排列。

常规检字：

检字步骤与部首检字法相仿：按照首部件查目录，依据目录查字表。通常先按笔数和起笔笔形在《首部件目录》上找到待查字的首部件。例如查多部件的“查”，首部件是“木”，四画，起笔的笔形是“一”。先从目录“四画”的[一]内找到“木”，然后按所示页码，在《首部件检字表》找到“木部”，再按笔数找到“查”，就可得知这个字在字典正文的页码。同理，笔画有分有合的“永”，首部件是一个独立的首笔“点”，在目录“首笔”部类的“点部”查找。再例如，全部笔画联结一体的“里”和“重”，首部件分别是首笔“竖”和“撇”，在目录“首笔”部类的“竖部”和“撇部”查找。在审视《首部件检字表》相同笔画数的字列时，一般可循首部件在字头、字边、字角的排序查找。例如“口部”的这组笔数相同的字，可按“虽……咂……郢……”的分类速查。

直接查字：

有些首部件仅涉及一字，可按《首部件目录》提供的页码直接进入字典正文查找，称之为直查字。例如查“忌”，首部件是“已”，三画，起笔的笔形是“乛”，在目录三画的[乛]内找到“已”，就可得知“忌”在字典正文的页码。

本书刊布的首部件检字表，以《汉语拼音方案》为取音标准，依据国家《信息处理用GB13000.1字符集汉字部件规范》和《汉字部首表》《辞海》及《现代汉语词典》的《偏旁部首名称表》确定检字部件，按照国家《GB13000.1字符集汉字笔顺规范》和《现代汉语通用字笔顺规范》制定编排顺序，遵照国家新颁《通用规范汉字表》的要求规范字形，充分维护汉字的规范使用和正确传承。

本表采用逐字标音、繁简对照、歧义兼容、目录导检和新序编排的版面，采用略大版本覆盖整部当代字典；收录了《新华字典》第11版的全部字头汉字和一些编外当用汉字，可用首部件检字法速查8 600来个通用汉字和2 600多个繁体汉字在这部流行字典中的页码；如实展现新锐之花与陈年硕果的比翼颉颃。

这是一个蹒跚起步的探路创制，信息含量大、制表难度高。限于能力和经验，败笔之处在所难免，谨祈谅宥。特设查文检字邮箱cwjzyx@163.com，伫候赐教，拜会知音。

附录：汉字起笔定位参考

一、汉字笔顺基本规则：

上下结构——从上到下（艺气意喜）
左右结构——从左到右（从班树缴）
联排结构——先左上角（解辨碧器繁攀）
包围结构——先外后里（门周向囱回国）
中轴结构——先中间后两边（小水承乘爽幽）

二、单字起笔参考细则：

长横——先写（干本革有）
短横——后写（上北非卓）
左竖——先写（口中内里）
单撇——先写（人生匕长币升兆）
上开框——先里后外（凶画）
下开框——先外后里（同贝）
侧开框——先外后里（区叵）
上半包——先外后里（刁虱句厅）
下半包——先里后外（这建尦断）
点在上、左——先写（户为门斗）
点在内、右——后写（叉瓦发我）

首部件目录

（可供通查《新华字典》第 11 版）

说明：“{ ”之后提示另有如示检字部件，在本目录中专供开端部件
与之相同的待查字采用，应酌情跟进。
行末号码是指大括号之前的检字部件在检字表中的页码。
“-{”之后提供应该直接采用的检字部件，及其在检字表中的页码。
“-”之后提供可以直接查找的字，及其在《新华字典》第 11 版正文的页码。

首部件检字表

（可供通查《新华字典》第 11 版）

说明：(1) 检字时的笔画计数不含检字部件的笔画数。

(2) 各行右端号码是指《新华字典》第 11 版正文页码。

(3) 没标页码的是《新华字典》第 11 版之外的汉字。

(4) 多音字按音序逐行接排拼音。

(5) 与简化字含意相同的繁体字加“(　)”，如“顺(順)”；含义不对等的加“[　]”，如“曲[麯]”。

横　部

一至二画

厂(廠)	ān	3
	chǎng	52
丁	dīng	104
	zhēng	643
十	shí	452
七	qī	392
于	yú	605
工	gōng	158
干[乾幹]	gān	146
	gàn	149
下	xià	534
兀	wù	526
万[萬]	mò	350
	wàn	512
士	shì	455
土	tǔ	503
才[纔]	cái	41
丈	zhàng	634
大	dà	83
	dài	84
九	yóu	601

三画

王	wáng	512
	wàng	513
五	wǔ	525
丐	gài	146
丏	miǎn	343
开(開)	kāi	262
天	tiān	492
无(無)	wú	524
不	bù	39
歹	dǎi	84
牙	yá	567
互	hù	195
匹	pǐ	382
巨	jù	255
丰(豐)	fēng	134
韦	wéi	514
木	nù	353
支	zhī	645
太	tài	480
夫	fū	137
	fú	137

竖 部

点部

𠂎 部

八 部

二至七画

八画以上

九 部

几 部

丷 部

冫 部

⺀ 部

讠(言)部

刀 部

力 部

乃 部

厶 部

吣	qìn	410	呻	shēn	446	咒	zhòu	656
呎	chǐ	61	咉	yāng	575		六画	
吲	yǐn	594		yǎng	576	虽(雖)	suī	474
吧	bā	7	咋	zǎ	620	品	pǐn	387
	ba	10		zé	625	哐	kuāng	276
吼	hǒu	192		zhā	627	𫫇	bāng	14
吮	shǔn	466	咐	fù	142	哇	wā	508
别[彆]	bié	32	呱	gū	163		wa	509
	biè	32		guā	167	咡	èr	123
	五画			guǎ	167	哄	hōng	190
黾(黽)	mǐn	347	呼	hū	193		hǒng	191
味	wèi	518	呤	lìng	312		hòng	191
哎	āi	2	咚	dōng	107	哑(啞)	yā	566
咕	gū	162	鸣(鳴)	míng	348		yǎ	567
咑	dā	81	咆	páo	375	咺	xuǎn	561
呵	ā	1	咛(嚀)	níng	365	哂	shěn	448
	á	1	咇	bì	24	咴	huī	204
	ǎ	1	咏	yǒng	600	哒(噠)	dā	81
	à	1	呢	ne	359	咧	liē	306
	a	2		ní	361		liě	306
	hē	184	咄	duō	116		lie	307
咂	zā	619	呶	náo	358	咦	yí	585
呸	pēi	376	咖	gā	144	哓(嘵)	xiāo	544
咙(嚨)	lóng	315		kā	262	哔(嗶)	bì	25
咔	kā	262	咍	hāi	178	咥	dié	103
	kǎ	262	呣	ḿ	328		xì	533
咀	jǔ	254		m̀	328	呲	cī	73
	zuǐ	675	呦	yōu	601		zī	668
呷	xiā	533	咝(噝)	sī	467	咣	guāng	172

囗 部

二至四画

五至七画

八画以上

饣（食）部

二至五画

六至七画

八至九画

十画以上

乌（鸟鳥）部

夂 部

广 部

丰 部

木 部

止 部

少 部

中 部

贝(貝)部

二至五画

六至九画

毛　部

气　部

⺧　部

氏部

勿部

石 部

二至三画

四画

五画

六画

七画

北　部

业　部

田　部

钅(金)部

一至三画

生 部

矢 部

立 部

弗 部

疋 部

出 部

𢀖 部

蚲	píng	388
𬟽(蝀)	dōng	107
蛆	qū	416
蚰	yóu	602
蚺	rán	422
蚱	zhà	629
蚯	qiū	414
蛉	líng	310
蛀	zhù	661
蛇	shé	445
	yí	585
蛏(蟶)	chēng	57
蚴	yòu	604
	六画	
蛙	wā	509
蛱(蛺)	jiá	223
蛲(蟯)	náo	358
蛭	zhì	650
蛳(螄)	sī	468
蛐	qū	416
蛔	huí	205
蛛	zhū	658
蜓	tíng	496
蛞	kuò	281
蜒	yán	570
蛤	gé	153
	há	178
蛴(蠐)	qí	394
蛟	jiāo	233
蛘	yáng	576
蛑	móu	352
	七画	
蜐	jié	238
蛸	shāo	443
	xiāo	544
蜈	wú	525
蜎	yuān	612
蜗(蝸)	wō	522
蛾	é	119
蜊	li	299
蜍	chú	66
蜉	fú	139
蜂	fēng	135
蜣	qiāng	404
蜕	tuì	505
蛹	yǒng	600
(蛺)蛱	jiá	223
(蜆)蚬	xiǎn	538
	八画	
蜻	qīng	411
蜞	qí	395
蜡[蠟]	là	282
	zhà	630
蜥	xī	529
蜮	yù	610
蜾	guǒ	177
蝈(蟈)	guō	176
蜴	yì	590
蝇(蠅)	yíng	597
蜘	zhī	647
蜱	pí	381
蜩	tiáo	494
蜷	quán	420
蝉(蟬)	chán	49
蜿	wān	510
螂	láng	286
蜢	měng	340
(蝀)𬟽	dōng	107
(蝸)蜗	wō	522
	九画	
蝽	chūn	72
蝶	dié	104
䗖(螮)	dì	99
蝾(蠑)	róng	427
蝴	hú	194
蝻	nǎn	357
蝘	yǎn	572
蝲	là	282
蝠	fú	141
蝰	kuí	278
蝎	xiē	546
蝌	kē	267
蝮	fù	143
螋	sōu	471
蝗	huáng	203
蝓	yú	607
蝣	yóu	603

缶 部

⺮ 部

我 部

甚 部

鬥 部

隺 部

堇 部

𦰩 部

曹 部

婁 部

敝 部

敢 部

黑 部

Z铸鼎立言

ZHU DING LI YAN

邀您走进检字传奇

《查文检字》《查文检字续》是探讨汉字检索理论和记述检字实践的专著。书中呈献的检字新法，属意于书检、机检和检字系统三位一体的建树，试求撼动中文检索固守千年的金科玉律，传载着一个汉字精查新说不同凡响的故事。

汉字关系到你我，维系着国家和民族，承启着华夏文明，而汉字检索则是汉字文化稳固立足的必备支点。在汉字面临五千年来最严峻挑战的时代，是对现有检字方法攻防破立，磨石琢玉，还是不屑一顾，坚决冷漠到底？大潮奔涌，检字新法适逢其会。《查文检字》和《查文检字续》不辞栉风沐雨，投身汉字传人苦苦求索而千年未竟的又一轮接力。唯其炎凉难料，与之不期而遇的是相信，还是怀疑？是欢迎，还是阻击？检字新法能否立竿见影，抑或引发狼烟四起？能否用 10 年、50 年直至更久的播种耕耘，才被公众认识，或是仍旧无声无息？在这个顺逆纠结的临产阵痛中，我们筚路蓝缕地做着该做和能做的事情。接下来的是非成败，将由汉字传人、将由社会和时代来演绎。

今天，有缘相逢，很期待这是一次会心的凝眸并肩。在务实求真的大道上，我们一同切磋新法检字。这是作者从 16 岁求索到 60 岁才杀青的血汗结晶，这也是两千年来首次实现的创意成果，言近而旨远。斗胆预言，与您邂逅的首部件检字法和中文音形输入法，不论遭遇寂寞荒凉，还是面临拥趸热浪，最终都将可能成为汉字检索史上带有标志意义的范例。诚愿诸位惠临其间。革故鼎新，众擎易举，我们邀您一起走进检字传奇。

一、速览两千年汉字检索体系的变迁

汉字检索体系立足于汉字排检法。汉字排检法是指按一定规则将汉字排列成系统，以便检索的方法。从编排上讲，是指排列、排字，采用的是综合的、归纳的方法。从用途上讲，是指检字、查字，采用的是分析的、演绎的方法。这两者，排字是形式，检字是目的，是同一事物的两个方面，所以被统称为汉字排检法。不同的汉字排检法，编织着不同的汉字检索体系。在这个举足轻重的领域，历朝历代多是国家介入，专家发力，民间热衷，学研之风经久不衰。在漫长的历史过程中，汉字检索体系也经历着由粗疏到精致的演进。

从文献记载可知，春秋战国之前，甲骨文、金文的字数已不少于 4 000；到了秦汉之交，篆体汉字至少已达到 9 000 以上；但届时并没有汉字检索系统问世，只是出现了一些作为典范的字书，充做正字样板和儿童学字的课本。著名的有：周宣王时期的《史籀篇》；秦始皇时期的《仓颉篇》《爰历篇》和《博学篇》，这三篇共收录 3 300 字；西汉时期的《训纂篇》，已有 5 340 字；东汉时期的《滂喜篇》更达 7 380 字。这些字书一般都编成三字、四字或七字的押韵文句，读来顺口，也容易记诵。但是，这些字书不具备检字功能，也不解释字形、字音、字义，所以不是字典，也谈不到检字体系。

在中国古代，还曾出现一些专攻文字的著作。其中有解释词义、按义序编排的字书，例如战国末年后的《尔雅》、西汉杨雄的《方言》、东汉刘熙的《释名》，等等；也有查音韵、按音序编排的字书，例如隋朝陆法言的《切韵》、宋代官修的《广韵》，以及后来的《集韵》《洪武正韵》《音韵阐微》，等等；但都没有严格的按字排检秩序，不能对号入座地查检。

东汉永元十二年，即公元 100 年，许慎完成《说文解字》，设定 540 个汉字部首，说解 9 353 个汉字，据形系联，把形体相近或者意义相关的部首编排在一起，开创了形序检字法的体例，成为了中国字典的鼻祖。其首创的“分别部居，不相杂厕”的体系，沿用至今。

及至北魏，吕忱依据《说文解字》的偏旁部次，编写了《字林》。此后千余年间，仿《说文解字》体例，但部首数量不同的字典出现了二三十种，例如南朝梁《玉篇》设 532 部，唐《五经文字》设 160 部，宋《类篇》设 544 部，辽《龙龛手鉴》设 242 部，明《类纂故字考》设 314 部，明《字汇》、清《康熙字典》和民国《中华大字典》都设 214 部，中华人民共和国最大的字典《汉语大字典》曾设 200 部，后改设 220 部，《辞海》曾设 250 部。

部首检字系统问世将近两千年，原则和框架基本不变，但在明朝中后期至清朝初期，曾发生重大革新。这是由于，《说文解字》体系本属于说解汉字的文字学系统，多是“以理群类”(引文出自《说文解字·序》)，按意义归类，挪用于检字法时，不仅十分艰涩，而且建部太多、太细，加之部类编排无固定标准，各部之内的字列也多无章法，查起字来很不方便，就连今传大徐本《说文解字》的编撰校订者、南唐著名文字学家徐铉都说，“偏旁奥秘，不可意知；寻求一字，往往终卷”(见《说文解字篆韵谱序》)。为了力求检字方便，明代学者梅膺祚编写了一部字典，名为《字汇》。该书于 1615 年问世，提出“论其形不论其义”(见《字汇·凡例》)，将《说文》篆字体例的部首改为楷体，大幅削减部首数量，只设 214 部，用反切法注音，按笔画多少排列部首和汉字，被后人称为“改良部首”。其“改良”的实质，就是不再严格按“表义”设定部首，而是起用一些多字共有的部件充当部首，例如，把“规”等归入“见”部，就裁掉了原有的“夫”部；把“扁”等归入“户”部，就裁掉了原有的“册”部；精减了部类总数。这种从“按义”改为部分“据形”，使重在释义的文字学部首走向了更适合检字的检字法部首，提高了检字效率，受到欢迎。这种据义、据形合编的体系，被清朝的《康熙字典》几乎全盘采纳，得到进一步肯定和普及。直到民国之前，部首系统的检字法一直唯我独尊，无可争锋。

在部首当家将近两千年的过程中，检字规则曾有几次革新几次复旧，特别是在社会发展恰逢大步前行时，为适应迫切的文化需求，每每会有峥嵘创意惊艳亮相。我们借助唯物史观的望远镜观测了特别抢眼的几次，也请您看看，是否事出有因。

就从变故最大的明朝万历年间说起。当时社会平和，已在悄无声息地滋长着新的社会发展动力，社会文化也随之风生水起，对汉字的使用和对检字的需求，持续旺盛。那个叫梅膺祚的才俊，应时而动，革新部首，他的思路和方法，影响深远。

同期万历年间，与中国现代科技先驱徐光启合译《欧几里得几何原本》的意大利人利玛窦，在 1605 年前后发表了《西文奇迹》，首创用拉丁字母为汉字注音。其后，来华法国人金尼阁，在 1626 年前后出版了最早的音素字母汉字注音字汇《西儒耳目资》，可以从音查字，也可以从字查音。此后，俄、英、德、荷兰、比利时等外籍汉学家纷纷跟进。影响最大的有所谓邮政式和威妥玛式。1892 年，卢戆章推出《中国第一快切音新字》，成为国人创制的第一个拼音方案。此后，相继出现了一些具有代表性的华人拼音方案。1918 年北洋政府教育部公布注音字母。上述成果，成了汉语的拉丁字母拼音和汉字的拼音检字法源头。

辛亥革命后，封建社会土崩瓦解，社会巨变，五四新文化运动如火如荼。为改变汉字检索繁难费事，不知字义不能查《说文》、不懂声韵不能查《广韵》的窘况，知识界的精英们急而进取，形成了一次创编检字法的热潮。上海商务印书馆率先采用“笔画索引”的《新字典》，于 1912 年问世。林语堂以 19 种笔形编制的《汉字索引制之大纲》，于 1917 年紧随其后。期间，众多学者和图书馆专家纷纷投入创新。1928 年，万国鼎著《各家新检字法述评》（见《图书馆学季刊》2 卷第 4 期），评介了 40 种检字法。1933 年，蒋一前著《汉字检字法沿革史略及近代七十七种新法表》（见《图书馆学季刊》7 卷第 2 期），评介了 77 种检字法。由此可见人们在新形势下对理想检字法的极大热情和迫切追求。在此前后出现的新检字法种类繁多，有音序法、改良部首法、笔画法、笔顺法、笔向法、四角号码法、对角法，等等，其中投入实际使用的佼佼者应属王云五于 1926 年出版的《四角号码字典》。此外，特别一提的是，1937—1945 年间，商务印书馆出版了分为 8 册的《国语词典》，单字和复词都按注音字母排列，打破了传统字书的编排方式，成为我国第一部严格意义上的音序词典。由以上可知，今天的音序法、笔画法、号码法，都是薪火相传于五四新文化运动的硕果。可惜，当年那些一现昙花，很快沦没于抗日、内战的兵燹战火。

中华人民共和国成立之初，全新的政治、经济气候，催生了前所未有的文化热潮。为配合“扫除文盲”，又有几种新的检字法破土萌芽。及至 1953 年 10 月，第一部按注音字母音序编排，附有笔形部首检字表的《新华字典》脱颖而出。1958 年，国家公布了《汉语拼音方案》，相应产生了今天的汉语拼音检字法。在中华人民共和国成立十周年前夕，《光明日报》于 1959 年 6 月 15 日刊文《迫切需要一个适合广大群众使用的查字法》之后，社会上又一次出现编创检字法的高潮。据文化部、教育部、中国文字改革委员会、中国科学院语言研究所联合成立的“汉字查字法整理工作组”统计，至 1963 年 6 月，社会新创“查字方案 170 件，意见 144 件”。真可谓百花争艳。后经

1964 年 11 月的筛选和修订，官方向国民推出部首、拼音、四角号码和笔画四种检字法，实用至今。遗憾的是，恰逢不久之后政治局势开始动荡，酝酿着所谓“文化大革命”，山雨即来，红绿飘零。

待到春风又吹，已是“文化大革命”之后，汉字开始步入计算机时代。1978 年 7 月 9 日，《文汇报》首发“见字识码”的计算机编码，激起了汉字传人攻占微机的极大热情，此后 20 多年，民间新创 1 600 多种电脑输入法，爆发空前绝后的“万码奔腾”。其中，四通中文打字机首创专供汉字输入的“汉卡”，五笔字型输入法率先投入实用。此后，被大面积使用的汉字输入法还有“全拼”“智能 ABC”和“微软拼音”等等。

其间，还需特别说一说书面检字。1983 年 6 月，文改会和文化部出版局联合召开了统一汉字查字法座谈会，提出了《汉字统一部首表(草案)》，参照《康熙字典》《辞海》(1979 年版)、《新华字典》的部首，设定了 201 个主部首，另设 80 个附形部首，主附部首各自立部，分别排列所辖汉字。但此举并没得到各界充分认可，不同字典在采用时多有调整。到了 2009 年，国家主管语言文字工作的部门又组织力量，着重在笔顺和部首排序上对“草案”进行完善，形成了《汉字部首表》和《GB13000.1 字符集汉字部首归部规范》。但这种调整是技术性的，不是实质性的。例如将附形部首降为 77 个，将“寻字头”由附形部首改为主部首等，并没有改变据义归部的成分多于据形归部的根本问题。从使用效率上看，其检字的“一步到位率”甚至低于《汉字统一部首表(草案)》。

千禧年后，高层次的汉字检索研发明显占据了上风。在书检方面，新版字典一律恪守再度官修的“汉字部首表”，趋向稳定。在机检方面，电脑市场废用了中文输入法生成器(IMEGenerator)，始于 WindowsVista 和 Windows7，在普通电脑上已不能不经额外的专业设置而自行创建中文输入法，“万码奔腾”收心止步。但接踵而至的则是“搜狗”“百度”等拼音输入法长驱直入。互联网公司、名牌电脑和品牌手机利用技术、资金和使用权限等优势，各自推出升级版的智能排序、词语联想和大容量字库的中文拼音输入法，很快抢占了所有前排位置，国内绝大多数键盘尽落彀中。但是，人们在广泛享受拼音便利的同时，也还是要隐忍狂翻找字的憋屈、“有木有”之类的异化和库存字词的制约。可叹机器检索这方热土，在拼音输入拔得头筹后，唯见商家慷慨推销着自我盘算,而检字质量并没有实质性的提高。至今,国家颁布《通用规范汉字表》法令已有5年之久了,仍旧不见广泛响应,普通电脑还是依然故我,无法打全、印出表上的所有汉字,着实上演着放任自流的一幕。

在经历了半个多世纪的风起云涌后,汉字检索已今非昔比,书检方法有所提高,机检方法大步飞奔,但也延续着年深日久的种种遗憾。如今面对着越升级越少用中文的电脑,汉字似被浸捺在不断加热的温水中。但恍然眼前的,仍旧是字典趑趄,电脑蹀躞。直到当前,书检、机检还是在分道扬镳、各奔前程,汉字检索仍旧是断句在不恰当的位置上,汉字传人依然延颈企踵地切盼科学统一的检字体系。可是,眼看花期将过,何时才挂硕果?

千百年来,我们这个文化古国风雨兼程,但是从不疏离"盛世修典"。每当社会大踏步前行,又恰逢时局相对平稳、文化需求旺盛时,不论多么艰难,研究汉字和改革检字法的呼声都会高起。两千年间,汉字检索由书检拓展到了机检。书检的着力点,从部件发轫,经历了释义、音韵、注音、拼音和数码的验证,最后还是又站回到了部件。那些献身民族文化疆场的先贤,那些拼搏在这块学术阵地前沿的勇士们,呕心沥血治学,披坚执锐撰著,有尽倾毕生血汗于不顾的,有穷途末路潦倒街头的。已经倒下的他们,还有多少人记得?正在这条路上滴沥学步的我们,又有谁会关注?值得期待的是,这个惯见踏着血汗前行的民族,久违了简便实用的查文检字新篇,也许垂青一顾!今天,中华民族在饱经磨难之后,又一次奋进在复兴大道上,在后浪推前浪的高昂涛声中,信步于否定之否定洗礼的汉字检索,是不是又踏上了一个新的节点?

二、领略汉字书检的新天地

汉语字典难查是个尽人皆知的事实,也是我们这项发明的原动力。这是因为,只要历数当今最常用的4种字典检字法,就能发现,它们都不堪重任。

(一) 现用检字法述评

1. 部首检字法

这个检字法是汉字检索的主力,需要多说几句。这是一个沿用了将近两千年的首选检字法，源自东汉许慎的《说文解字》。但是从书名和内容我们可以得知，《说文解字》成书的本意是为了说解汉字，并非主攻于查检汉字。部首的表义功能本该属于文字学，并不完全适宜于检字法，只是迫于无出其右，才被世人借用来检字。虽然自从明清直到当代，为了提高检字效率，部首得到不少改良，总数已从540个压缩到300以下，有些汉字也不再按义类编排，而是改按字形编排，但部首的表义和寓意属性，并没有根本改变。我们不妨就从部首的实际使用情况来端详究竟。

自汉朝至当今，版本不同的字典在部首的取舍标准、采集数量、具体确定以哪个构字部件做部首方面，多有不同。例如：民国的《中华大字典》设有214个部首，中华人民共和国的《统一汉字部首表》则设有主部首201个、繁体和变形的附形部首80个，实有281个检字部首。由于编辑思路、社会要求、时代变迁、地域差别造成的部首框架和内涵不同，致使历时和共时的汉语字典形形色色，差异悬殊，难以一通百通，这当然会给有求字典的人造成很多困惑。

并且，部首的认定难度很大，如果选择不对，也就只能无功而返。例如：查“警”，其中的草字头、包字头、口、反文、文字头、一、言，都在部首之列，但字典上一般只能按“言”部查，如果错用其他部首，就都查不到了。再例如查“奉”，如果不知道部首和所在部类，根本就没法查。可是，如果连这个字都还不认识，又怎能事先就知道它的部首和部类是哪个呢？

加上部首的总量有几百个，位置在汉字的上、下、左、右、中间、边角游移，虽然规定了多达10条的取舍原则（见《辞海》的“部首查字法查字说明”），但仍无法面面俱到。例如，按规定，一字含有多个部首的，“取上不取下”“取左不取右”，可是“热”却在“灬”部，“瓯”却在“瓦”部。再如，“东”在“一部”，“叛”在“点部”，“我”在“戈部”，“夹”在“大部”，“赣”在“音部”，“巨”在“匚部”，怎么规定都难找到。再例如“厶”这个部首，在“参”打头，在“县”垫底，在“私”溜边，在“能”挂角，在“渗”和“熊”中不做部首，初学者很难掌握，要其立马识别部首，几乎等于问道于盲。

而且，部首形态五花八门，有的是一个部件，如：“仁”的“亻”；有的是两个部件，如：“段”的“殳”；有的是3个部件，如：“鲜”的“鱼”；有的是4个部件，如：“麽”的“麻”；有的是5个部件，如：“麒”的“鹿”；有的是6个部件，如：

“龢”的“龠”；有的是 7 个部件，如：“齡”的“齒”。如此复杂，仅凭检字人的即刻判定，难免乱点鸳鸯，往往信口雌黄。

此外，值得注意的还有，部首在不断简化的进程中也滋生着繁复和回头的倾向。就以中国大陆现在实行的《汉字部首表》和《GB13000.1 字符集汉字部首归部规范》为例，在设定 201 个主部首的同时，又设定 77 个附形部首，实则设定了 278 个用来单独立部的检字部首，这比明末以来多数字典的部首还多出不少。特别令人惊疑的是，在编排方式上，2013 年 6 月国家刊布《通用规范汉字表》以后，与之配合的一些字典，把以主部首“心”和附形部首“忄、⺗”为部首的字，合并在“心部”，并且将这三种部首形态的字，例如“恃恐恭”等，纵列混排在一起，完全颠覆了以往编排方式。诸如此类混编混排的还有不少，例如：“⺈”“刂”部的字列在“刀部”，“龵”“扌”部的字列在“手部”，“纟”“糹”部的字列在“糸部”，“入”“亻”部的字列在“人部”，“灬”部的字列在“火部”，“氵”的字列在“水部”，“攵”部的字列在“支部”，“礻”字旁的字列在“示部”，“衤”字旁的字列在“衣部”，“左耳旁”的字列在“阜部”，“右耳旁”的字列在“邑部”，等等。这些部首，虽然源流相承，涵义相同，但形状迥异，其所辖汉字，在某些新编字典里也都是纵列编排、混杂在一起。可是，长期以来，“纟”和“糸”的辖字，大都分别排列，在“糸部”是不能查到“给”等“绞丝旁”的字的。在这些最新字典中，我们似乎又被推回到了《说文解字》的套路，在检字时又要仔细琢磨部首表义的文字学功能了，这也使我们又一次看到了部首检字法众说纷纭、举棋不定的实况。

通过以上实例，我们大致可以看到，一统天下将近 2 000 年的部首检字法，虽然可以借用来检字，但难度大、不精确、不高效，只能是个权宜之计。

2. 拼音检字法

这种检字法看似容易，但却伴有一个致命局限，那就是，不认识和读不准音的字，根本不能查，而平常需要查找的，往往是不知读音的生字。并且，如果采用拼音检字，是否能够说好普通话是个先决条件。可是，直到 2014 年 9 月，据官方信息，“目前已有 70% 的人口具有普通话的应用能力，但尚有 4 亿人不能用普通话交流”。这些不会普通话的人，当然也就不能使用拼音检字。所以，单查拼音的字典只能是个瘸腿字典，可以救急，无法求全。遗憾的是，现在的一些字典，特别是中外文对译字典，往往只按拼音检字，局限性很大。

3. 笔画检字法

这种检字法繁琐而且不易掌控。汉字少的 1 笔，多的 36 笔以上，繁体字就更加难辨难办了。并且，有的折笔算一笔，如“乃”“女”；有的折笔算两笔，如“之”“子”；计错一笔就找不到方位了。加之新老字形、新旧笔顺、今昔写法，以及个人书写习惯的不同，也会使所数笔画产生误差，这对求索生字者来说，难于字字精准把握。而且，在同一笔画之内，往往有几百上千个汉字。其中，在现代通用的 8—13 画汉字中，每画之内都辖有 1 000 左右汉字，就是写对了笔画，也还是必须耗时费力地徒手在大池塘中捞小鱼。

4. 号码检字法

号码检字法有两种基本形态。一般是给汉字的 4 个角或 3 个角编码，这种做法很难统一认识。也有用数码指代汉字部件或读音的，以及像老式电报码那样给汉字编号码的，这个“密电码”可就更难掌握了。这里的号码，往往与汉字的造字和构字原理并无渊源，更没有规范依据，而是全由设计者编排，有多少个创意，就可以有多少种版本，使用难易也因人而异。但是，即便是最成功的四角号码字典，据说也是 6 个字中就有 1 个难以确定号码，并且还出现了新旧号码的不同版本，争议在增加，操作难度并无折减。所以，我们所能看到的号码检字法，往往是时鲜的提议和远去的背影。

特别令人沮丧的是，以上 4 种检字法面对电脑时，除拼音还可以瘸着腿只打能读准音的字外，其余都几乎只有冷板凳坐坐。偌大一个文化之邦，至今没有精密高效的检字法，更不具备书检、机检统一完整的汉字检索体系，这实在是我们民族文化的重症软肋。汉字检索的历史和现状，枉使汉字在世界文字之林徒留贬损和笑柄不说，对汉字的学用和传承影响之大，可想而知。这怎不让我们这些五千年文字的传人深感愧怍汗颜。汉字检索的困窘是有厚重社会背景的，有机会时，我们可以用历史唯物主义细说详解。但在这里，我只能大声说一句：文化强国，汉字当先，汉字检索法应该、必须、急待创新改革！

（二）创新改革好说难做，就连认识也不容易一致

举例说事：《查文检字》问世后，曾得到多方支持，也曾遭到某商家资助

的“创新大赛”排斥。被否决的主要理由是：有了语音检字、手写检字和输入法检字，有无字典和字典检字已无所谓，改革与否是国家的事，用不着个人瞎掺和。由此可见，就是在某些倡导创新的校场上，也同样横行着阻挡创新的伪命题。但我们还是坚持认为，其言差矣，道理如下：

道理一，语音检字不能取代汉语字典。在语音输入时，受到读音是否标准、机器能否识别、同音字怎样区分等问题。就是在可以依赖语境、词组和联想输入文章时，一般精度也不过 80%上下。同时，还存在电脑内存丰俭、使用什么字典版本、音形显示和释义深浅等问题。例如，查一个已被收入蓄字数万的《中华大字典》中的生僻汉字，不识，就读不出，没法查；知读音，但电脑字库没存，还是卡壳。其实，国颁的法定“通用规范汉字表”问世已有 5 年，但全社会的电脑并未足额跟进，我们至今仍不能在现有电脑上找全这 8 105 个汉字。

道理二，手写检字也不能取代汉语字典。因为受到所用机器是否有此功能、功能是强是弱、内存字库蓄字多少、屏幕对读音和释义的显示能力是否到位等限制。例如，如果在没有网络支持和正版软件的情况下，就没法用手写精查《新华字典》《现代汉语词典》和《辞海》上的全版字词。再说，世上字典、词典形形色色，远逾百种，那就更难奢求一一手写了。

道理三，输入法与字典检字有融通，也有区别，不能相互取而代之。字典检字可以做到无师自通，拿来就用，无需储备大量特定知识，也不必事先严格训练，一般都能老幼咸宜、高低同享、中外通行。输入法则必定会有门槛，会有要求，会宽进严出，并且同样受到机器性能的种种限制，这就不是小幼新初皆能对付得了的。对于还没深谙电脑和输入法的小学子、老童生来说，字典不能断弦，字典仍是查字的当用首选。

道理四，汉语字典不会消沉不振，字典文脉不可斩断废弃。不论科学和机检技术发展到多高水平，作为国家文字，都应该配备精良的书检规则，并使之在与最新科技成果的结合中锦上添花。虽然我国的字典排检法长久不够优秀，没有科学系统，这与文化大国的身份绝不相称，但是，星移斗转，现在中华大地已经具备了良好的文化生态、雄厚的知识积累和决胜的攻坚力量，科学的汉语字典排检法迟早会执棒汉字五千年的接力。其实，只要排检方法科学高效，汉语字典就能拥有不败的优势：字典体积小，功能全，实用，便携，宜存，就手，速查，传世；字典容量大，涉及方方面面，音形意表达俱全，条目清晰，图文并茂；字典便于定期改版，及时更新补漏，善合与时俱进；字典古今传承，内容和编纂基础强大，从古到今都是文化重地；再说，历史、国家、民族乃至普通百姓，不论什么原因，大概也不会答应断弃源远流长的汉语字典这一支文脉。

缘于上述，我们认为，汉语字典是中华文化的必备要件，支持字典、维护汉字的规范使用和正确传承，匹夫有责。因此，我们不揣浅陋，在多年研究的基础上，又全职、全力打磨了 20 多个春秋，终于成功创立了实用于书面检字的“汉字首部件检字法”，得以呈献汉字传人，有幸在今天介绍给各位。

（三）汉字首部件检字法概说

这里的“部件”，是指由笔画组成的、具有组配汉字功能的构字单位。对于多部件的字来说，“首部件”是指汉字起笔位置上第一个最小的连笔组合或凌空的单个笔画，例如：“推广”两字，“推”的“扌”，“广”的“丶”；对于全部笔画都交接的字来说，“首部件”是指汉字的首笔，例如：“人民”两字，“人”的“丿”，“民”的“折”。

首部件检字法，就是按照汉字的第一个部件编排和查检汉字。具体做法分为常规检字和直接查字。

常规检字，程序与部首检字完全相同，先按笔数和首笔笔形在《首部件目录》上找到待查字的首部件，然后按所示页码，在《首部件检字表》上找到对应部类，再按笔数和字形找到待查字。

直接查字，指的是有些首部件仅涉及一个字，该字按《首部件目录》提供的页码，就能一步查到，称之为直查字，例如：查“顾忌”的“忌”，在检字目录上查到“己”，就已经可以知道“忌”在字典正文中的页码了，比常规检字更加方便。

在首部件检字法里，多部件的“售”，不再查“隹”，改查“亻”；“繁”不再查“糸”改查“每字头”；“疑”不再查“疋”改查“匕”。对于全部笔画都相连的字来说，例如：“中”“央”就分别查它们的第一笔“丨”。

在这里，由于检字部件的位置和形态都是固定不变的，这就使检字部件的设定和认定都具有了客观标准和稳固依据。编字典的人不用自作主张，查字典的人也无需事先储备特定知识和经验，都只要按图索骥，也就是按汉字笔顺结构中的第一个图形顺藤摸瓜，就可以百发百中了。与刚才列举的按部首检字相比，那可就要容易多了。例如："副"查"一"，不查"刂"；"毀"查"臼"，不查"殳"；"農"查"曲"，不查"辰"；"型"查"开"，不查"土"；"烈"查"歹"，不查"灬"。所有通用字、简化字、繁体字、异体字都照此办理，一视同仁，都处于同一个平台。

并且，在 8 000 多通用规范汉字加上将近 3 000 繁体汉字列表中，首部件检字法只需设定 280 个检字部类，与当前通用的《统一汉字部首表》(281 个部类)和《汉字部首表》(278 个部类)的实际立部旗鼓相当。在这里，按固定位置的固定图形检字，检字的难度消失了，检字的精度提升了，检字的速度加快了。并且，一目了然，无师自通，老少咸宜，中外通用。

首部件检字法还有三点优势，特别值得关注：

一是如果按照首部件的标准来划分和排列汉字的其他部件，按笔顺先后组成电脑输入编码，汉字的查字典(即书检法)和打电脑(即机检法)就可以走在同一条路上了，书检和机检也就可以同步进退了。并且，书检是不设门槛的普适版，可以无师自通，即学即会，拿来就用；机检是书检的提高版，需要学习，但更加高效。两者犄角支撑，可以最大限度满足检字的实际需求。

二是首部件检字法以汉字的第一个部件作为检字依据，辅以笔顺和形序编排，以及导检机制，可供单列字表使用，也适用于所有中文、中外文字典。在以往和新编的字词典上，只要采用《首部件检字表》，即使是在检字容量为数千乃至数万字的列表和字词典配置中，也只要相应增减首部件检字表的内容，丝毫不牵动已有的正文编排，就能立刻使用首部件检字法，精准、快捷地查找汉字。《查文检字续》开拓用于《新华字典》第 11 版的检字表，就是实例。

三是这种检字法还具有一个显著优势，就是可以使中文字典一步跨入成熟字典的行列。大家都知道，世界上的绝大多数字典都是按单词的第一个字母分类，按字母在单词中的顺序编排，这早已成为成熟字典的通用惯例。而我们按部首分类的中文字典，尽管正文内容精彩绝伦，但因为部首的位置不固定，形态不稳当，检字方法笨拙，既不便于书检，更无法用于机检，还是沦落为“另类”，徒然成为贻笑大方的话柄。而一旦采用首部件定位，按规范笔顺横向排列各个部件，就等于把垒聚在方形汉字中的部件，按规范笔顺改成了横向排列，这与西文字母串的排列毫无二致。这样一来，中文字典检字法与世界上的成熟字典检字法就可以明投暗合、殊途同归了。

中文字典昂首面对世界的日子，到了！

三、涉猎汉字机检的新成就

有人问，在有了语音输入法和手写输入法之后，还用得着打字吗？我们的回答是，肯定用得着。虽然语音和手写输入有着美好设想，经过设计者艰苦不懈的努力，已能提供明显的检字便捷。但其短板，至今还无法全面弥补。对此，我们在前面说字典检字时已有略述。其次，就是抬眼看看使用表音文字的国家，也未见其道大兴。从当前看，使用编码输入法，一个汉字的平均击键数不足 3 下。而手写一个汉字，则平均需要 9 笔，并且必须写得规范得体。电脑上一分钟能打出 100 来个字，而手写板上的劳动强度和书写速度，却还远不如去纸上爬爬格子。仅此一瞥，就足见汉字输入法大有可为。

不过，从当前主要的电脑输入法来看，问题也不少。其中，90%以上的人是在使用拼音方式打字。但不能尽如人意的是，编码太长，而且要不断翻页找字，也不能输入读不准音的字。即便增加了所谓的智能输入，也就主要是把常用字词往前挪和连用拼音打词组，并不能真正解决重码多、精度差、效率低等实际问题。并且，打多了拼音，还往往会提笔忘字。此外，也有人采用字形的打法，但大多数人不愿意死记硬背难度很大的部件口诀和输入规则。从这两种主要的输入法设计原则上看，都没能妥善解决与汉字造字原理、与汉字音形结构的谐调配合问题，也都无法高效、配套、实用于字典检字，难以构建电脑与字典检字的配套统一体系。

有鉴于此，我们经过许多年的艰苦努力，在首部件检字法的帮衬下，独创了一种音形辩证统一的中文音形双序编码电脑检字输入法。这种输入法在一组编码里既有拼音码，又有部件码，两者此消彼长，优势互补。

为什么要这样做呢？就让我们先来分析一下汉字。我们不难发现，汉字起源于象形文字，后来发展为 90%以上的字都是形声字。原因就在于，只要给一个表意图形搭配一个表音符号，这个表意图形就被限定代表一种或一类事物了。例如："木字旁"的字都与"木"相关，所以"材""枝""桅"不会被误解为"财""知""围"。而给一个声音符号搭配一个表意图形，这个声音符号的意义指向也就被锁定不动了。例如："心字底"的"忍"，"口字头"的"骂"，一看便知出自身体的哪个部位，不会与草字头的"荏"、虫字旁的"蚂"拎不清。这种音形对立统一的辩证组合，具有特别鲜明的区别作用和非常强大的造字功能。从理论上的可能性来统计，如果用许慎的 540 个表义部首与 1 300 多个区分声调的汉语音节配对，单一方向排列，将能产生 70 万个以上不同形态的组合，如果换动部件在字中的位置，造字形态则能在此基础上成倍增长，充分展示出了这是一条消除同形、减少重码的捷径。所以，白纸黑字，现存的近 10 万汉字，绝大部分都不重样。而世界上的其他象形字、表意字，则都在画不尽的图形、表不明的字意中，全部消亡了。如今，只有我们中国人的汉字，雄健地屹立在浩瀚东土。

《查文检字》的"中文音形输入法"，正是参悟并采用了上述原理。实际应用时，往往是在部件码后加上拼音码，或在拼音码后加上部件码，层出叠见的重码就全都消失了。所以，这种音形双向定位的输入法，在 6.5 万组编码中，形音码的重码率仅为 2%左右，并且 95%的重码选项不超过 5 个，其中 70%的重码只有两个选项，单手操作就足以应付择字，而翻页找字的概率只有万分之一。所以，当这个中文音形输入法一成形，我们家的人和亲密朋友就再也不愿使用其他输入法了。

"中文音形输入法"既保有拼音输入法的便捷，又兼备字形输入法的精准，尽由操作者随心所欲，酌情采用。现有"中文音形输入法"的自动安装版本，已随《查文检字》一书公开发行，其中包含了 1 万多个汉字和 5 万多条词语。采用 1—5 码，相机行事。

输入的代码，是汉字部件的编码，一般是根据汉字、变形字以及《辞海》和《现代汉语词典》关于"汉字偏旁部首名称表"的读音来确定。例如："田字旁"取"tian"的首母"t"，"包字头"取"bao"的首母"b"。

打多部件的字时，按笔顺逐个接打部件。例如："楷"可以打"mbbbk"（"木匕匕白，楷"的拼音首母），也可以打"kaimb"（"楷"的拼音，"木匕"的拼音首母）。

打笔画全部相交的字时，按笔顺逐笔接打笔画。例如："土"可以打"hshtu"（横竖横，土），也可以打"tuhsh"（土，横竖横）。

在打词组时，先打每个字的拼音首母，再根据字数多少，接打相关部件。其中两字词，接打这两字的首部件，3 字以上词，按顺序接打末字的部件，或前 5 个单字的拼音首母。例如："计算机"是 jsjmj（"计算机"的拼音首母 jsj+"机"的部件"木""几"的拼音首母 mj），"百尺竿头更进一步"是居前 5 字的拼音首母 bcgtg，五字之后的字，就不用输入了。

平均计算：单字用码，每字 3 个左右。词组用码，每字约为 2—2.5 个。

当然，这种输入法的具体操作，是需要一番学习才能精当掌握的。但我们郑重承诺，在操作规则中，绝大部分内容都不是我们的自行设计，而是最基础的、符合传统的汉字及其部件的读写标准，能够充分维护汉字的规范使用和正确传承。这种与汉字音形规则浑然一体的输入法，所要学习的重点不仅仅是方法，而更多的是在学习合规的汉字基础知识。打得越多，与汉字走得越近。

并且，我们把操作的主动权交给操作者。每个人都可以按照我们这种输入法的规则，方便快捷地自行手工加字和加词，而且不必担心记错或者记不住，可以充分满足不同专业、不同环境、不同时段的特殊需要。

根据我们近 20 年的实际使用和在小范围人群中实验的结果，"中文音形输入法"从小学一年级就能上手；汉字水平越高，掌握得越快；确实好学好用、精准高效。我们也乐观地估计，这种遵循汉字造字法，采用音形对立统一原理的输入法，将会成为一种实用的经典模式。

四、创建书检、机检配套统一新格局

首先，提请各位注意，当今世界上的绝大部分文字都是查字方法和打字方法保持一致的，例如英文。再看汉字检索，查字典主要靠部首和笔画，打电脑主要靠拼音和字形，查字典和打电脑分道扬镳、两不相干，能查字典的方法不便打字，能打字的方法不便查字典，实在是愧不如人。

文字是文明的基础，检字法是成熟文字使用和存续的必备前提，是基础的基础。令人遗憾的是，这个基础的基础在我们这个文明古国却羸弱不堪，至今难以说道。这怎不折煞了泱泱大国的民族自信和文化声望。

矢志于终止汉字的无端蒙羞，我们苦心孤诣许多年，在汉字检索史上首例攻克难关，提出统一体系理论，提供具体的实践例证，创建了一个真正意义上书检与机检配套统一的汉字检索体系。这个体系的基础，立足于可以兼用在书检和机检中的汉字构字部件。其运作的要求是，既按部件查字典，也按部件输入电脑。

创新体系具有如下特质：

在构字部件的定义和排序方面：按照理据确立汉字的第一个部件，用于书检。再按照第一个部件的相关规则，定义第二、第三，直至最末一个部件，用于机检。由此保障书检、机检的载体同源，进退同步。实际结果就是，当用第一个部件在字典里查字，就已在向输入全部部件的输入法靠拢了；而一旦掌握了运筹多部件的输入法，不仅可以高效机检，而且可以反过来将其实用于查字典，达到事半功倍。

在取形方面：凡是列入字典检字目录的汉字部件，如“艹”“氵”，都有输入法的对应编码。凡是列入机检编码的汉字部件，不论是单个的如“丶”，还是合成的如“亠”“立”，在字典检字目录上也都有一席之地。字典、电脑，镜映成趣。虽然汉字书检、机检各有巧妙，一个满足普适，一个面对拔高，要求不同，深浅有别，会查字典不一定就能打字，但是只要能用“中文音形输入法”打字，就一定会用首部件查字典。

在遵守汉字规则方面：不论是在构字部件的形态、读音、源流和用法等实际操作上，都严格按照国家文字法规和传统公认的标准执行，书检、机检同辕制约，循规蹈矩。

在理论指导和实践标准方面：检字新法是以统一的认识论和方法论为指导，采用相同的定义规则和相同的使用方法，在同样的检字载体，同样的知识范畴，同样的学字、用字和检字经验积累上，兼顾书检、机检，使两者既各自臻善，又和谐融通，营建的是力求完整配套的汉字检索新体系。这个体系的构建与确立，开拓着一个前所未有的汉字检索新格局。

以上简要阐述了检字历史和检字新法的3个主要方面，内容仅是《查文检字》和《查文检字续》两本书中极小的一部分。关于《查文检字》的另外10多项发明创新，例如：字典检索的导检机制、字表编排的取形原则、输入法的编码原则和设计要点，以及确定编码长度、确定专用码等等，都只好等今后有机会再和各位交流探讨了。但愿大家能够有兴趣翻一下我们的新书，这可是两千年来汉字检索方面一个独树一帜的创见啊！

此外，我们也自诩相告：在 2013 年的 9 月 13 号，我们迎来了《文汇读书周报》力挺《查文检字》一书的第一篇书评。同月，我们接待了慕名前来进行学术交流的美国斯坦福大学教授 Thomas S. Mullaney 博士，他也成了我们检字新法的第一位海外知音。同年 10 月 14 号以后，上海教育新闻网、人民网、凤凰网等 20 多家媒体刊登了题为《〈查文检字〉接力〈说文解字〉》的推荐新闻。2014 年 5 月，检字新法在上海第三届发明创新大赛上，从全国 1 000多项发明中脱颖而出，荣膺一等奖。2017 年 6 月，这一成果又收获了上海市优秀发明选拔赛铜奖。现在，国家图书馆、上海图书馆、浙江图书馆等省级以上图书馆，也都有《查文检字》这本书的收藏和外借了。至今，我们已多次举办了宣传讲座。检字新法已经坚定迈出了向前的脚步。

最后，我要强调一点，查文检字不是书生学者的异想天开，检字新法的问世也绝非轻而易举。求新求变的汉字检索法，所以会在这个时代揭竿而起，是因为华夏文明发展到了书检、机检交汇的节点，是因为知识积累和社会需求达到了相应的程度，是因为文化气候时节已至，革故鼎新躬逢其盛。

回眸两千年过往，不论是谁，想栽培一棵关乎国家和文化的参天大树，都必须厚积薄发，付出超常的智慧和精力，燃烧异样光彩的人生。就以《查文检字》的检字新法来说，如果您打算搜罗首部件，就至少要把《辞海》上的 15 000 来个字头一一记录，按照符合传统的固定标准，提取出每个汉字开端部位的部件，进行分析、比较、归类、编排，再按规范的笔画顺序和科学的逻辑理据，将这么多汉字，从无到有地制成目录列表和检字列表，直至输入法总码表。这些动作的起始，全都只能凭借手抄脑记，如果把这些笔记摊开在地板上，恐怕一个小点教室的面积还不够。在这个过程中，一个回合就可能经年累月，并且深不见底。往往一个小小差池，就会导致功亏一篑，全盘尽毁。而且，在通用汉字中，光是以“点”开头的就有 2 000 多个，就是这一个“点”，就可能成为走投无路的南墙，更别说保障 2 万左右繁简汉字和 7 万来组电脑编码从头至尾不准出现一丝一毫的违迕和舛错。如果再要求书检、机检两个系统在同一个体系中点与点对应锁定，达到通盘一致，往往难免积羽沉舟，就是最强壮的骆驼，也可能会被最后一根稻草压垮。

可是，时至2017年岁末，我们在上海图书馆的书目检索中，在输入“汉字检索”“检索”“检字”“排检”等关键词后，如果不计《查文检字》，还没法找到当下主要排检类型之外的任何实用成果，更找不到一本深入研讨汉字书检、机检统一体系的专作。与此同时，我们也无缘借力能够设计电脑输入法和自动安装程序的高手。可想而知，在这样没有资料、没有参照，没有经验、没有同盟和靠山的境遇中，要想趟过的这条河，水有多深。

为此，我们全力以赴，天天挑灯驰笔，岁岁熬目煎心。几乎是席不暇暖、食不甘味地做这件事，也用去了20多年的光阴。为此，我们7次改版书检法，39次改版机检法，撰写了几尺高的手稿，打坏了3个电脑键盘，却仍旧不敢掉以轻心。为此，蒋伟46岁丧妻即已无意续弦，不到50岁就轻掷了已有的34年工龄和正处长职位，自主提前10年退职退休，却为查文检字积劳扶病，几次命悬一线。为此，蒋薇自从产假期间就开始匆匆上阵，登上讲台，到上海图书馆、到上海发明协会等地，举办检字新法讲座和宣传展览，并且从现在起就寄希望于她那刚刚开蒙学字的儿子，如果祖辈没能做完，如果父辈没能做完，也不必灰心自馁，更不要畏葸不前，毕竟这是一件利国利民的大事，为了这个国家、为了这个民族，我们也一定要坚持做下去！

这次与各位结伴的检字探秘就到这里了。铭感垂青，见证传奇。寄情高山流水的民族文化自信，期待着携手您和天下知音。

首部件检字法的
原理、方法和机制

查字典是学习和使用汉字的时候经常接触的一件事。检字所依托的汉字排检法，也广泛应用在图书、资料的编目，文书、档案的存查，人名、地名的搜索，各种印刷的排版，乃至电子工具的输入和传出。检字法这件事，涉及所有汉字传人，是个贴近汉字文化的大众话题。

在教育形式多样化、自学自助常态化的今天，汉语字典从内容上看，的确精彩绝伦，但在实际使用时，却因为难以检索，常常泥足深陷，每每束之高阁。为了力求破解这个困局，现在向大家举荐一种我们历经 20 多个春秋寒暑才打造成功的汉字首部件检字法，与大家分享一种精查字典的捷径，开发这座唾手可得并且或将跨越时空的金矿。

首部件检字法，顾名思义，就是按照汉字的第一个部件检字的方法，也可以简称为部件检字法。这里的“部件”，是指由笔画组成的、具有组配汉字功能的构字单位。所谓“首部件”，是汉字首位构字部件的简称，是指汉字笔顺开端部位的第一个部件。对于具有两个及以上独立部件的字来说，“首部件”有两种形式：或是独立的单笔画，或是与首笔相交相接的连笔组合。例如：“广”的“丶”，“播”的“扌”。对于全部笔画联结成为一体的字来说，“首部件”是指首笔，例如：“人”的“撇”，“民”的“折”。

采用首部件检字有什么优势？有什么必要？我们只要拿首部件检字法与目前当用的 4 种主力检字法作个简单比较，就能用事实来胜于雄辩。

请看“英雄”的“雄”、“摧毁”的“毁”这两个字，用部首检字，“雄”是“隹”，“毁”是“殳”，不知道就不能查。而用首部件检字，则可以明确查“左字头”和“臼”。请看这个“爻”字，按拼音查，如果不知道读音，只能束手无策。而按

首部件，则可以在不计读音的情况下按图形查“乂”。请看“鼐”这个字，按笔画法查，较难确定笔画是多少(鼎 12 画、乃 2 画)，计错一笔，就没辙了。而用首部件检字法，则只需查“乃”。请看“泰”这个字，用四角号码查，旧号码 5013，新号码 5090，认不准就查不出。认准了，这个号码包含了 10 多个字，找字也麻烦。而按首部件，则可以查“春字头”。更为重要的是，只要明确了首部件，就能类推其他部件，如果用编码指代这些部件，并且按照部件顺序编排，汉字的书检和机检就能被纳入一个完整统一的检字体系，完全不必像今天这样，书检、机检脱节，游离常规之外，而是从此可使汉字检索踏上世界公认的大道通衢。

说到这里，不知您是否对首部件检字有所期待了，但我希望您能有兴趣听我讲讲有关首部件检字法的三个主要议题：原理；方法；机制。

一、首部件检字法的原理

这个议题有助于深入了解首部件检字法的成因，但知与不知，都不影响实际检字。以下就从 5 个方面来表述：

(一) 脱胎部首检字，接力传统

东汉许慎是采用汉字的构字部件编排汉字的第一人，这是世界文字中独具一格的方法。这种方法符合汉字的特点，有利于分解汉字结构，与汉字本身紧贴无间。这种方法两千年来无可撼动，首选至今。在这一点上，首部件检字法正是传承部首、沿袭部首，也是坚持采用汉字的部件引领检字，而不是采用汉字之外的字母、数字，以及笨拙的单纯笔画，来给汉字分类、定位、排序、检字。据实统计，在 8 000 多个通用规范汉字加上近 3 000 来个繁体汉字的首部件检字列表里，实际需要设立 280 个检字部类，其中就有 180 个是部首检字法已经采用的部类，占比接近 3/5。

(二) 坚持客观标准，超越现行

首部件检字法与部首检字法的最大区别就在于，部首仰仗的是编字典和查字典的人的主观标准，首部件依据的则是汉字本身的客观标准。请看，在汉唐时期，部首基本上是根据汉字的本意和相关意义确定的，例如，与水流相关的字就以“川”为部首。对于检字者来说，就需判断拟查字是否与水流相关，以便决定是否到“川”部去查找。可是，如果连拟查字尚且不识，怎么知道与这个字意义相关的部首呢？又怎么会知道“州”“巟”要查“川”部呢？虽然明清至今，出现了不少改良部首，在这种部首中，一部分部首是按表义分类，一部分部首是按某些字的“共有部件”和外形相近来分类的。例如，将“斜玉旁”的字归入“王部”，“月肉旁”的字归入“月”部；取消“亡”部，“望”归入“王”部，取消“丑”部，“羞”归入“羊”部，取消“尺”部，“咫”归入“尸”部。这样的改良是减少了检字部类，提高了检字效率，可是，检字的人又怎么知道“咫”为什么不在“口”部或“八”部呢？再如，“喜”中有“艹”，“墨”中有“灬”，能在这两个部首之内查到它们吗？其结果就是，编字典的人说“能”就能，说“不能”就不能；查字典的人则全凭一己之见去碰碰运气了，你认为能，就查，你认为不能，就不查。结果如何，另当别论。特别是近代，部首是由不同字典的编辑者根据他们对汉字的认识、理解和编排需要决定的，这样一来，不同字典就有了不同面貌，最多的用了 500 多个部首，最少的只用了 100 多个部首。就算制定一个“统一汉字部首表”，虽然对统一口径功不可没，但是实际上不可能统一亿万人的主见。所以，不论采用什么形式的部首编字典，对编字典和查字典的人来说，都是要凭借主观抉择才能成行，这样一来，看法纷繁，众口不一，难度和失误也就接踵而至了。

而首部件检字法就完全不同了。首部件检字法依据的是汉字起笔位置上的固有图形，既不要事先知道字意，更不必领悟编辑的安排，只要按汉字起笔位置上的即有图形检字，就能百发百中了。在这里，把着眼于汉字的“意”、编辑的“意”和部首的“义”，改变为立足于汉字的“形”和部件的“形”，把表“意”的摸不着，转变成直观图形的“看得见”。牵住了这个牛鼻子，汉字检索就能化难为易，以简御繁。

首部件检字法已为检字操作提供了定向的客观保障。对于知道汉字笔顺规则的人来说，所要面对的是识别汉字开端的部件，这种部件只有 4 种形式：单笔画，如“旧”“日”的“竖”；单字块，如“材”的“木”；部件组合，如“河”“给”的“氵”“纟”；字块拆分，如“故”的“十”。前两者可谓一目了然，后两者都有导检机制随行指路，不论你想怎样操作，结果都不会出现偏差。对于不知汉字笔顺规则的人来说，只要参照我们附在检字目录旁的“汉字笔顺基本规则”和“单字起笔参考细则”，就是不识多少中文，也不难依样画葫芦，并且还可以通过试探几选，甚至粗犷瞎蒙，一般也能在汉语字典中找到拟查汉字。按固有图形和固定路径查找汉字，就如同不识英文也能查英语字典一样，确切可行。

因此，采用首部件担纲，可比部首似曾相识，但靶标明确、定位稳固、没有悬念。从部件到整字，都无需讲究认知水平，只要面对汉字结构的第一个平面图形，就可以按图索骥、顺藤摸瓜、童叟皆宜、中外通用。这对于只要是学过汉语拼音的人来说，从零开始自学所有汉字，从此成为可能。

（三）根植于造字原理和写字的起点

汉字起步于象形，发展于图形组合，据形系联。汉字以图形表意，以图形标音，字形是本体，意、音是内涵。汉字的“六书”，决定了字形处于决定性地位。按汉字图形的客观理据求索意、音，顺理成章。但按主观认知的意、音逆向追溯汉字，却如倒持金戈，难以精确定位。所以，采用图形检字，就意味着能与造字原理保持谐调一致，规避了按功能找本体的误区。

汉字构形虽然繁简不一，但都是由更小图形组合而成，起笔后的第一个图形是客观存在。其中，笔画全部交接的汉字，起始于下笔的第一个笔画；多部件组合而成的汉字，起始于笔顺的第一个字块。每个汉字的笔顺，已经固化千年，字端部件早有定论，不容随心所欲。所以，按首部件检字，有固定的图形，有既定的秩序，与造字、写字同步，万无一失。

（四）与世界成熟字典并驾齐驱

纵览世界上的字典，可以明确得知，绝大多数都是按词语的第一个符号归类设部，都是按固定的符号顺序逐个排列，以此统一共识，保障检字列表的客观、明确、有据、便于操作。这种做法没有特例，也不会因人而异，不仅符合高效检字的客观规律，而且早已成为成熟字典公认的准则。回头看看我们的部首，既没有固定位置，也没有稳定形态和排列秩序，见仁见智，悉听尊便，徒然成为字典之林贻笑大方的另类。而一旦采用首部件检字，就如同抓住了汉字的标志性符号和固定的部件序列，一步踏上了符合检字客观规律的轨道，完全可以彻底消除以往的难堪，提振汉字文化自信。

从成熟的西文字典和新创的首部件字典的共性上看，这两者都具有现行传统检字所欠缺的4个检字要素：一是依据文字开端部位的起始符号设部：一个是首字母，一个是首部件。二是按固定次序排列：一个是众所周知的字母表，一个是千百年固化且由国家刊布的书写笔顺。三是着眼于单字母或基础部件：符形明确。四是立足于符号自身的固有环节：信息唯一。因此，首部件的启用，能使属性和形态迥然不同于西文的汉字，在设部、排序、符形和唯一等检字要素上，令两者明投暗合，步伐一致。

再向纵深推进，首部件检字法的定位图形，还可以游刃有余地面对容纳全部汉字的10万汉字大字典，甚至有利于图解形状异特的甲金籀篆各种字典，化解按“寓意”、按音节、按设定数码必然出现的鞭长莫及。并且，能够促使难以“会意”，却精于识图的计算机，顿时可与汉语字典联姻合卺。

（五）踏上通向机检的必经之路

当我们明确了汉字的第一个部件，划定了首部件的定义和取舍规则，就不仅打开了一扇书检之门，也同时踏上了电脑检字的必经之路。因为，根据首部件的规则解决了汉字的第一个部件后，还可以按此规则明确追踪第二、第三乃至最末一个部件，用字母指代这些部件，把这些部件按笔顺横排，垒成方块的汉字与横向排列的西文就可以在电脑里殊途同归了。以首部件为标杆，书检与机检不仅可以在同一个起步点上相拥，可以在所有部件上牵手，而且可以在汉字的知识掌握和经验积累上保持一致。因此，当我们用第一个部件在字典里查字，其实就已在向输入全部部件的输入法靠拢了；而一旦掌握了运筹多部件的输入法，当然就能易如反掌地使用首部件，如果将输入编码改良后实用于字典检字，那就真是等于用牛刀杀鸡，绝对事半功倍。毋庸置疑，在首部件的基础上，我们有能力创建一个书检、机检完整统一的汉字检索新体系。

由首部件起步，中文字典昂首面对世界的日子，到了！

二、首部件检字法的操作方法

以下请按《查文检字续》或《汉字首部件检字法新华字典第11版专用检字表》的“首部件目录”和“首部件检字表”，随我摹查例字。

首部件检字法传承着部首检字的既有方法和基本操作，其检字程序与部首检字大体相同，但在检字目录的每个笔画数之内，新增了按检字部件起笔形式细分的“一(横)”“丨(竖)”“丿(撇)”“丶(点)”“乛(折)”5个分类，依次排列，以便速查。例如：查“援助”两字，其中“援”和部首检字一样：先在检字目录三画[一]起笔的列表上找到“扌”，按所示页码，在检字表上找到“扌部”，再按笔画数找到“援”，按检字表标明的页码进入字典正文。查“助”，现在通用的部首里没有“且”，因而要查“力”，但在首部件检字法里则按五画[丨]起笔的“且”来查，接下来的操作程序就与查“援”一模一样了。

但是，首部件并不与部首雷同，在检字方法上有两个独到之处。一是按字形结构确定检字部件。二是按导检符号操作。

(一) 按字形结构确定检字部件

由于汉字是形形色色的，首部件也就随之五彩缤纷。但从结构上划分，汉字可以分为两大类，一类叫做一体字，一类叫做合成字，所以首部件检字也就可以按这两大类来解说。

1. 怎么查一体字

一体字是我们给予定义的一个新概念，是指全部笔画相互交接、浑然一体的汉字，例如：

横起笔的“正”“事”(又如，大天五木再两面革)

竖起笔的“中”“央”(又如，上山中止日目且由甲田史里串)

撇起笔的“重”“用”(又如，九久及手牛勿生朱甩垂秉)

折起笔的“出”“力”(又如，刀又已弓尺丑民)

“一体字”不同于传统说法上的“独体字”。因为独体字多是由象形文字演化而来的字，有全部笔画都交接的，例如：“牛”“车”；也有笔画零散分离的，例如：“心”“鸟”。而这里的一体字，只指笔画全部交接、浑然一体的字。

一体字的首部件是指这个字的首笔，按“首笔”这个大类查字就行了。“首笔”这个大类分为“横竖撇点折”5种笔画，一体字的首笔只涉及“横”“竖”“撇”“折”4种笔画。例如：“车”查“横”，“日”查“竖”，“牛”查“撇”。对于笔势转向的笔画，全都归于“折”，例如：“力”“乃”“已”“女”“乡”“出”的首笔，都到“首笔”这个大类的“折部”去查。

2. 怎么查合成字

这里的“合成字”也是我们给予定义的一个新概念，是指两个及以上独立部件组合而成的汉字，例如：笔画分开的“立”、字块分开的“品”。这里的“合成字”，与传统说法上的“合体字”不同，因为传统说法中的某些独体字也是多部件组合而成的，例如：“马”“羊”“鱼”，这类字不属于传统概念的“合体字”，但属于我们在这里所说的“合成字”。“合成字”可以分为两种类型，以下分别讲解怎么检字：

第一种合成字，首部件是凌空单笔画的字，例如：“旧”“乏”“方”“习以买”，首部件分别是“竖”“撇”“点”“折”，都在“首笔”这个大类的各部去查找。但是有个特例，就是当今汉字中仅有的两个一笔字“一”和“乙”，以及“乙”的变体“乁”，不认作是笔画部件，它们在“画亘副”和“飞迅虱”等字中作首部件时，不视为单纯笔画，而是认作一个成字部件，归于表示字块的“一画”这个大类。这里强调注意：“首笔”这个大类只包含 5 种单纯笔画，不包括成字“一”、“乙”和“乙”的变体。所以，与后面笔画相连的首笔横线，我们认作是“横”，例如：“土”的首笔认作“横”，到“首笔”这个大类的“横部”去查。与后面笔画不相连的首笔横线，如“画”，我们认作是“一”，一二三的“一”，要到属于字块的“一画”这个大类的“一部”去查了。与此同理，凌空的一笔字“乙”及其变体，如“飞”的首笔，不做单笔画处置，作首部件时，也不是查“首笔”这个大类，而是要到属于字块的“一画”这个大类的“乙部”去查找。

第二种合成字，首部件是单独字块的字。这里的单独字块是指全部笔画都交接的部件，例如：“任务”的“亻”“夂”。其中，有些原来就是部首，例如：“只”的“口”、“能”的“厶”，有些则不属于部首，例如：“费”的“弗”、“祟”的“出”。查法都是先查目录，后查字表，与传统操作完全一样。在这里要注意一个问题，就是严格按照“第一个连笔组合”确定多笔画的首部件，例如初查“冀”，只需从“丬”下手，不必犹疑，自会水到渠成。

（二）按导检符号操作

掌握了以上基本操作之后，我们就可以放手使用首部件检字法的另一个独门绝技了，这就是按照引导符号检字，简称导检，为检字铺路、提速。首部件检字法为了降低检字难度，提高检字精度，强化系统功能，减轻思考负担，在检字目录上起用了两个用来引导检字的符号：一个是大括号“{”，表示提示；一个是短横“-”，表示直接查找。细说如下：

1. 导检符号大括号“{”

在“{”之后标有提示：目录上另有待用部件可供检字，如果要查的字开端位置上有部件与提示待用部件相同，就应按这个提示的部件检字。例如：在目录的二画[一]这个大类中，“十”后标有“{耂”，即“十{耂”，就是提示不要在“十部”查开头部件是“老字头”的字，如：“老”“孝”“教”“耄”“耋”应在“耂部”查。而“耂部”是在四画[一]中。再如：在目录三画[一]中，“土”之后标有“{走赤”，即“土{走赤”，就是提示不要在“土部”查开端部位是“走”和“赤”的字，“起”就该在“走部”查，“赫”就应在“赤部”查。再如：在目录二画[丿]中，“人”之后标有“{金飠”，即“人{金飠”，如果拟查字的开端部件是“金”或“飠”，例如：“鈔”就查“金部”，“飯”就查“飠部”。在通用规范汉字及其相关繁体汉字范围内，检字目录上共有提示符号“{”28 个，对 83 个检字部件进行了提示，例如 PPT 上的这几组。

2. 导检符号短横“-”

有的首部件仅涉及一个汉字，例如在通用汉字中，“己”只涉及“忌”，“串”只涉及“患”。在短横“-”之后就提供了这个首部件只涉及的那个字，只需直接查看这个字后面的数字，就可以知道这个字在字典正文中的页码了。这种字在这里称为“直查字”。例如刚才说的“患”，在检字目录的七画[丨]这个大类中找到“串”，就能看到“串-患 201”，“患”就是那个直查字，201 表示的是《新华字典》第 11 版正文页码，这就越过了先从目录到检字表，再从检字表的部类里找字的多个环节，在目录上就直接查到了“患”在字典正文中的页码。在《新华字典》第 11 版中，这种可以直查的汉字有 100 个，约占通用规范汉字总数的 1/80，皆呈现于《查文检字续》和《汉字首部件检字法新华字典第 11 版专用检字表》上的“首部件目录”。

3. 两个导检符号的组合“-{”

我们已知，“-”是表示直接查找，“{”是提示另有某某部件，这两个符号的组合是表示直接运用提示部件查找。例如，查“故”，如果误把两个成字合成的“古”当成了首部件，在检字目录五画[一]中找到“古”的时候，就可以看到“古-{十 18”，提示直接运用“十部”检字，紧随其后的数字“18”，就是“十部”在检字表中的页码，直接查看检字表第 18 页上的“十部”就行了。同理，“胡、鸪、嘏”都在“十部”查。当然，如果有了经验或是明知“十”才是“故”的首部件，也就不必沿例导检了。再例如，首部件是“冎”的字，当在目录五画[丨]中找到“冎”时，就可以看到“冎-{咼 153”，提示我们只需直接查“咼部”，并同时告知了“咼部”是在检字表中的第 153 页。同理，“過”、“剮”都是在“咼部”查。在《新华字典》第 11 版中共有“-{”直查部件符号 77 个，对 77 个直查部件进行了导检，例如 PPT 上的举例。

首部件检字的方法已如上述，归纳起来就是三句话：第一句，一体字按首笔检字；第二句，合成字按第一个独立的单笔画或独立的连笔部件检字；第三句，如果检字目录上出现导检符号，就按导检符号的提示检字。不论你的汉字水平如何，只要理解了这三句话，就已经可以驾轻就熟地从容检字了。

作为一种独特的检字方法，首部件检字法具有着自身的要领和诀窍。为了帮助初次使用的朋友快速入门，以下额外再做一些实例分析，以利教学。

在投入操作之前，首先要明确两件事：一是，首部件一般都立足于字头，字边和字角，与汉字的起笔规律完全一致。例如，“木”在“李”“材”“攀”中，“撇”在“重”“用”“生”中，对其认定，要有的放矢。二是，首部件检字法并不是机械地全按首部件检字，而是大部分按汉字本身固有的首部件检字，但也有一部分是按首部件延伸组合后的构字部件进行检字。例如查“木”字旁的字，就是按首部件“木”检字，而查“鱼”字旁的字，并不是按“刀字头”，而是通过导检，按“鱼”进行检字。其中的道理，主要是为了优化检字条件，提升检字效果，维护传统检字惯例，与电脑检字保持同步，这些道理详见下面将会叙述的“首部件检字法的导检机制”。其实，首部件检字法的检字部件，是一种有序伸缩，以首部件为起始原点，根据实际需要，按规则进退的实用坐标。而这些检字部件，都有导检机制做保障，完全不必死记硬背和额外关注。

在最新版的《新华字典》中，检字时涉及通用汉字和繁简字体的首部件约有300来种类型。其中，以首部件自身立部的172个，首部件与后续部件组合之后立部的108个，共设立检字部类280个。这与现行的“汉字部首表”实际设立278个检字部类，旗鼓相当。

其中，对于“亻”“阝”等等标记明显的，只需照葫芦画瓢，顺藤摸瓜，就能百发百中，老幼高低，都能无师自通。就是真的偶遇困难，认不清首笔笔画和首位字块时，也可以自行“动脑筋”，定向搜索，例如查“乃”字头的字，其首笔不是“撇”就是“折”。这招不行，换一招再试，反正搜索范围小，跑也跑不掉。再如“将字旁”的“丬”，“竖心旁”的“忄”，“当”和“尘”的“小字头”，是先写竖，还是先写点？以及“芈”“幽”“閂”等字的首部件是哪个，都可照此办理，摸索路径，学习规则，积累经验。

以下我再讲解几个细节，以确保各位初次射猎，就能满载而归。

（1）单笔画开头的首部件。在这里要特别注意以下两个问题：

一是“首笔”这个大类的“横竖撇点折”，既指一体字的首笔，例如“王口禾民”的首笔，也指合成字凌空的首笔，例如“旧乏义刁”的首笔。但是，凌空的“一”和“乙”不做单笔画处理，只做一笔字处理。所以，“一”和“乙”以及“乙”的变体“乀”不在只表示笔画的“首笔”这个大类查找，而是要在表示字块的“一画”这个大类查找。例如“亘”“画”、“飞”“虱”“迅”等就是如此。

二是单笔画可以衍生出多种检字部件，其中“竖”6种，“撇”8种，“点”28种，“折”3种，分别见于“首部件目录”。为什么“点”的衍生部件这么多？这是因为，在当用的8 000多汉字中，以独立的“点”开头的字就有2 000多个，其中约有37个在现代字典里被确立为部首，如果都按“点”部查，困窘与尴尬可想而知。所以，我们将“点”开头的检字部件分化为28个部类，这种做法，避免了检字部类所辖汉字的畸轻畸重，确保首部件检字法可以成行，也照顾到沿用了两千年的部首检字习惯，尽可能地与部首检字法衔接。其实，在这28个衍生部件中，早已被部首检字法采用的就有20个。这使我们在使用这些组合而成的检字部件时，既感觉似曾相识，又能在导检的辅助下，无需忐忑，完全不必事先烂熟于心。当然，这里有个知识和经验积累的过程，例如“逆”“塑”中的“简草头”，也是由“点”衍生出的部件，但位置很特殊，容易恍惚，不过，一旦你熟知了这些部件，也就不会每次都从“点”开始找它们了。你对它们使用得越多，自然也就会与之走得越近。

（2）全封闭、框架结构的首部件。例如“围粤丹舟黑熏興爨”的首部件：口白丹舟里重𦥑𦥑。这种首部件，内部都含有其他构字成分，但只要认准笔画相连的部分，就不会产生失误。并且，外框之内有字块的，如“围”“粤”只取外框，外框内有一个或两个单笔画的，如“丹舟黑熏”，不论是只取外框，还是连内含部分一起取，都可以顺利检字。还请注意一个细节：方框内有其他部件的，如“国因”，是“方框”；没有的，如“吃虽”，是“口舌”的“口”。

（3）含有半个成字的首部件。例如“北页非骨鬼敢”等的首部件：丬丆丬冎鬼𤔔，都是通过对字端部件的导检，再按成字部件进行检字。类似这样的部件还有“石弋戈戋龙戊成我瓦东业亚严赤典与马乌雨”，等等，以及繁体的“韋門”，等。这样可以使检字的有效部分最大化，需查的笔数最少化，并且有音可读，便于识别和表述。当然，这些部件也都无需提前强记，只要按照导检提示，顺水推舟就行了。

（4）字体变形的首部件。例如“乖”的“千”、“乘”的“禾”、繁体“來”“麥”的“木”。我们只要看清与首笔相连的图形，就能找准这个首部件。即使不识读音，也不会影响操作。

（5）一些笔画连接特别多、特别复杂的首部件。例如通用字中的“舆（𦥑）璺（𦥑）爨（𦥑）”，繁体字中的“興（𦥑）輿（𦥑）舉（𦥑）學（𦥑）覺（𦥑）爾（币）”，等等，也是只要看清笔画相连的部分，按图形查找，一般经过导检的提示后，都能马到成功。

（6）跨越笔顺的首部件。有一些首部件在书写时并不是一气呵成的，例如“医生”的“医”，是首写“横”，二写“矢”，三写“竖折”。但在《辞海》《现代汉语词典》的部首检字法和我们的首部件检字法中，都是直接取“匚”，通用的传统读法是“区字框”。所以在采用首部件检字时，必须按“匚”来检字，不能按首笔“横”来检字。类似这种情况的还有“团国”的外框“囗”、“囟囱”的外框“白”、“幽豳”的中间部分“山”，等等。这就要求我们一定要注意到，这里的标准是字端“笔画相连”的部件，而不是“笔顺先后”的部件。牵住了这根缰绳，这匹马就归你骑了。

（7）首部件延伸衍化的检字部件。例如，在检字时，我们并不按照"每字头"检索开端部位是"钅""气"的字，也不按照"刀字头"检索开端部位是"饣""鱼"的字，也不按照"人"检索开端部位是"釒""飠"的字。其中道理，下面还会说道。这些实际应用的检字部件，全都可以通过导检，轻而易举地获得，无需劳心费力，这里就不再赘述。

（8）目录和字表的排列规则。 这是我们编辑设定的，现在说出来与各位分享。

目录的排列方式： 请参看"首部件目录"的"四画"[一]。最先排列的是有提示部件的，其次排列的是单一形态的，再排有两种或三种形态的，再后排列有直查部件的，最后排直查字。其中，不同字列内部，大致上是按笔画的横竖撇点折顺序编排，也有的是按笔形特征相近的编排。

字表的排列方式： 请参看"首部件检字表""土部"的"七画"，是按照检字部件处在字头的，例如"袁"；处在字边的，例如"埃"；处在字角的，例如"盐"；最后是繁体字的顺序排列。再请参看"日部"的"七画"。在"头""边""角"各自的字列中，一般是按横竖撇点折 5 种笔画顺序编排，也有一些是按字形特点分类编排的。如"晨"排在最先，"晚"排在当中，"匙"排在最后。所以，如果要查"别"这个字，就应到"口部"四画的最末去找，不必在"口"处于字头、字边的位置上费心思。这种排列方式，有助于提高检字效率。

相关细节说了个大概，目的在于能让用字典的人和编字典的人处在同一条起跑线上。其实，只要认真看完"首部件检字说明"和"检字目录""检字表"前的几行提示，尝试使用首部件检字法的人，一般都能无师自通，上手就会，并且越查心里越有底。

汉字数以万计，形体结构千变万化，这就决定了汉字检索不会像依据 26 个字母的西文检字那么简单。但是，汉字是严格按其内在规律造字和写字的，只要我们正确认识，规范书写，就能把握其中的规律。这就要求每个汉字传人在认字和写字时，必须一丝不苟，才能准确查字。例如"千禾牛夭壬升生丘乌白自血先我身制卑鬼"等字，头上的"撇"，现在的写法是不脱离下面连接部分的，"在"的字头上，"竖"是不脱离"左字头"的，如果写得脱离，认得混淆，就会在检字时发生偏差和失误。在这里需要学习和掌握的汉字知识其实很多，例如，每个汉字的起笔位置，汉字的规范笔顺，检字部件的确定，部件的分割和组合，一体字、独体字、合成字、合体字的界定，简化字、繁体字、异体字的区别，印刷体、美术字和手书字体的异同，旧版印刷体和新版印刷体的差异，传统老写法和标准新写法笔顺的不一样，诸如此类，都值得关注。例如，通用字中的“兆、兜、盥”，繁体的“鬥、門、學、巒”，老写法是先写当中，现在是先写左半部分，如此等等。这些知识，都可以在检字时不知不觉、潜移默化地掌握，也可以主动出击，分门别类地逐一突破。所以，采用首部件检字，本身就是对汉字基础知识的学习和实用经验的积累。并且，这种符合规范的知识和经验，也将同样会被全部运用到日后的电脑打字编码中，首部件检字法与汉字机检采用相同的认识论和方法论，这将使各位对检字涉及的相关汉字知识，学以致用，一举多得。

三、首部件检字法的导检机制

首部件检字法作为一种操作方法，只要知其然，就能精准掌握；如果知其所以然，则能从根柢上心知肚明。首部件与部首在操作上的相同之处就不赘言了，我们就来集中谈一下两者操作上的最大差异，这就是：首部件检字法开创了一种字典导检机制的先河。本议题提纲挈领地介绍首部件检字法的一项创新之举，不过，如果无暇深顾，也不会影响实际操作。

首部件检字法在汉字历史上第一次使用“{”和“-”这两个符号及其组合对汉字检索进行引导操作。在《新华字典》第 11 版上共导检 260 次。其中，导检提示 83 次，导检直查部件 77 次，导检直查字 100 次。这种做法犹如电脑上的分级多选项菜单，使操作者在主动顺畅进入一级菜单层面后，根据提示引导，可以毫不费力、准确无误地进入原本可能存在多选、可能存在疑难的下一个层面，甚至再下一个层面。例如：查“齐”这个字，就可以由查首部件“点”，到组合部件“亠”，再到更大的组合部件“文”，直至找到那个最适宜的检字部件。

通过导检，再也无需关注每个字的具体检字部类，更不必事先通晓字典实际应用的全部检字部件，而是只需把握汉字起笔部位的部件，就能顺藤摸瓜，畅行无阻。这使检字更加轻松、更加精准。这使汉语字典能够普遍适用于不同文化层次、不同知识修养的社会各类人群，使大家都能无师自通，由生到熟，越用越顺。

设置导检机制，可以稳妥解决常规检字至今难以应对的一些问题。

（一）导检机制可以把辖字太多的某些首部件进行切块分割，化繁为简

例如，在 8 000 多通用规范汉字中，以独立的“点”开头的字约有 2 000 来个，几乎接近当用汉字总数的四分之一，如果都按“点”来检索，畸轻畸重的部类划分，足以导致检字系统崩溃。所以两千年来，虽然人们很容易看到采用首部件检字的优势，但却从未有人“傻”到对这个难以企及而且预后未卜的好事焚膏继晷，大动干戈。还是到了信息技术高度发展的社会，人们的知识视野和思维方式产生了巨大提升的今天，分级多选项菜单这种计算机上采用的分类技术，才在汉语字典上应运而生。而今通过导检，则可以在无需死记硬背的前提下，照葫芦画瓢地把“点”开头的汉字分割成直观的 28 个部类，使难题迎刃而解。相同的典型实例还可见于“横”“竖”“撇”“折”“十”“人”“土”“口”“止”等等部类。从某种意义上说，没有导检机制，也就没有首部件检字法。

（二）导检机制可以传承两千年的检字惯例，尽可能与部首检字法保持衔接

首部件检字法与部首检字法中采用了汉字开端部件检字的做法几乎相同。这是因为，部首这种积淀了 2 000 年的、经过多少代华人千锤百炼的模式，自有其内在逻辑和胜出的理由。所以，对“足字旁”的字，不用“口”检字，对“鱼字旁”的字不用“刀字头”检字。首部件检字也无出其右。例如，我们检字都用惯了简体字中“金字旁”的“钅”，但这个“钅”的首部件是“每字头”，如果都用“每字头”来检索，“每”“敏”“毓”“繁”等字羼杂在 300 左右“钅”字旁的字中，岂不非驴非马。而通过导检，“每字头”的归一类，“金字旁”的归一类，大路朝天，各走一边，分合自如，既方便了检字，也保留了许多按部首解释汉字的字块。相同的典型实例还可见于检字目录上的“文字头”“竹字头”“虎字头”“登字头”“雨”“髟”“舟”“骨”“鬼”“門”等检字部件。

(三)导检机制可以通过主动调控,选择适宜的检字部件,并使之定形到位

我们都知道,在部首检字法里算笔数时,是不计部首本身的笔画数的,首部件检字法与之相同。这就意味着检字部件最大化,被检字的剩余部分就能最小化,从而更容易辨识和数笔画。例如:“鱼字旁”的字,如果按“刀字头”检字,就有近200个汉字要为此每字多数6个笔画。再例,查“足字旁”的字,如果呆板地按第一个部件“口”检字,就约有150个字要每字多数4个笔画。可是怎样才能让检字的人既按首部件的路径操作,又不止步在不合适的检字部件上呢?通过导检穿针引线,就既能尽数提取最大的检字部件组合,又不会像没有任何提示的部首检字,要么死记硬背,要么白白耗费琢磨和猜测。相同的典型实例还可见于检字目录上的“수”“东”“北”“业”“亚”“至”“非”“敖”“其”“卖”“妻”“甚”“曹”“敝”“呙”“韋”等检字部件。

(四)导检机制可以预先对检字操作进行纠偏,使检字者与字典规则始终保持步调一致

每本字典面对的使用者都是工农商学、老幼中外的各类人等,对汉字的认知和检字的理解大相径庭。通过导检,就能根据传统惯例和实际需求,明白指示将该拆分的检字部件拆开,将该合并的检字部件合并。例如:查“乱”,“舌”是成字“千”“口”的组合,“乱”的首部件是“千”,不是“舌”,而一旦有人误将笔画看似相连的“舌”当成首部件检字,首部件检字目录上就会引导他去查单个部件的“千部”。再例如:查“鲜”,如果有人盯着“刀字头”检字,首部件检字目录上将会引导他去查多部件合成的“鱼部”。并且,由于存在导检这个中间环节的隔离,多部件的“穴”“角”“鹿”等部首采用的检字部件,可以被“宝盖头”“刀字头”“广字头”涵盖,不导检,它们就不出现,因此也就能够令其无牵无挂地下岗了。通过导检,不论查字典的人是小书童还是大学者,都能与字典规则始终保持着默契和同步。相同的典型实例还可见于检字目录上的“古”“占”“卢”“克”“马”“敢”“弋”“戋”“龙”“戊”“鸟”“甫”“黑”“熏”“婁”等检字部件。这种默契和同步,将在反复的经验中得到确认和巩固,越用越顺手。

(五)导检机制可以确保字典检字与电脑输入各自到位、同步进退

这是创建书检、机检完整统一体系不可缺漏的重要环节。在《新华字典》中,汉字首位部件的类型约有300来种,另有首部件与其他部件组合后投入检字的部件108种,这400多种部件类型,除了其中个别多字块的部件属于非基础部件,不为电脑所用之外,其余部件占据着汉字所有部件类型的大半江山。如果按照首部件检字的标准和方法设定汉字的其他部件,以供电脑打字,或是反过来,用输入法的编码标准和方法裁定汉字开端部位的检字部件,以供字典检字,查字典和打电脑这两回事就变成一回事了。这种书检、机检通用标准的统一配套和连锁互掣,也只有依靠导检才能完成。例如,输入法在输入“立字头”的“竞”“音”“意”时,对“立”是整体取码,不会采用“点、横、点、撇、横”,可是,“竞”“音”“意”的首部件是“点”,必须把“立”从“点部”分化出来,这就用到了导检。在“点部”,我们可以看到提示,字头部分是“立”的字已单独立部。这样一来,毫不费力就使书检和机检亦步亦趋了。

在这里,首部件是促使书检和机检保持一致的关键要素。书检中,所有实际投入检字的部件都是首部件,或由首部件导检而来的部件,追求的是检字部件的标准化和最大化。机检中,大部分实用部件都与首部件同形,按规则整体取码的部件一般都是首部件与其他部件的组合,追求的是规避单笔画和记号部件。当两者同时反应在字典的首部件检字目录上时,它们都被设定为检字部类,对接互通。在导检机制的操控下,对两者都拆分的“古卢”和都整取的“饣钅”就进行导检,对机检专用而又不会累及书检的“氏夹”等,就只上检字目录,不进行导检。这样一来,书检和机检既能够双双立足首部件,又能够有分有合地完善各自规则。

由此可见,采用首部件查字典,就已在向运筹多部件的电脑输入法靠拢了;而掌握了电脑输入法,就已实际通晓了首部件检字法的检字部件,可以一帆风顺查字典。如果再将电脑编码改良后用于字典,两者就可以真正浑然天成了。在建立导检机制的基础上,书检、机检间的区别就只限于书检是没有障碍的普适版本,面向普及;机检则是有所要求、规则严密、效率更高的升级版本,面向提高;两者各有优势,服务于不同对象,满足着不同要求。而

书检、机检相互交融的则是：文化载体相同，知识领域相同，经验积累相同，认识论和方法论相同；两者可以根据不同的需求，优势互补、比翼齐飞。在检字目录上，相同的典型实例还有“八”“丷”“丬”“小”“少”“彳”“纟”“求”，以及多个由单笔画和记号部件与其他部件组合而成的、在输入法中需要整体取码的检字部件。

（六）导检机制可以开通直接查字的捷径

例如，用“聿”，可以直查“建”；用“册”，可以直查“删”。我们知道，在许慎的《说文解字》中，也有30几个部首是只对应一个单字的情况。例如：“四、五、六、七、甲、丁、壬”等部，都只有一个字。在当今字典上，也有如此的，例如“长部”“龟部”。但更多的则是废止使用一些部首，或是把含字少的部首归并到其他部首中去，例如：“旡”和形近的“无”同在“无部”。再如：同义而古今异形的“阜”与“阝”算作一个部，“辵”与“辶”并为一个部，等等。许慎的做法和当今的做法都有遗憾。前者增加了检字部类的数量，所以许慎按表“义”归纳出了540个部首，这样一来对部首的认识门槛也就升高了，掌握不全面就不能顺当查字，就连今传大徐本《说文解字》的编辑校订者，南唐著名的文字学家徐铉都说，“偏旁奥秘，不可意知；寻求一字，往往终卷”（见《说文解字篆韵谱序》）。而后者则很容易造成检字疑惑。例如：查“燕”，废弃“燕部”“廿部”后，是归入“灬部”，还是归入“口部”或“匕部”？还是被所谓“多开门”，几部都能查？可是“门”一多开，增加了不确定的可能性，也平添了不少叠床架屋的臃肿。而实际情况是，如今的“燕”只能查“灬部”。这两种处理方法最直接的麻烦是，即便一个部类只管辖一个字，也必须先查目录，后进入检字表，再找到拟查字，才能知晓正文页码，最后翻查字典正文，在连走4步之后，找到这唯一的一个字。而在首部件检字法中，只需采用一个小小的短横，就在目录上直接提供了拟查字及其在字典正文中的页码，省去了多少大费周章。这种可以直查的汉字，在《新华字典》第11版中有100例，在老《辞海》中有123例。通过导检，举手之劳，简单快捷，何乐而不为呢？

话说到此，三个议题也就该谢幕了。通过孜孜不倦地抽丝剥茧，我们已从根源上、实践上、创新上，论证了首部件检字法的可行性、实用性和科学性。其实，首部件检字法就像是个特别注重效果的傻瓜相机，无需什么高深知识和聪明才智，只要按常识所及操作，就能饱览秀色。为了追求丽质的恒久，我们7次改版书检法，39次改版机检法，撰写了几尺高的手稿，打坏了3个电脑键盘，连续攻坚20多年，才营建起了这个旨在引人入胜的瞬间。一般说来，检字中可能出现的各种复杂情况，我们几乎都已在首部件目录和首部件检字表上预先设置了狙击对策，查字典时只需辨识汉字开端部位的图形，知晓这里的大括号“{”和短横“-”的功能，其余的问题，就请放心交给我们“傻瓜”去解决吧。

“中文音形输入法”的原理和应用

“中文音形输入法”是“中文音形双序编码电脑检字输入法”的简称。“音”指汉字拼音，“形”指汉字构形部件，两者辩证编码，互为主辅，彼此跟进。其最初版本曾两次被《人民日报》专版向海内外推介。目前呈献给您的YX39版本，是在原有基础上又经10多年着力研发和多次提升改进之后的结晶，一种与汉语字典首部件检字法谐调配套，以《通用规范汉字表》及其对应繁体字为基础字库，具有6.5万组字词编码，可以方便快捷地输入已知和不识的字词，既能在微软Windows的各种系统上便捷操作，又可以自行设计独立的专用程序，更具高效、易学、精度好、潜能大的特点，拥有完全自主知识产权的实用新型科技成果。

在讲述正题之前，我们先来简单介绍一下“中文音形输入法”的概貌，以便各位有一个居高临下的印象。

“中文音形输入法”采用1码至5码进行输入，实际输入几码，以随机需要为准，由操作者酌情自定。

打单字的基本方法：

可以先打拼音码，随后接打部件码；也可以先打部件码，随后接打拼音码。例如“价值”的“值”，可以打zhirz。zhi是“值”的拼音，r是“值”的首部件“亻”(ren)的拼音首母，z是“值”的第二个部件“直”(zhi)的拼音首母。也可以反过来打，输入rzzhi。8千多个通用规范汉字都可照此办理。“中文音形输入法”兼顾拼音和部件，对于不知道读音的字，可以只打部件，照样精准输入；如果不知道部件，也可以光打拼音，缓步慢行；而一旦知道部件，哪怕在拼音之后接打一个，就能扫荡重码，尽占先机。

打词组的基本方法：

两字词，先打这两字的拼音首母，随后接打这两字的部件码。例如“价值”是 jzrrz。j、z 分别是“价值”的拼音首母，第一个 r 是“价”的首部件“亻”的拼音首母，第二个 r 是“值”的首部件“亻”的拼音首母，z 是“值”的第二个部件“直”的拼音首母。

两字以上词，先打各个单字的拼音首母，再打最末一字的部件码。例如“价值观”是 jzgik。j、z、g 分别是“价值观”的拼音首母，i 是末字“观”的首部件“又”(iou)的拼音首母，k 是“观”的第二个部件“冂”(kuang 框)的拼音首母。再例如“价值连城”是 jzlct。j、z、l、c 是“价值连城”的拼音首母，t 是“城”的首部件“土”(tu)的拼音首母。

四字以上词，逐个打每个字的拼音首母，多于 5 个字的，只打前 5 个字的拼音首母。例如“快刀斩乱麻”是 kdzlm，“放长线钓大鱼”是 fcxdd。5 000 多个成语、两千来个熟语和俗语都能如此这般，一挥而就。

从以上实例可以知道，“中文音形输入法”的方法一点就通，在初试到娴熟的过程中，对于规则的运用，也可以知道多少用多少，知得越多，用得越活。其中，部件码是需要着重了解和掌握的。在此我们事先就打一个招呼，“中文音形输入法”涉及的部件及其编码，99%是依据汉字固有的规则设定的，一般多为学人所知，不是什么独家秘方。要把握这些部件，其实绝大部分精力是用在重温汉字基础知识。而这两者的深度结合，将使投入的学习成本获得加倍回报。

下面我们转入正题。

本次讲座是针对“中文音形输入法”的理论和实践做一番大致的解说，内容分为原理、取码、检字、检词和电脑设置。分两到三次讲完。

现在，我们就从探究“中文音形输入法”的原理起步，由此踏上一次风景独到的发现之旅。这段内容主要是提供给专家和对此感兴趣的研究者思考的，意在使之知其然，也知其所以然。对于只求输入来说，对此忽略不计，也不会影响实际操作。

一、“中文音形输入法”的原理

首先，我要告诉大家的是，“中文音形输入法”的基本原理就是两句话：

一是“客观有据取码”，二是“音形辩证编码”。

这个原理的要旨，在于恪守输入法必须扎根于汉字本身固有的检字要素，拒绝主观臆造和生搬硬套，构建汉字检索的客观品质，促成电脑、字典的和谐统一。坚守这个原理，也意味着努力将汉字结构信息的运筹，纳入辩证法的轨道，可以双向掌控形码的精准和音码的简便，使盘踞输入法两极的检索模式，默契联动，优势互补，在字音和字形的对立统一中，将各自功效发挥到极致。

对这个原理的认定，我们是在 39 次改版、20 多年的实践过程中，依据实证反复确认，不断尝试吸纳最近几十年社会上创制输入法的经验教训，谨慎得出的结论。具体推导，还可见诸我们 2012 年出版的《查文检字》一书的“编码原则和设计要点”。这个原理从“中文音形输入法”发轫伊始，到其渐臻佳境，始终发挥着主导作用。我们就是按照这个原理进行设计、实践、论证，再设计、再实践、再论证的。

（一）客观有据取码

这句话是说，输入码的构成立足于汉字的固有规则和公认传统，倚仗的是汉字本身的音形信息和客观存在的检字要素。主要落实在如下 7 个方面：

1. 在取码内容方面：按照汉字部件的实有类型分类取码

“中文音形输入法”将构字部件划分为两大类：

一类是有公认读音、有具体含意的，归为符号部件，例如“草字头”。其中，又细分为笔画部件，如“横”；成字部件，如“十”；变形字部件，如“亻”；偏旁冠名部件，如“包字头”（勹）；数字部件，如“九”；整取合成部件，如“立”。符号部件的形状和读音属于合乎规范的汉字基础知识，无需人为设定。

另一类是现今无明确读音、无具体含意的，归为记号部件，例如“段”的第一个部件。记号部件属于上列符号部件范围之外的构字部件，在汉字结构中客观存在，也非专门设定。

这两类部件的取码各有所持，泾渭分明。对符号部件，一般按其读音首字拼音的首位字母取码，例如“草字头”取 c(cao zi tou 的首母)。对记号部件，一律只采用 o 这一个字母取码，例如“段”“至”“留”“所”的第一个部件，都取 o。

这里所说的符号部件和记号部件，在概念的定义上与学界某些说法可能不尽相同，但其内涵，却不是我们主观设计出来的，而是全都客观存在于汉字之中，不管怎样划分，认识不认识，知道不知道，它们都伴随在汉字的以往和今后。

由于符号部件都具备公认的规范读音，有明确的拼音首字母，这就有了普遍认同的输入码。而采用不是符号就是记号的排除法来圈定记号部件，都用 o 来标记，记号部件的输入也将变得循规蹈矩，整齐划一。

“中文音形输入法”正视汉字的复杂性，不尚擅自做主，不求独辟蹊径。在取码内容的认定上，把输入法的运作与汉字学的知识结合起来，竭力客观有据地加以呼应。从以上简述就可知道，学习中文音形输入法，其实绝大部分内容是在学习符合规范的汉字基础知识。

2. 在取码准则方面：除极少几个特别规定外，绝大多数都按汉字的基础部件取码

这里的基础部件，是指汉字结构中不可再细分的部件，如能分割成几个更小的符号部件，则视为应该再细分的组合部件，不认作是基础部件。

基础部件的划分和认定是有客观标准的。这里坚持的是据“形”原则，是以笔画相连的独立字块、独立单笔画以及按固定规则组合而成的合成部件为基准，不受字意和部首表“义”的左右，这也更符合汉字基础部件的实际情况，并且无需人为设定。例如“故”中的“古”，可以再细分为两个有明确读音的成分，就是分作“十”“口”两个基础部件。同样，按据“形”原则，“财”中的“贝”，也应分作“同字框”“人”两个基础部件；而“真”中的“直”，则不可再细分，因为，如果分出“十”后，余下部分没有读音和含意，就难以据形而论了。

这里对“笔画相连的独立字块”坚持着一个准则：凡是能够逐块分出符号部件的，就分，凡是自身不能再分割成两个或以上符号部件的，就不分，就认作是基础部件，例如上列“贝”中的“同字框”和“人”，以及“真”中的“直”和“八”。

这种做法的道理在于：(1) 把“基础部件”的原则落实在“形”上，并且

如实坚持到底，不中途停留在传统的部件表“义”说法上，不把“贝”“页”等多部件合成的字认作是基础部件，这样一来，以形为准，不必涉“意”，除特别规定，一般都从最小部件着手，知晓了基础部件，也就掌握了输入对象。(2) 不必顾及诸如“贝”等合成部件是否应该整体取码，免得增加记忆负担和无谓争议，有利于降低检字难点。(3) 不必浪费已有的“同字框”“人”这些已客观存在的检字信息，无需转个弯，求诸组合部件的“贝”等来表达。(4) 与通用字典的字形分析保持一致，例如“古支占卢”，原本就属于上下结构，并不是独体结构，不该整取。

3. 在取码命名方面：部件按固有读音和传统公认名称定名，所取编码一般按名称首字拼音的首字母定码，尽可能不要自作主张

例如，成字、变形字、数字做构字部件时，就按其本音定名、定码。“木字旁”的“木”就读 mù，取 m；变形字“礻”就读 shì，取 s；数字“九”就读 jiǔ，取 j。

再如，根据《辞海》《现代汉语词典》和权威著作关于“汉字偏旁部首名称”的认定，属于偏旁部首的“勹”，就定名为“包字头”，读 bāo zì tóu，取 b；“丬”，就定名为“将字旁”，读 jiàng zì páng，取 j。在以上典籍认定范围内，这类有公认名称的偏旁部首有 60 来个，都属于汉字基础知识，对其不另起新名，更容易记忆，也更容易被公众接受。

在给这些已经框定范围的偏旁部首编码时，通常就按有据可查的部件名称定称谓，具体做法分两种：其一，按部件称谓中的第一个汉字，例如“包字头”的“包”；其二，按部件称谓中的核心汉字，例如“同字框”“区字框”“凶字框”的“框”，就按这个核心字的第一个拼音字母取码。在框定范围之外的偏旁，不采用自行规定部件名称和自定取码规则的做法，并将所列符号部件之外的，一律认作是记号部件，只取专用字母 o 为码。如此界定，可以使取码有规律可循，使编码有规矩可遵。

4. 在取码排序方面：按音序和笔顺编排

对拼音序列的，按汉语拼音方案排序，例如“好”就是 hao。对部件序列的，按国家刊布的笔顺规范排序，例如“好”就是 n(“好”的第一个部件“女”的拼音首母)z(“好”的第二个部件“子”的拼音首母)。

5. 在取码长度方面：按数学统计之后的最佳方案确定

我们从反复实践后的统计得知：汉字输入法的编码可选概率与重码概率呈反比，编码长度与编码可选概率呈正比。这就是说，参与编码的不同字母和编码的不同形态越多，重码就越少；并且，每组编码所含的字母数量越多，能够构成的编码形态就越多，而重码也会越少。

在总码表收录 7 万字词、不计含有重复码形的情况下，如果采用 26 个字母输入，每组 4 码，约能构成 35.8 万个码形，可取码形与实取码形的比率是 5∶1；如果每组 5 码，约能构成 789 万个码形，这个比率则是 112∶1，后者所能提供的精度保障高得多。如果用码少于 26 个字母，或每组少于 4 码，重码率则会剧烈增加。

据《汉字信息字典》分析统计，在通用汉字中，由两个部件组成的占 34.04%，3 个部件的占 40.32%，4 个部件的占 16.391%。虽然大多数的字只需输入 1—4 码，就可以上屏，但还是有一些字，在输入 4 码后，仍然隐藏在重码中，如果设置第 5 码，需要的时候用，不需要的时候不用，就可以避免常打数字键和翻页找字的麻烦。

更为重要的是，5 码长度可以适应缩短后的全部拼音编码，预留操作空间，保障拼音和部件在音形码和形音码两种输入格式中，都能够最大限度地投入实用。所以，“中文音形输入法”将输入码的长度定为 1—5 码，酌情采用，趋利避害。

6. 在取码时与字典检字保持一致方面：已将实用于机检的“中文音形输入法”和实用于书检的“汉字首部件检字法”，纳入了一个配套统一的检字体系

两者都以汉字及其部件的标准读音和固定形状为依据，按公认的规则和规范的方法拆分汉字；都以基础部件为基本单位，采用相同的标准来区分定位；都以汉字的第一个基础部件为序列起点，按规范笔顺编排顺序。所以，输入码所指代的相关汉字部件，都能与字典上使用的检字部件保持对应关系。

在字典目录上，不论是既有的基础部件，例如“口”，或是经过导检之后才确立的基础部件，例如“立”，在输入法中都被设定为输入对象。反之，在

"中文音形输入法"中，认作是基础部件而进行编码的检字部件，在首部件检字的字典中也都有一席之地，例如，在机检中，对"氵""忄""钅"等多部件合成的基础部件设定了相关规则，整体取码输入，在字典中，也就与之呼应，分别将其单独立部，以此保障打电脑和查字典不会因为取舍差异而使双方产生检字盲点。

这种做法，为掌握了"中文音形输入法"的人在查字典时提供了便利，并且，使之见到字典目录导检时，可以轻易掌控书检为了提效而设置的非基础部件组合，例如"骨""鬼""敖"等，便于顺藤摸瓜，手到擒来。但对于只会按首部件查字典、还不会"中文音形输入法"的人来说，由于具有导检的保障，可以无需详知输入法中要求整体取码的组合部件，例如面对有导检的"半""米""习"和没导检的"氐""夹"等，在查字典时也照样可以心无旁骛，运用自如。

7. 在取码力求遵法合规方面：我们坚持认为，汉字编码绝不是专家学者突发奇想的私家领地，更不该因为某个人、某个团体的好恶而定论

那些已被汉字传人践行了千百年的部件称谓、拆字惯例、笔顺规则、音形标准，都是输入法不应逾越的雷池。特别是国家已颁布的文字法规和条例，更须严格遵守。所以，"中文音形输入法"努力按照国家文字法规和汉字传统构建框架。

例如，依据国家颁布的《信息处理用 GB13000.1 字符集汉字部件规范》和权威字典词典的汉字分类、排检方法确定部件码；按国家颁布《现代汉语通用字表》和《通用规范汉字表》建立字词库；按国家语委刊布的《现代汉语常用字表》和《通用规范汉字表》的一至三级字表，区分用字频率；按国家颁布《现代汉语通用字笔顺规范》确定编码排序；按国家颁布《汉字部首表》《简化字总表》《异体字整理表》《异形词整理表》和《汉语拼音方案》等，匡谬正俗。

综上所述，汉字输入法的实质，是在电脑键盘上高屋建瓴地应对所有当用汉字。这就要求，取码规则必须与汉字成分完美匹配，该简就简，应繁则繁。在设计规则时，既要考虑汉字整体的普遍特征，也要顾及每个汉字的独

一无二。在解决共性的通用标准和个性的特殊安排上，输入法的织网力求缜密无纰，否则必然会出现捉襟见肘的错漏。所以，如果罔顾汉字实情，过分追求宽松简易，其规则往往挂一漏万，首鼠两端，难免最终沦为一相情愿。而主观凌驾汉字之上，硬性设定复杂条款，又常失手于晦涩劳神，令人望而却步。那么，取码规则的宽严应该如何定位呢？通过反复实践后的研判，我们认识到，可以参照一个立竿见影的客观标准，那就是促使输入法与造字原理和汉字结构始终保持步调一致。这个标准，边界清晰，内涵可控，只涉及客观存在的汉字信息，如果设法与之对应，输入法就能与符合规范的汉字成规融为一体，学用汉字所收获的全部知识和经验，就都将有助于提升合理、高效的电脑输入。所以，《查文检字》的"中文音形输入法"坚持在字音、字形和构字部件上有根有据地撷取输入码，注重脚踏实地，植根于既有土壤，在各个环节自觉规避主观设定，这也正是"中文音形输入法"如今形态的成因。当主观设计被限定在了客观标准的框架中，成败利钝也就由不得自说自话了。

（二）音形辩证编码

这条原理的实际运用，萌动于对汉字造字法的琢磨。当我们从整体上俯瞰汉字，不难发现，汉字从象形文字发展成一半表形，一半表音的形声字，是个从善如流的大智之举。据史可知，人们认识到的形声字，由约占甲骨文的20%，发展到秦汉时期已占汉字的82%，再扩展到明末清初的90%，而今据说占比更高。汉字造字法有六书，为何其中一枝独秀？我们尽力探赜索隐，恍然大悟了一个奥秘。原来，如果拿许慎的540个表意部首与表示汉语的1 300个音节一对一搭配组合，则能产生70多万个字形，如果采用多部件组合，含有相同部件的组合，以及多部件变换位置的组合，那就更是叠千累万，擢发难数了，而且所有字形绝不重样。这种音形对立统一的造字法，显示了超强的多符号区分作用和鲜明的单符号表达功能，就是造再多的字，也不会字形混淆，就是造一个字，也能形、音、意兼收并蓄，使得汉字既可精准单用，也极易搭配组词，如此海量的潜能，足以展示无限的宇宙和无穷的意念。五千年汉字所走的，正是一条生机勃勃的音形辩证统一之路。

回顾世界上的其他文字：象形的，最终都在画不尽的图海、表不明的心意中，折戟沉沙，消亡殆尽；表音的，全都丧失了寓意实体和色彩具象，不但古今音变难以识透，而且一个单词多个音节，单词的读音形态往往千变万化，难说简便。请看，法语约有 2 800 个音节，据说不学会一两万单词不够日用；英语约有 4 030 个音节，近版《牛津字典》上的单词已逼向百万，谁见了也头晕。而汉字，不计声调的音节仅 410 多个，且一音一字，却凭借着音形合璧，已造出了将近 10 万构形不同的汉字，并且只需区区 3 500 常用字，就能完成 99.48%的书面表达(统计见《现代汉语常用字表说明》，载于《语言文字规范使用指南》上海辞书出版社 2001 年 7 月版，第 119 页)，锻造了量少质丰、聚裂能量超乎寻常的方瑰墨宝，成就了一览众山小的符号巅峰。在这颗用文字书写文明的蓝色星球上，只有我们中国人的汉字，得以“形音意”伟岸，绵延数千年，伫立在浩瀚东土。这里展露出了一个耐人寻味的天机：单纯表形和单纯表音的文字符号，在成形和使用方面，是否相对都有局限性？而兼备表形和表音的文字，是否具备更强大的表现力和生命力？

于是，我们把这个汉字的造字原理延展运用到汉字输入法的编码里，既采用先拼音后部件的音形码格式进行编码，例如“好”，可以输入 hao(“好”的全拼)nz(“好”的部件“女”和“子”的拼音首母)；也采用先部件后拼音的形音码格式进行编码，例如“好”，可以输入 nz hao。结果立即产生了奇异的功效：输入难度突然降低了，认识的字就打拼音加部件，不认识的字就只打部件，用不着读音。然而，检字的精度却大幅提升了。例如，用音形码格式输入 hao(“好”的全拼)，有 20 多个字重码，但是，只需加上 n(“好”的第一个部件“女”的拼音首母)，就已经没有重码了。再例如，用形音码格式输入“好”，输入 nz(“好”的部件“女”、“子”的拼音首母)，就已在择字序列首行，可按上屏键了，如果追加 hao(“好”的全拼)，则完全没有重码，可以自动上屏了。

我们再把这个原理的使用延伸到词组编码上，例如“好多”，输入 hd(“好”“多”两字的拼音首母)，有 160 个词组重码，但是，接着输入 nx(“好”“多”各自的首部件“女”和“夕”的拼音首母)，就已全无重码，可以干净上屏了。

全盘如此操作，即使将输入总量扩充到接近 7 万组字词编码，输入系统也绝不会因为重码而伤筋动骨。

目前的实际情况是，在“中文音形输入法”的 6.5 万组编码里，输入单个汉字，每字用码约为 3 个；输入词组，每字用码从不足 1 个到不超过 2.5 个；

采用形音码格式，重码率约为 2%；采用音形码格式，重码率约为 8%；字词混打时的平均择字概率约在 5%；翻页找字的概率仅在万分之一。在重码选项上，95%的重码不超过 5 个选项，其中 70%的重码只有两个选项，单用左手操作，就足以应付重码择字。

通过以上简介可以得知，“中文音形输入法”的客观应对汉字部件、对立统一汉字的音形标记，可以使输入编码符合规范地涵摄汉字的拼音和部件两种信息；可以酌情倚重或音或形，使之互为主辅，此消彼长，连锁互掣，实现音形双向定位、双序编码，便于灵活、精准地输入中文字词；可以把汉字规则、汉语知识与字母键盘合情合理、有根有据地融为一体，大幅降低记忆负担和输入难度；可以在真正意义上，把书检、机检纳入同一个检字体系，使之配套成龙。其实，这个以唯物论和辩证法为内核的原理，不仅是“中文音形输入法”遵循的技术准则，也同样是“中文音形输入法”设计理念的哲学根基。

二、“中文音形输入法”的操作方法

“中文音形输入法”的操作方法详见《中文音形输入法规则》，大体分为取码、检字、检词 3 个部分，需要我们仔细认识和全面掌握。以下仅就各单元的主要内容、相关背景、或重点、或疑难，加以讲解。也请大家同步翻阅《中文音形输入法规则》，随机在安装了“中文音形输入法”的电脑上实兵演练。

（一）取码规则

在这里，是说“中文音形输入法”的输入码是由哪些基本素材构成的，只有掌握了这些砖瓦沙石，才有可能建造电脑检字这座大厦。从整体上说，“中文音形输入法”的编码采用小写英文字母，按 1 至 5 码取码。从局部上说，取码规则涉及 3 个内容：拼音取码，单字取码，部件取码。

1. 关于拼音取码

说了两件事：

一是“中文音形输入法”在采用拼音形式输入汉字时，按照汉语拼音规则取编拼音码。

二是为适应键盘操作和 5 码限额，需对编码形式做两处调整：

一处调整是：涉及含 ng 的韵母，改 ng 为 m。例如“窗”chuang 改为 chuam，使 6 个字母的拼音缩短为 5 个字母，不致超出 5 码限额，以便实现音形同组编码。与之相同，所有带 ng 的韵母也就都需减少一个字母，这类韵母有 ang、eng、ing、ong，例如“英”ying，就输入 yim；“壮”zhuang，就输入 zhuam；减少一个字母，操作起来更简捷。

为什么用 m 而不用其他字母呢？这是因为，对 ng 表示的后鼻音，本来就有许多种不同写法，其中历史上第一套有系统的拉丁字母汉语拼音方案，是明朝万历年间意大利人利玛窦发明的，就是用的 m。随后响应者也不少。我们认为，这种作法有很大合理性，不仅能使拼音简练，而且后鼻音用 m，正好能与出现在 an、en、in 中表示前鼻音的 n 相对称。并且，原本就是表示鼻音的 m，指代后鼻音更符合字母变读规律。由于这里的 m 只出现在元音字母之后，位置明确，不会扰乱现行的汉语拼音方案。这种做法也不违反国家语言文字工作委员会 2001 年 2 月 23 日的《汉语拼音方案的通用键盘表示规范》，这个规范说：“本规范暂不规定 ng 的简写形式 ŋ 的键位替代表示”。所以中文音形输入法用 m 指代 ng，将其作为电脑打字的权宜之计。或许，这也会成就汉语拼音改革项目的预演。

另一处调整是：涉及 n、l 之后的 ü、üe，因为键盘上没有 ü，所以改用 v 代替 ü，例如：女 nv、虐 nve、律 lv、略 lve。其实，上述《汉语拼音方案的通用键盘表示规范》对 ü 的键位也是采用 v，现在流行的各种输入法，也都是如此这般。

对整字的拼音取码已如上述。对部件的拼音取码还另有如下补充规定：

部件的输入码一般取其称谓第一个汉字的拼音首母为码，例如“木字旁”的“木”(mu)，取 m；少数是取其称谓的核心汉字拼音首母为码，例如“区字框”“同字框”的“框”(kuang)，取 k。其中，对拼音属于 i 行韵母和 u 行韵母的部件，取韵母原形的首字母 i 和 u 为码；对拼音属于 ü 行韵母的部件，仍取常规写法的首字母 y 为码。具体实例如下：

拼音属于 i 行韵母的：常规拼写为yi，ya，ye，yao，you，yan，yin，yang，ying，yong，

原形韵母为i，ia，ie，iao，iou，ian，in，iang，ing，iong，

取原形韵母的首位字母 i，例如“双”，部件“又”（you）取 i（you 的原形是 iou）。

拼音属于 u 行韵母的：常规拼写为wu，wa，wo，wai，wei，wan，wen，wang，weng，

原形韵母为u，ua，uo，uai，uei，uan，uen，uang，ueng，

取原形韵母的首位字母 u，例如“伟”，部件“韦”（wei）取 u（wei 的原形是 uei）。

拼音属于 ü 行韵母的：常规拼写为 yu，yue，yuan，yun，

取常规拼写的首字母 y，例如“迂”，部件“于”（yu）取 y。

i、u 当头的部件不取 y、w 的道理，主要是为了提高 26 个字母的全面使用率，使不能充当首字母的 i、u 不至于坐冷板凳；并且，可以明显区分读“衣”和“于”的拼音首母用码，可以区分 i、u 当头的整字和部件的用码，减少重码率，加强直观效果（i 行、u 行、ü 行韵母例字参见附件 8）。

2. 关于单字取码

在输入汉语词组时要用到整字取码，对于单字本身，取其拼音的首位字母作为这个单字的输入码。例如“编码”，“编”（bian）取 b，“码”（ma）取 m，“中文”取 zw，“输入法”取 srf。

3. 关于部件取码

这可是取码的重头戏了，需要不遗余力地说一说。

“部件”是指由笔画组成的、具有组配汉字功能的构字单位。例如“取”的“耳、又”。最小的不再拆分的部件称基础部件，例如“方”的“点、万”。按规则必须整取的部件也视为基础部件，例如“礻”“疒”。两个以上基础部件组成的部件称合成部件，例如“标准”的“示”“隹”。其中，可用做汉字声符、意符和笔画的有名称部件称为符号部件，例如“假”的第一、第四个部件；在这里，没有固定读音和明确含意的部件称为记号部件，例如“假”的第二、第三个部件。不同的汉字由不同的部件组成，实际采用的部件形形色色。“中文音形输入法”遵守国家语言文字规范，按汉字的基础部件取部件码，将基

础部件细分为笔画部件、成字部件、变形字部件、偏旁冠名部件、数字部件、整取合成部件、记号部件和首位部件。

(1) 笔画部件

笔画是构成楷书汉字的最小连笔单位。笔形是笔画的具体形状。依据笔势和走向，汉字笔画的基本笔形有横、竖、撇、捺、点、折、钩、提 8 种，衍变笔形约有 30 来种。中文音形输入法的笔画部件仅涉及基本笔形和部分衍变笔形。其中，笔形尖端指向右上方的作“提”，如在“刁或剑邳以民”等中；笔形尖端指向左上方、左下方、垂直上方的作“钩”，如“丁买心”；“竖弯”作“折”，见“四”的第四笔。

笔画部件取笔画名称末字的拼音首母为码。例如“刀”的首笔“𠃌”(横折钩)取 g(钩 gou)。请跟我摹打例字。

h：一、㇀(横/十、斜横/七)

s：丨、㇀(竖/旧修、斜竖/五)

p：丿、㇒、丿、㇇、𠃋、㇌(撇/失、平撇/乏、竖撇/川、横撇/又水、竖折撇/专、横折折撇/及)

n：㇏(捺/八)

d：丶、㇛(点/义、撇点/女)

z：㇕、㇅、㇎、𠃊、㇀、𠃊(横折/口、横折折/凹、横折折折/凸、竖折/断、撇折/发、竖弯/四)

g：乛、𠃌、乙、㇌、亅、𠃊、㇁、㇃(横钩/子买函、横折钩/力、横折弯钩/乙、横折折折钩/乃、竖钩/水、竖弯钩/毛匹轧、弯钩/豕、卧钩/心)

t：㇀、𠄌(提/刁或、竖提/以民)

提请注意：笔画部件是笔画名称最末一字的拼音首母。这种做法是为了把起笔相同而收笔不同的笔画区分开来，这样有利于减少重码。例如可以使横撇、横折折、横折钩等不与“横”混淆。

接下来要讲的是多笔画部件取码，这可能将使我们遇到一个难点，那就是：大部分基础部件是自身笔画全都相连的部件，例如本身就属于成字的“王字旁”的“王”、属于变形字的“刀字头”的“⺈”、属于偏旁部首的“单人旁”

的“亻”、属于数字的“五”，等等；可是，也有少数按规定整取的基础部件是几个部件组合而成的部件，例如属于成字的“心”、属于变形字“竖心”的“忄”、属于偏旁部首的“将字旁”的“丬”、属于计数写实的“三点水”的“氵”，等等。取部件码的时候，该怎样把握取自成一体的，还是取几个组合的呢？

关于这个问题，虽然规则上已单列为第6节，叫做“整取合成部件”，也就是整合部件，但从面临多笔画部件之始，这个问题就会如影随形，难以回避。为此，我们不妨也就提前说说其中要领。

首先说说为什么要取这种整合部件，都取形体单个的部件不行吗？回答是肯定的，不行！道理至少有4点：

一是为了符合国家规定。国家语言文字工作委员会多年前就刊布了《信息处理用GB13000.1字符集汉字部件规范》，明确要求，诸如“氵”“钅”“饣”等部件整体取码，我们就不该按“点”“每字头”“刀字头”等拆散取码。

二是为了输入法本身的需要。例如，输入“立”，可以设计成采用单笔画分5笔完成，可是输入“音”“意”“韵”，如果也逐笔用单笔画取“立”，区分度就会大大降低。因此，“立”做部件时应该整取。

三是为了有利于沿袭部首检字法的传统规矩。部首两千年来都是用“示字旁”“衣字旁”等检字，如果我们现在将这些字归于“点”部，或其他什么部，就是你，想必也不会同意的。

四是为了与字典检字法配套一致。“中文音形输入法”是一种与字典首部件检字法严密配套的电脑输入法，是机检、书检保持一致的汉字检索体系中的主要组成部分，查字典不能用查一个“点”来代替查“广字头”的字，打电脑当然也就应该与之保持一致。

由此可见，对某些部件组合后整体取码，是个绕不过去的环节。

那么，在什么情况下要组合后整取呢？请记住“一个原则”：

这个原则就是：尽力规避单笔画部件和记号部件。“规避”就是设法避开的意思。为什么？因为单笔画占用输入码，会降低输入精度；记号部件没有读音，也没有拼音首母，也会造成输入效果模糊。所以，要想办法使它们加入其他部件，有个称谓，成为符号部件，以利输入。具体做法是：如果单笔画和记号部件能与其他部件组成符号部件时，整取。例如“采”中“爫”的四个单笔画，“放”中“方”的单笔画和符号部件；例如“登”字头“癶”的两个记号部件,“吗”中“马”的记号部件和“一”等等组合。

部件整合的情况,下面各单元都会提到。现在我们手里已经有了一把尺,可以随时用来丈量这些部件了。以下言归正传。

(2) 成字部件

成字部件是指:在汉字结构中与正体字同形的基础部件。按同形单字的拼音首母取码。其中,拼音属于 i 行、u 行韵母的取 i、u,拼音属于 ü 行韵母的取 y。例如“呀”的“牙”(ya,原形是 ia)取 i,“厉”的“万”(wan,原形是 uan)取 u,“肤”的“月”(yue)取 y。

关于成字部件,比对国家相关部门刊布的《通用规范汉字表》,可分为两种:

通用字部件:是与通用汉字同形的部件,如“的”的部件“白”“勺”。在部件中出现频率最高的是兼作部首的通用字,其中有些还是生僻字(详见附件 1)。

古用字部件:是通用汉字之外、正规古文用字所充当的部件。根据需要,“中文音形输入法”取用了 20 个古用字(详见附件 2),一律按其本音取码,如“私”的“厶”(sī)取 s。在此之外的古用字,例如百(shǒu)叀(zhuān),等等,都只视为记号部件,以免增加记忆负担。

“中文音形输入法”采取的古用字,都可查见于国家语委《信息处理用 GB13000.1 字符集》《辞海》《现代汉语词典》和当前各种主要输入法的字库。其中出现频率高、多被列入各种工具书检字部首的独体结构古用字,尤其应该知晓。这些高频率使用的古用字是:

厶 sī/私能、尢 yóu/尤尴尬、屮 chè/逆厥、旡 jì/既概、毌 guàn/贯惯
疋 pǐ/蛋楚、朿 cì/刺棘枣、釆 biàn/释翻、目 yǐ/官遣、𠂤 duī/追阜

特别提示:

成字部件多数见于部首,少数见于今已不常用的生僻字,建议全面掌握部首字(参见附件 1),学习一些构字能力强的古用字(参见附件 2)和生僻字(参见附件 3),这是学习和检索汉字所必备的基础知识,不论学习和采用哪种检字法,都有用武之地。请跟我摹打附件 1、附件 2、附件 3。

(3) 变形字部件

变形字部件是指：单字改变字形或改变笔形所充当的基础部件。仍按原单字拼音的首位字母取码，其中拼音属于 i 行、u 行、ü 行韵母的，取 i、u、y。请跟我摹打例字。

b：1 ⺊、2 𠤎、3 𢆉(1 卜/占贞、2 匕/比顷、3 半/判叛)

c：1 ⺇、2 冊、3 ⻋(1 川/荒流、2 册/扁嗣、3 车/轻皲)

d：1 刂、2 ⺈、3 𠂊、4 丅、5 丅、6 𡗗、7 电(1 立刀/划刻、2 刀/色象陷、3 刀/尔欠、4 丁/隔、5 丁/哥、6 大/因达、7 电/鹌)

e：1 儿、2 ⺌、3 耳(1 儿/见现、2 儿/赞兢、3 耳/最辄)

f：1 丰、2 ⺷、3 夫(1 丰/邦帮、2 丰/寿筹、3 夫/规替)

g：1 工、2 𠂉、3 艮(1 工/功式毁、2 个/临览、3 艮/即既)

h：1 火、2 禾、3 禾、4 禾(1 火/灯、2 禾/和秦、3 禾/余叙、4 禾/乘剩)

i：1 ⺄、2 讠、3 乂、4 又、5 衤、6 亦(1 乙/飞讯迅虱、2 言/认识、3 乂/杀爽攀、4 又/劝观、5 衣/衬被、6 亦/变恋)

j：1 几、2 ⺇、3 ⺆、4 九、5 己、6 钅、7 夹(1 几/风凤佩、2 几/朵设、3 几/颃、4 九/鸠、5 己/改凯、6 金/钉衔、7 夹/颊)

l：1 了、2 良、3 里(1 了/亟殛、2 良/郎朗、3 里/野)

m：1 木、2 朩、3 米(1 木/村树、2 木/条茶、3 米/粉断)

n：1 牛、2 𠂒、3 内(1 牛/物特、2 牛/先告、3 内/肉)

p：1 ⻊、2 皮、3 爿、4 片(1 疋/疏蔬、2 皮/颇、3 爿/鼎、4 片/鼐)

q：1 七、2 千、3 犭(1 七/切彻窃、2 千/乖插、3 犬犹/狗获)

r：1 亻、2 𠆢、3 日(1 单人/仁雀、2 人/领欲肉亥、3 日/昌莫暑)

s：1 饣、2 龵、3 手、4 礻、5 失、6 束、7 氺、8 氺、9 小、10 兴(1 食/饭、2 手/看、3 手/拜掰、4 示/社、5 失/迭、6 束/赖、7 水/泰绿丞函犀、8 水/聚、9 水/鳔、10 横卧水/益溢隘)

t：1 土、2 天、3 屯(1 提土/块堤、2 天/郑奏葵、3 屯/顿)

u：1 兀、2 亡、3 王、4 攵、5 夂、6 夕(1 兀/顽辉、2 亡/望、3 王/珠班、4 反文/敏、5 折文/冬处复、6 折文/麸囱)

x：1 ⺌、2 忄、3 ⺗、4 覀(1 小/光辉常敞、2 竖心/惊慌、3 心/恭添慕、

4 西/要贾）

y：1 于、2 月、3 夕、4 攵、5 ⻗、6 鱼（1 于/得碍、2 月/背骨、3 月/然祭察灸、4 月/夜、5 雨/雪、6 鱼/鲜蓟）

z：1⻎、2 孑、3 ⺤、4 ⺊、5 ⺊、6 ⺏、7 疋、8 走、9 ⻊、10 ⺮（1 走之/还、2 子/孤、3 爪/爱、4 止/此、5 止/足、6 正/政、7 正/定、8 走/起、9 足/跟、10 竹/答）

请注意，上列变形字中，只有"⺈"和"于"是因为与"刀字头"和"于"形似而定音的，其余的一般都有原形根据。这些变形字是在汉字的造字和演变过程中形成的通用构字部件，其形、其音不是我们主观设定的。其中，单笔画与其他部件组合的部件有：言字旁、示字旁、衣字旁、食字旁、亦字头、爪字头、竖心、川、儿、个、犬、良、亡、小、心、雨和 4 种形式的"水"，等等。数字"倒八"与其他部件组合的部件有：半、火、夹、米。

通用字中还有些合体的变形字部件，例如：⺵—先/赞、⺌—光/辉耀、⺶—羊/着羞善、⺷—元/顽、⺸—克/兢等，一律拆开取码。为了方便识读，将共(共)、其(其)认作是记号部件，整体取码。

特别说明：

1）"钅、鱼、走、⻊、⺮"是采用符号部件与其他部件合成的变形字部件，但必须硬性按传统检字惯例整体取码，以便操作，不讲道理了。

2）"亦"是繁体"變"的"攵"以上部分的简化写法，名称为"变字头"，不是"亦"的变形字，由于两者写法相似、形近难辨，因此按照《辞海》的分类，随"亦"取码。"⺈"随"⺈"取码，"于"随"于"取码，也近似此理。例如"⺈"在"欠欢歇、尔你您"中取"刀"音，"于"在"得碍"中取"于"音。

3）为了方便识读，降低难度，将共(共，见"恭港")、其(其，见"基綦")、巾(巾，见"敝蔽")，认作是记号部件，通用编码取 o。

(4) 偏旁冠名部件

这里的"偏旁冠名部件"，除了 4 个据形兼顾的之外，其余的见诸《辞海》《现代汉语词典》和权威典籍"偏旁部首名称表"，都是按社会共识和文化传

统冠名的部件。一般按名称首字拼音的首位字母取码,例“宀”(宝盖头)取b(宝 bao)。其中有几个特例:

“单耳朵”“双耳朵”“弯耳朵”都取“耳”;

“区字框”“同字框”“凶字框”都取“框”;

“草字头”“简草头”“黄草头”都取“草”。

其中首字拼音属于u行、ü行韵母的,取u、y。请跟我摹打例字。

b: 1宀、2疒、3勹(1宝盖头,2病字头,3包字头)

c: 1𡗗、2艹、3龷、4⺮(1春字头,2草字头,3黄草头,4简草头,兼指“丷”与“一”“㇀”合成的部件,例“兰前、逆朔、立豆、喜嘉善;彭鼓”)

d: 1癶、2𠂆(1登字头;2盾字头)

e: 1卩、2㔾、3⺋、4阝(1单耳朵,例“即命”,兼指“节爷报服赧”中的“卩”;2弯耳朵,例“仓厄犯宛范卷”;3弯耳朵,例“顾剜”;4左、右双耳朵,例“阵都”)

f: 囗(方框。内有部件的取“方”,例“回”。内空者取“口 kou”,例“吗”)

h: 虍(虎字头)

j: 1廴、2丬、3纟、4龹(1建之旁,2将字旁,3绞丝旁,4卷字头)

k: 1匚、2冂、3凵(1区字框;2同字框,兼指“周贝丽”等外框;3凶字框,例“画函齿胸离”)

l: 1耂、2彐(1老字头、2录字头)

m: 1冃、2𠂉(1冒字头,2每字头)

n: 廾(弄字底,例“戒卉”)

p: 冖(平宝盖)

q: 龶(青字头)

t: 扌(提手旁)

u: 亠(文字头,例“立言衷”,兼指“衣”中的“亠”)

x: 彐(寻字头,例“当归雪”)

y: 1龴、2肀(1予字头;2聿字头,例“肃箫唐”,兼指“隶”中的“肀”)

z: 1𢦏、2𠂇(1栽字头;2左字头)

在偏旁部件中,单笔画与其他部件组合的有:宝盖头、病字头、简草头、将字旁、绞丝旁、文字头、栽字头;记号部件与其他部件组合的有:登字头、虎字头;数字八与其他部件组合的有:卷字头。

特别说明:

1)"兼指"采用检字法原则,据形取音,并非都是文字学结论。

2)"扌""纟""艹"等是"手""丝""草"的变体,在这里因求编码效率和表述方便,不溯渊源,按偏旁名称的规则取码。另有冖(mì)、宀(miǎn)、彡(shān)、巛(chuān)、𠂇(zuǒ)、癶(bō)等等古字,如今已丧失单独使用功能,在这里不取原字音,按偏旁的传统名称取码,以便降低学习难度。

3)"文、虍、疒"是必须按传统检字惯例整取的偏旁冠名部件。

(5)数字部件

数字部件可细分两类:一类本身就是数字,例如"五七九";一类是按笔数定名的笔画组合,例如"四点""灬"。一般用相关字的单字码或部件名称首字拼音的首位字母为码,并有三条特别规定:

1)成字部件"一"(yī)取原形韵母的首母 i,成字部件"五"(wǔ)取原形韵母的首母 u。

2)除了成字部件"八"及其变形体外,连续两个独立单笔画都按"二"(èr)的韵母 e 取码。

3)除了成字部件"三"之外,连续三个独立单笔画都按"仨"(sā,意为"三个")的韵母 a 取码,混读这个"a"作"sā"。

请跟我摹打例字。

i:一(凌空独立的"一"作"壹",例"亏灭富疆"。与后续笔画交接的"一"作"横",例"丙百")。

取码规则:

1)"一"与相邻的部件分别取码。例"亘"取"一、日、一","示"取"一、丁、八"。只有在紧跟记号部件之后,且能与之组成符号部件时,两者组合取码。例"与马乌鸟"。

2)"一"能与"一、二、丶、丷"组成符号部件时,按包纳笔画最多者取码。例"仁"取"亻、二","仨"取"亻、三","立"取"亠、䒑","亲"取"立、木","兰"取"䒑、二","拦"取"扌、兰"。

e：二（例“云侫”）

冫（两点水/冰习匀兆求隶），⺀（顺二点/斗头尽冬雨心），

⺀（反二点/飞兆脊），

‖（二竖/坚临蓝），巛（二拐/粼），

刂（二笔/师），刂（二笔/班），川（二笔/介齐）。

s：三（例“仨叁”）

a：氵（三点水/江衍），⺍（仨笔/学应检），彡（仨撇/衫须彦），

巛（仨拐/巡巢淄）。

s：四（例“泗”）

罒（四字头，例“罢楞慢爵”）

灬（四点，例“热默墨”）

u：五（例“伍语”）

l：六（例“冥”）

取码规则： 在末位时整取，例“瞑”。其后还有部件时拆成“亠、八”，例“交滚”。

q：七（例“柒切”）

b：八（例“分扒”）

丷（倒八，例“关首丫”，兼指被其他部件分隔开的“丷”，例“伞半”）

取码规则：

1）被分隔的“丷”，能与嵌中部件组成有名称部件的，与嵌中部件整体取码，例“火平米夹来柬釆、半乎业亚严关”。

2）不能与嵌中部件组成有名称部件的“丷”，例“伞金啬丧”，以及拆分含“丷”的单字时，例拆“火平米夹来柬”，单独取码。

八（小八，例“共谷交”，兼指被其他部件分隔开的“八”，例“东练”）

取码规则： 同“丷”。在部件“办、东乐亦赤”中整取，在“练梁肃敝”中拆取。

j：九（例“仇旭”）

s：十（例“毕”，兼指变形部件“十”，例“斗戎辣”）

n：廿（“廿”意为“二十”，读 niàn，例“度燕”）

s：卅（“卅”意为“三十”，读 sà，例“带滞”）

在数字部件中需要特别关注的是“一、二、亻三、八”。通常部件的编码都是采用辅音字母，一般用不到元音字母，而“一、二、亻三”用的则正是元音字母，这样主动介入，可以提高元音字母的使用率，减少重码。这里需要注意“三”和“亻三”在取码上的区别，不要混淆。与此同时，在这里也需要精细掌握被分割和被包围的“小八”用法。可以尝试使用每个举例部件输入几个具体汉字，当做练习。

（6）整取合成部件

整取合成部件即整合部件，上面已讲了大概，现在讲讲细节。当单独笔画或记号部件能与相关部件组成符号部件时，整合取码。分为笔画部件整合和记号部件整合两类。它们或是字典辞书标明为“独体结构”的多部件成字，或是按“独体结构”原则类推的合成部件（下面以成字部件为例，余例详见附件6）。

1）笔画部件整合

单笔画组合：小、少、川、刁、心、立、兰、兆、州。

单笔画与符号部件组合：广、户、方、犬、刃、乏。

单笔画与记号部件组合：我、成、龙，丹舟，水永。

2）记号部件整合

记号部件与记号部件组合：非。

记号部件与数字部件组合：与马乌鸟（与一），雨求隶（与二），半业乐东（与八）。

特别说明：

1）单笔画组合以包纳最多笔画成为符号部件者为准。例如，“少”取“小、撇”，“秒”取“禾、少”；“立”取“亠、业”，“意”取“立、日、心”；“言”取“亠、二、口”。要注意分层次取码。其中特例只有数字部件“六”，如果其后还有部件，就拆成“亠、八”取码，例如在“交滚”，否则整取，例如在“冥”。

2）除与“八”之外，符号部件一般不与两个及以上单笔画整体取码，例如“含吟贪，涉频颦，萧箫”中的“今、步、肃”，分别拆分成“人、点、折”、“止、竖、撇、撇”和“聿字头、撇、竖、八”取码。这个规定的意义在于，降低整取的疑难，便于词组编码。

3）一笔汉字“一”不归单笔画处置，只在紧跟记号部件之后时，参与整合，例如在“与马乌鸟”。

4）“小八”和“倒八”的两个单笔不归单笔画处置，应尽可能使之参与组成符号部件，实例见数字部件的“八”。

（7）记号部件

这里所说的记号部件是指现今没有公认名称和确切含义、由两个以上相连相交笔画组成的基础部件，由于没有音意负载，也可以称之为“裸部件”“零部件”。这种部件在通用字中约有158种不同类型，在繁体字中另有大约110种不同类型，例如“假”的第二、第三个部件。在“中文音形输入法”中，对记号部件采用反向排除法，以便识别和定位：凡未列入上述成字、变形字、偏旁、数字之列的部件，都视为记号部件，一律用“裸”（luo）的主韵母“o”作编码，可以混读这个原本出现率极低的“o”作“luǒ”，也可以直读成“噢”（ō）或“哦”（ò）。其中，在拆分整字时，处在各种记号部件中的单笔画，都需另行取码，例如“鸟”取odi（o、点、一），“丹”取od（o、点），“舟”取odd（o、点、点），只有处在全封闭记号部件中的“丷”不另行编码，如在“曾黑熏”，“曾”取bor（丷、o、日）。此外且记，笔画相连组成的记号部件不拆分出笔画和成字，如“至”取ot，不取“横厶土”；“贵”取okr，不取“中横框人”。（例字见附件4）

（8）首位部件

这里只是解释一个专用概念，并没有特殊编码要求。

首位部件简称首部件，是指单字起笔位置上的第一个基础部件，其名称首字拼音的首位字母为首位部件码，简称首码（特殊例字参见附件5，请抽空摹打例字）。

笔画相连的字按首笔取首码。例“木”取“横”，“口”取“竖”。

笔画有分有合的字按第一个基础部件取首码。例“想”取“木”，“必”取“点”。其中，字端按规则整取的部件，同样视为首部件，例如“受”的首部件是“爫”。

部件类型讲完了，还有一个问题需要提出来说一下。这就是，有一些看似笔画相连的合成字，应该拆开取码，这是汉字的基础知识，实例详见“附件7.合成字拆分举例”。其基本原则是，笔画看似相连的字块，如果能够拆分成两个以上各有读音的部件时，就必须拆分取码，例如“故”中的“古”“朝”中的左半边；如果不能，就整体取码，例如“矗”中的“直”，不再拆分。请在有空时把附件6、附件7摹打一遍，那里已几乎包纳了所有整取类型和应拆类型。

综合以上取码规则，在“中文音形输入法”所涉及的部件中，包含一看就知道的8个单笔画和迟早要学会的大约188个成字部件，以及不需要死记硬背的156个通用的记号部件、34个仅见于繁体字的记号部件，在此之外，真正需要学习掌握的就只有102个变形字，36个冠名偏旁，28个数字部件，89个整合部件，其中只有两个变形字𠂉、于和4个用来兼指的偏旁部件是我们按其图形确定的，其余的都是依据汉字规范和传统标准确定的。这也就是说，“中文音形输入法”部件规则所涉及的641个部件中，约有99%的内容都是汉字自身法则决定的，而不是我们的别出心裁。

部件知识的多寡和难易，是汉字本身特质的表现，输入法应该顺其自然，既不能复杂问题简单化，以所谓最简的规则和最少的编码小马拉大车，也不能违逆大众的常识和文字的传统。为此，“中文音形输入法”努力与汉字自身规则保持一致。所以，如果你打算使用“中文音形输入法”，你的绝大部分精力是在学习汉字基础知识，这些知识对学用汉字、对学用任何一种检字法，都有用武之地，将能使我们终身受益。毋庸置疑，当你具备了越丰富的汉字知识，你就越容易掌控“中文音形输入法”，越能为汉字的学习、使用和传承提供便利。根据我们的经验，如果能从整体上认识部件，做到“知道名称＋掌控分合＋理解o、v”，就基本可以轻车上路了。

如何才能比较轻松地打开部件取码这把锁呢？钥匙就在于发现规律和落实方法。

所谓发现规律，说的是认识。就是要明确看到，绝大多数部件都是依托汉字命名的，例如“每字头”“木字旁”，只有很少数是按笔画数写实的，例如“二竖”“三拐”；一般部件都是按部件名称首字拼音的首位字母取码的，例如“土”(tu)的t，只有很少数是按分类取码的，例如“同字框、区字框、凶字框”都取“框”；一般部件都是不可再分割的最小部件，例如“刀字头”“人字头”，只有单笔画和记号部件是尽可能与相邻部件合并、组合成为有读音的符号部件之后再取码的，例如“忍”的“刃”、“泛”的“乏”、“载”的“栽字头”。

所谓落实方法，说的是实践，就是建议把规则和附件上的例字分门别类都摹打一遍，最好是直到可以准确输入。这些例字都是我们厚积薄发、精挑细选的，基本上涵盖了绝大部分的实例，只要会打，就可以做到胸有成竹，高屋建瓴。大家不妨照猫画虎，小试牛刀。

（二）检字规则

“中文音形输入法”的 YX39 以《通用规范汉字表》一、二、三级字表的 8 105个汉字和与之相关的大约 2 640 个繁体字作为基础字库，并少量补充了一些通用规范汉字表以外的当用汉字。除了三级字表中的一字两拆汉字只采用形音码、只取简便格式外，其余通用字都可以采用音形码或形音码的标准格式、用 1 至 5 码进行检字。其中三成，还能采用简便格式检字。拆字时，以尽可能不拆出独立的单笔画和记号部件为原则。编码时，多于 5 码的部分舍弃不用；不足 5 码的部分递加末码，直至补足 5 码。在操作过程中，输入起始便可随机择字，不受码数制约。在不同的编码格式中，有的精度更高，有的取码更简，可以酌情择便上屏（参见附录二《电脑设置和实效说明》）。

“中文音形输入法”将汉字分为一体字、合成字两类，检字规则与之分别对应。

一体字是我们给以命名的一个新概念，不同于传统说法的独体字。独体字，多源自象形字，有笔画相连的，如“刀”，也有笔画分离的，如“心”，即便是繁体字简化后，字形迥然不同，也仍称其为独体结构，例如“興、兴”。这里的一体字，则是特指笔画全都交接、浑然一体的汉字，如“人、民”，以及笔画搭挂相连的独体结构汉字，如“石、皮”。

合成字也是我们设定的一个提法，不同于传统说法的合体字。合成字，是指所有含蕴不止一个基础部件的汉字，例如“品”“页”。这里的合成字与传统的合体字差异在于，按某些字典的说法，“页”“贝”“见”“丢”等都是独体结构，不属于合体字，但在这里，则归于多部件的合成字了。

我们这里说的合成字，有两种构成形式：一是部件相互独立的，如“能”。二是看似一体，实为上下结构、只是写法上好像笔画交接的，例如，记号部件接成字的“叟妻昙”；再如两个符号部件互接的，例如，成字接成字的“早支克县”、成字与变形字互接的“足占先”、成字与偏旁部件相互搭挂的“孝老右”，都拆分取码。这些字的分合规则，都属于汉字基础知识，应该主动认识，稳妥掌握(参见附件7)。

检字规则分为音形码、形音码和几种特例编码：

1. 音形码：拼音码+部件码

音形码是指：拼音码在前，部件码辅后的编码形式。

拼音码按本输入法的拼音码规则取码编码，ng 用 m，n、l 之后的 ü 用 v。

部件码按基础部件取码，按拼音码之后所剩空位定数量，按笔顺先后定取舍。不足5码的，连续打末码，直至补足。

(1) 一体字音形码：拼音码+笔画码

按上述规则取拼音码，按单笔画逐笔取码。

例如，“出”即 chu+zs(折竖)，“力”即 li+gp(钩撇)+p(补足码，撇)。

(2) 合成字音形码：拼音码+部件码

按上述规则取拼音码，按基础部件逐个取码，例如，“狼”即 lam+ql(犭、良)。“先”即 xian+n(牛)。

2. 形音码：部件码+拼音码

形音码是指：部件码在前，拼音码辅后的编码形式。

形音码以汉字的基础部件作为基本编码单位。编码时，依据国家语委的《汉字部件规范》，“从形出发，尊重理据，立足现代，参考历史”，尽可能将独立单笔画和记号部件整合为符号部件，例如“伏”取“亻犬”，“伴”取“亻半”，“恋”取“亦心”。部件编码的排列顺序按照国家语委公布的《现代汉语通用字笔顺规范》确定。就单字而言，一般遵循先上后下，先左后右，先外后内，先中间后两边及俗成惯例，对部件逐一依次编排。例如“幕”为“艹、日、大、巾”。部件之间在写法上笔画先后交错的，首笔出现在先者编排在前，例如“或”为“戈、口、提”，“威”为“戊、一、女”。上述也都是汉字知识和写字规范，应知应会。

(1) 一体字形音码：逐笔取码+最末一个笔画码或拼音码

少于 5 笔的，笔画码之后续接拼音码。多于 4 笔的，末码用最末一个笔画码。例如，刀 gp（钩撇）+dao（刀），日 szhh（竖折横横）+r（日 ri）；秉 phzhn（撇横折横捺）。

(2) 合成字形音码：部件码+部件码……+拼音码

部件码按基础部件取码，按笔顺先后编码。相接、搭挂的符号部件各自分别取码。

拼音码按本输入法的拼音码规则取码编码，按部件码之后所剩空位定字母取舍。

一字两拆： 用于仅含有两个基础部件的单字。

常规编码：部件码+部件码+拼音码

例如，伟 ruwei（亻、韦+wei），舌 qkshe（千、口+she）。

简易编码：部件码+部件码

例如，仵 ru（亻、午），怃 xu（忄、无）。

一字三拆： 部件码+部件码+部件码+拼音码

例如，数 mnush（米女攵+shu 的 sh）。

一字四拆、五拆： 前 4 个部件码+单字码或最末一个部件码

只有 4 个部件的，第 5 码用单字码。例如，楷 mbbbk（木匕匕白、“楷”的 k）。多于 4 个部件的，第 5 码用最末一个部件码，例如，攀 miims（木乂乂木手）。

3. 简码

(1) 常用字简码

输入拼音的首字母后，下列 26 个常用字将出现在择字序列首行：

爱a　不b　从c　的d　而e　分f　个g　很h
一i　就j　可k　了l　们m　你n　欧o　票p
全q　人r　是s　他t　完u　维v　我w　小x
有y　在z

输入拼音码后，下列 44 个常用字将出现在择字序列首行：

把 ba　被 bei　出 chu　大 da　但 dan　到 dao　得 de　等 dem
地 di　点 dian　都 dou　各 ge　过 guo　还 hai　号 hao　和 he
或 huo　及 ji　经 jim　来 lai　年 nian　起 qi　让 ram　日 ri
使 sh　时 shi　说 shuo　所 suo　她 ta　为 wei　无 wu　下 xia
要 yao　也 ye　以 yi　又 you　与 yu　月 yue　着 zh　再 zai
这 zhe　之 zhi　中 zhom　走 zou

(2) 语气词简码

采用“单字码＋k(口 kou)”的格式编码，下列 42 个语气词将出现在择字序列前排：

ak 啊哎唉嗷　bk 吧呗啵　ek 嗯　hk 哈咳嗨哼呵嘿哗
lk 啦喽哩啰嘞　mk 吗嘛　nk 呢呐嗯　ok 噢哦
pk 呸　wk 哇喂喔呜　xk 嘘嘻　yk 呀吔哟唷吆呦咿咦

4. 特殊字编码

(1) 罕用字编码

罕用字在这里是指：在通用字中，不属于《现代汉语常用字表》和《通用规范汉字一级字表》的汉字。在检字时，有些罕用字会与常用字、次常用字重码，或出现在择字序列首行，而这些罕用字的实际最高使用概率不到 0.1%。为了遏制无谓择字，又不减少检字总量，“中文音形输入法”字库一般已将这些罕用字编码的末码改换成 v。

实际操作时，在通用字范围内，如果按照常规编码检字未果，就可能遇到了罕用字，应改用 v 做第 5 码、或者改用其他输入格式再检。例如，“昉”的音形码是 famrv，“汕”的形音码是 asshv，“搐”的形音码是 tuitv（参见附录二的“择字选词”）。

(2) 繁体字编码

繁体字以标准新宋体为字形依据，只采用形音码格式，不采用音形码格式，单纯按基础部件进行编码。对于只有两个基础部件的，只取两码。上述通用字部件取码规则全部适用于繁体字，不再另设繁体部件码，所以，不认识繁体字，也照样能准确输入。但要强调的是，繁体字全都按本输入法规定的基础部件拆分，其中“釒飠糹訁馬烏鳥魚門鬥”等繁体字的偏旁部件，必须拆分取码。示范如下：

釒 rub（即“人、王、八”，以下同理）、飠 rl、糹 ia、訁 uek、馬 os、烏 os、鳥 os、魚 dts、門 oo、鬥 suug；对“盡、書、晝”等的第一个部件认作“聿字头”，取 y；对“糹”的“幺”以下部件认作“仨点”，取 a；视“幾”中的“人”为搭挂，拆出来取码。其中，“鬥”取“竖、王、王、竖钩”是按《GB13000.1 字符集汉字笔顺规范》，可能与旧有笔顺不同。

如果输入 5 码，当繁体字会与通用字重码，或将出现在含有通用字的择字序列首行时，“中文音形输入法”字库一般已将繁体字编码的末码改换成 v，以此保障使用频率更高的通用字优先排列。

(3) 多音字编码

多音字以现代通用读音为准，例如“叶”取 yè，不取 xié。

做部件时，一般不取生僻音。例如“连”中的“车”，取 chē 不取 jū。

在词语中，以实际读音为准。例如“校”，在“学校”读 xiào，在“校对”读 jiào。

(4) 混读字编码

“曰”仅在作单字时读 yuē，作部件时俗称“扁日”，与“日 rì”混读，用 r 作部件码，例在“曼最”等字中。

“壬”古文读 tǐng，今在读 tǐng 的字中外形已与“壬 rén”讹混，按 r 取部件码，例如在“廷挺蜓庭霆”。对于“丢”中的“壬”，不属于本输入法采用的古汉字，所以仍认作是记号部件，取“o”。

(5) 一笔字编码

“一”的部件码为 h(横)，音形码为 yi＋hhh，形音码为 h＋yiii。“乙”的部件码为 g(钩)，音形码为 yi＋ggg，形音码为 g＋yiii。

关于检字规则，在这里再抽出 3 个问题，强调讲解一下：

一是一体字是《查文检字》和“中文音形输入法”给予命名的一个新概念，是指笔画全都交接、浑然一体的汉字，这与传统和当代说法中的“独体字”或“独体结构的字”不同。今存“独体字”或“独体结构的字”，多是由象形字演变过来的汉字，有的是全部笔画交接，例如“日、月”，有的则是由多部件合成的，例如“心、马、鸟、鱼”。这里的一体字，则是只指全部笔画都交接的字。与此相关，这里所说的合成字，则是包括了多个部件组合而成的“独体字”。在实际使用时，请注意区别，不要混淆。在检字实践中，能力和经验自会日积月累，精彩纷呈将稳健持续。

二是有些罕用汉字的出现概率不到千分之一，繁体字的出现率更低。为了不让这些罕用字和繁体字与常用字重码，或排列在编码首行，以利提高检字效率，“中文音形输入法”输入这些罕用字和繁体字时，将其编码的最后一码全都改换成 v。在通用规范汉字和相关繁体字中，这种末码改 v 的字，约占形音码的 3%，音形码的 8%，繁体字的 9%。所以，如能主动识别罕用字和繁体字时，就应“打 4 看 5”，即畅打前 4 码，酌定第 5 码。而不知不觉已打第 5 码，但不见预期字出现时，就应后退一步，将末码改换成 v 试试。末码改 v 的目的，是令罕用字给常用字让路，令繁体字给通用字让路。

三是繁体字只按基础部件拆分，是为了在同一个平台上有效区分简化字和繁体字，既让繁体字有一席之地，又使简化字总能优先排列。但无需事先就认识繁体字，而是只需按前面所说的方法拆分部件就可以了。例如，“许”是取“讠、午”，“許”是取“亠、二、口、午”，因为前面所说部件规则中没有“言”这个整合部件，这就需要按实际情况拆开取码了。

(三) 检词规则

“中文音形输入法”的词库容纳了 5 万左右两字以上常用词条和规范短

语，选词偏重于普通语文用词和常识性专业用词，词形按照国家语委《异形词整理表》确定。其中基础词条精选自《现代汉语词典》《精编当代汉语词典》，以及《新华汉语小词典》《新华新词语词典》《中国成语大词典》《汉语成语小词典》和俗语词典等权威典籍，并配备了一定数量的联想词、缩略词和惯用语，预留了大约 500 左右个人手工造词的空间。

检词编码以单个词条或规范的词语组合为单位，联想词自动跟进。请摹打以下例词：

两字词：首字码＋末字码＋首字首部件码＋末字首部件码＋末字第二部件码

例如“前进”qjcjz，即 q(前)j(进)c(䒑)j(井)z(辶)。

三字词：首字码＋第二字码＋末字码＋末字首部件码＋末字第二部件码

例如“打印机”dyjmj，即 d(打)y(印)j(机)m(木)j(几)。

四字词语：首字码＋第二字码＋第三字码＋末字码＋末字首部件码

例如“励精图治”ljtza，即 l(励)j 精 t(图)z(治)a(氵)。

五字以上词语：首字码＋第二字码＋第三字码＋第四字码＋第五字码

五字及多于五字的词语，逐一取前五个单字码，多余的字不计。

例如“树欲静而风不止”syjef，即 s(树)y(欲)j(静)e(而)f(风)。

含标点的成语、俗语、引语：逐一取前五个单字码，其间标点不计

例如“百尺竿头，更进一步”为 bcgtg，即 b(百)c(尺)g(竿)t(头)g(更)。

这里留存一个可以商榷的思考：当代词语中，大部分是两字词，对这个侧重所在，采用什么编码形式比较有利？

一是照搬三字词编码：思维进程似乎更顺畅，操作也很方便，但重码择字将会增加，例如“劳联拉律乱雷流”＋“动”的词都是 ld，“魅绵卖蛮猛目”＋“力”的词都是 ml，就是接打第二个字的部件，仍无法区分。此举利弊，尚待

评估。

二是采用“音形音形”的格式：例如“编码”为 b(编) j(绞丝) m(码) s(石) m(马)。好处在于，逐字编排，写到哪，编到哪。缺点在于，字词格式不便悉察，速决容易失误，思路憋闷。

三是现在的编法：虽然思绪似有曲折，但对词组整体识别，有利于精准控制和字词区别对待，容易操作。

“中文音形输入法”曾分别制作了如上三个版本，在思维密度、控词力度、行进速度、难易程度和编码精度等方面进行实用比较，经综合测算，倾向现在编码，并借此试探反响。

这里还要做一个额外说明，就是由于至今没有国家指定的范本输入法，加之当前流行的各种输入法，以及各类电脑、打印机等设备，往往不见积极响应国颁《通用规范汉字表》的问世，虽然过去几年了，当前普通电脑的字库，包括网上字库，一般仍旧不具备全部通用规范汉字，都有一些罕用字没法打出。表现在“中文音形输入法”YX39 版的使用上，虽然我们已将相关汉字存入了字库，但是用户在输入编码后，因为自身电脑字库没有某些字，所以可能只见屏显编码，没有对应汉字。这个问题要等所用电脑字库完善后才能解决。所以，本书不配发 YX39 自动安装光盘了。不过，在现今所有电脑上使用伴随《查文检字》一书同步发行的“中文音形输入法”YX38 版，都能打出国颁《现代汉语通用字表》的 7 000 汉字和与之对应的 2 200 多个繁体字，以及 5 万左右各类词组，而且输入规则与 YX39 完全相同。

(四) 电脑设置

以下实践几个具体操作。请按附录二的说明，将系统安装、键盘整理、自备字词，随我练习一遍。其余的，请自行关注。

1. 系统安装

按“中文音形输入法”专用安装光盘的提示进行一键安装、一键卸载操作。由于各种版本的电脑系统可能不认识这个安装软件，在电脑系统升级或杀毒后，可能需要重新按此操作。如遇电脑系统阻拦，请点击“允许本次操作”，或“允许历次操作”。请放心使用，绝不含毒。

2. 键盘整理

在使用本输入法时，应该开启电脑的相关提示功能。开启方法：鼠标右键点屏幕左下角的[音形]—左键点[设置]—左键点[词语联想]、[词语输入]、[逐渐提示]、[外码提示]、[光标跟随]、[检字字符集]的[GBK]—左键点[确定]。

在编码输入过程中，如果单击 Esc 和 Enter 键，或双击 Caps Lock 键，可以清除检字框中已输入的编码和联想词，如果随后再单击 Esc 或 Enter 键，则可以消除检字框，廓清键入，以利再操作。

完成编码输入后，如果点击任意一个方向键，则可同时消除联想词和检字框(现在有些新版电脑无法做到)，但光标将移动，这种方法在修改文档时使用比较便捷。如果任意点击鼠标，也能达到这个效果。

完成一组编码输入后，如果需要立即使用空格键或数码键时，应廓清键入：或双击 Caps Lock 键，或击 Esc 键，或击 Enter 键，以免此前一组编码的相关字词重复上屏。在输入失败、示警铃响、检字框自行消失时，也应如此。

3. 自备字词

当本输入法的字词库需要新增字词时，或要将某些特需、当用、本人专用的字词提前到择字序列首行时，可以采用如下办法添置自备字、词、短语：

鼠标右键点屏幕左下角[音形]输入法图标—左键点[手工造词]栏—在[手工造词对话框]的[词语]栏输入汉字—在[外码]栏输入符合本输入法规则的字词编码字母(此时无需切换输入法)，其中字词提前的，只需酌情输入一个以上编码—左键点[添加]—左键点[关闭]。

如需删改自备字词时，左键点[手工造词对话框]的[维护]，点中选项，点[修改]或[删除]。[删除]后再恢复原字词时，如果屏显[原词已存在]，可先输入 4 码之后就点击[添加]，再用[维护]、[修改]使之恢复到 5 码。

这里特别告知关于自备字词的优势：

当我们掌握了“中文音形输入法”的取码和字词编码的要领，就能随意在中文音形输入法操作范围内增加超出“中文音形输入法”字词库的字词，可以方便快捷地把电脑上其他输入法已储备的字词，或是根据自己特殊需要指定的字词、自造的字词，用“中文音形输入法”的编码方式加以设定。这种自备字词在一般电脑上大约可设置500多个，既不会混乱，也无需强记，更少见重码，可以极其方便地满足不同行业、不同文本、不同时间段的特殊需求。“中文音形输入法”的这个功能，可以为大家提供货真价实的便利。

这次与各位的交流互动就到这里了。衷心感谢您的参与。在检字新法破土穿石的节点，由于各位的加入，鞭策着汉字检索史上一个两千年的接力。我们也诚挚祝愿，“中文音形输入法”能够为您所用。

附录一　例字集锦

附件1　部首字部件

本表仅列出国家语委刊布的《汉字统一部首表》和《辞海部首表》中整体取码的通用字和非通用字。空格后是生僻字，(　)内是生僻字注音及例字。“/”前是生僻字，“/”后是例字。

b 卜八匕不白　釆(釆 biàn/番翻释)

c 厂寸车尺虫臣赤　彳屮朿(彳 chì/行征街　屮 chè/逆塑厥　朿 cì/刺棘枣)

d 刀大歹　𠂤(𠂤 duī/追阜埠)

e 儿耳而

f 方非　缶(缶 fǒu/缸缺遥摇)

g 干工广弓戈甘瓜革　艮毌(艮 gèn/跟根退艮　毌 guàn/贯惯掼)

h 火户禾

i 乙已又牙由用业亚亦衣　乂弋尢幺夭酉(乂 yì/义交希驳　弋 yì/代武　尢 yóu/尤尴尬　幺 yāo/幻系繁　夭 yāo/跃笑桥　酉 yǒu/酒醒酱)

j 几己巾斤韭　旡臼(旡 jì/既慨概暨　臼 jiù/舅插倪)

k 口

l 力龙里隶　耒(耒 lěi/耕耘)

m 门马木毛目民母米面　皿(皿 mǐn/盆盒盛盟)

n 女牛鸟　廿(廿 niàn/度席燕)

p 片皮　爿疋(爿 pán/鼎　疋 pǐ/蛋楚旋疑)

q 犬

r 人入日

s 十士山尸手氏水石申生束身　厶巳矢豕(厶 sī/私参县能　巳 sì/导异包祀巷熙　矢 shǐ/知短唉疑　豕 shǐ/家逐遂毅蒙)

t 土天田

u 丸亡王韦瓦　兀戊毋(兀 wù/元光浇冠　戊 wù/成茂感　毋 wú/毒)

x 小夕心血西

y 月玉雨　聿(聿 yù/建律肇)

z 子止中爪自舟　豸(豸 zhì/豺貌藐)

附件 2

古用字部件

本表括号内,“/”前是相关字,“/”后是例字。[　]前的古用字是《辞海》部首字:

与相关通用字同音同调的:

厶 sī[私/台去]　尢 yóu[尤/尴尬]　旡 jì[既/概慨]　毌 guàn[贯/惯]

疋 pǐ[匹/蛋楚旋]　朿 cì[刺/棘枣]　戉 yuè(越/钺)　目 yǐ(以/官遣)

乇 tuō(托/宅诧)　巿 fú(芾/肺沛)　𦣝 yí(颐/姬熙)　丏 miǎn(沔/眄)

疌 jié(捷/睫)　帀 zā(匝/师佩)　㞢 zhī(之/蚩)

没有相关通用字的:

屮 chè[逆撅]　釆 biàn[番翻释]　𠂤 duī[追阜]　冘 yín(沈枕鸩)

丌 jī(鼻亓)

附件 3

生僻字部件举例

下列生僻字皆见于《通用规范汉字表》,其中不含部首字中的生僻字。

氐 dǐ/低抵底　弗 fú/费佛拂　甫 fǔ/浦辅傅　夬 guài/决快缺

戋 jiān/钱盏笺　堇 jǐn/勤谨馑　乃 nǎi/仍携盈　壬 rén/任廷庭
屯 tún/吨顿囤　彖 tuàn/缘椽篆　尹 yǐn/群伊笋　臾 yú/腴谀庾
禺 yú/偶愚寓　乍 zhà/作昨怎　兆 zhào/逃挑桃

附件 4

记号部件举例

本表每个汉字都含一个以上记号部件。通用字中的“o”部件类型如下：
亏号、劲经、该孩、序野、祭察、侯候、迎昂、发废、与蔫、叫收、水永、丝咝、寸求、弋戈、亡之、马乌、必羋、矛柔、屋到、浇晓、译捧、降母、扬杨、贸留、卖续、敝憋、向奥、北乘、印卯、援缓、鸟岛、在存、疟虐、举誉、黎黧、瓦丹、书成、东业、乐乎、页顺、衣表、畏晨、羊善、差着、囱窗、声眉、鹿麓、争净、离禽、延诞、鹤榷、那哪、派脊、局焗、姊第、衰蓑、舌所、雨彝、亚严、非卵、临曾、熏薰、准推、骨滑、免兔、套肆、贵遗、潦燎、弟第、假遐、遘篝、养璞、奂换、段煅、妻凄、龟羌、庚赓、拜湃、戊戌、丹舟、承彧、其期、啤牌、单阐、傲遨、具惧、典演、制甫、丧殷、舞鬼、睾甚、首厦、寒搴、曹遭、敢瞰、展辗、虱臧、卸御、蠹羲、兼谦、黑墨、冢啄、惠戢、巷暴、基綦、舆寡、象像、整稷、兜盥、庸爨。

附件 5

特殊首部件举例

本表“/”前是首位部件，“/”后是例字。

f 夫/夹
g 干/平、工/巫
h 禾/乘剩
l 力/办
n 内/肉、牛/先
q 千/乖
s 束/柬
u 未/来
x 小/辉尝

附件 6

整取合成部件举例

整取合成部件以单笔画、记号部件的相关组合为对象。本表“/”前是整取的部件，“/”后是例字。“（　）”之外的，是字典辞书标明为“独体结构”的，“（　）”内的，是按“独体结构”原则类推的。

一、笔画组合

单笔画＋单笔画：

刁/叼、　儿/兄先、　川/顺、　门/问们、　小/尖、　少/秒省、
心/忽意、　立/音新、　州/洲、　二/云仁、　三/仨叁、　八/分扒、
（习/羽熠、　兆/桃逃、　兰/拦栏、六/冥、　丬/壮将、　亠/京景、
丷/关南、　八/共谷、　刂/划到、儿/见现、　儿/赞兢、　川/荒流、
丷/前豆、　⺌/光常、　忄/惊情、⺗/恭添慕、爫/采爱、　氺/泰函、
⺢/聚、　⺢/鏍、　兴/益隘、冫/冰冷、　⺀/斗冬、　⺀/飞兆、
丨丨/坚临蓝、巛/粼、　川/介齐、刂/师狮、　丿/班、　氵/江海、
讠/论、　⺍/学应检、彡/衫须、巛/巡巢、　灬/热墨）

单笔画＋记号部件：

寸/对、　瓦/瓶、　弋/代、　戈/划、　戋/钱、　亡/忙、　甫/哺、
戊/减、　成/城、　龙/笼、　我/鹅、　之/乏、　丹/坍、　水/泉、
永/泳、　舟/船、　母/每、　必/秘、　豸/豹
（礻/社、衤/被、　亡/望、　辶/还、　纟/给）

单笔画＋符号部件：

彳/行、　刃/忍、　玉/宝、　太/态、　叉/杈、　凡/巩、　鸟/鸡、
广/床、　义/议、　主/住、　术/怵、　犬/哭、　尤/优、　方/放、
户/房、　良/粮、　氏/底、　乏/泛、
（勺/的、良/郎、　饣/饼、　宀/家）

二、记号部件组合

记号部件+记号部件：

非/辈悲　（癶/登）

记号部件+数字部件：

与/写、　马/妈、　乌/呜、　鸟/鸡、　雨/雪、　求/救、　隶/康逮、

半/叛伴、乎/呼、　业/凿显、亚/恶、　严/俨、　东/冻、　乐/烁、

亦/弈、　赤/赫

（半/判、木/条、　亦/恋、　龹/卷）

三、数字八十嵌中部件：这些部件一般都属于笔画分离的“独体结构”单字作部件

半/伴、　平/评、　乎/呼、　来/睐、　火/灯、　米/精、　夹/挟、

业/凿、　亚/恶、　严/俨　　柬/谏、　釆/番、　东/鸫、　乐/铄、

办/苏、　亦/恋、　赤/赫

四、记号部件+符号部件：这些部件一般都属于笔画相连的“独体结构”单字作部件

石/岩破、皮/被疲、革/勒鞋、堇/谨勤、（直/值矗）

五、按传统惯例整取的部件

衣/依、　文/齐、　钅/钱、　⺮/笑、　⻊/跟、　走/起、　鱼/鲜、

虍/虎、　疒/病

附件 7

合成字拆分举例

本表“（　）”外的是必须拆分的合成字部件，内者为例字。

成字+成字：

兄（况税）　另（别拐）　呆（保褒）　虽（强糨）　呙（锅窝）　古（故居）

舌(敌话) 允(充统) 云(动会) 去(却劫) 县(悬) 支(翅枝)
早(草章) 星(醒腥) 卡(咔胩) 圭(挂街) 兒(倪霓) 帛(棉锦)
泉(腺鳈) 某(谋煤) 蚩(嗤媸) 辛(辟莘) 竟(境镜) 克(兢剋)
黾(绳渑) 吊(铞)

成字+变形字:

足(促捉) 亲(新薪) 先(选赞) 占(点战) 卢(颅泸) 卓(掉绰)
桌(桌) 走(走)

成字+偏旁:

左(佐) 右(佑诺) 布(希怖) 友(爱援) 有(囿宥) 玄(炫眩)
市(柿铈) 老(佬耄) 孝(教哮) 者(都诸)

成字+记号:

叟(搜瘦) 妻(凄萋) 冓(媾篝) 镸(套鬓)

附件8 **i码、u码、y码部件**

本表“( )”外的是部件,内者为例字。

i码部件

牙(雅呀) 亚(恶哑) 严(俨酽) 央(英盎) 幺(幻系) 夭(笑桥)
也(他驰) 业(凿显) 曳(拽) 一(画旦) 衣(依袭) 夷(姨咦)
乙(飞迅) 以(似拟) 乂(希交) 义(议仪) 弋(式代) 亦(恋峦)
尹(君群) 永(泳咏) 用(角佣) 尤(优忧) 由(邮油) 酉(醒酒)
又(双欢)
九(尴尬) 㠯(官遣) 𦣝(颐姬) 讠(语储) 衤(初被)

u码部件

瓦(瓶瓷) 丸(执热) 万(迈厉) 亡(忘芒) 王(弄班) 韦(韧伟)

为(伪妫) 未(来味) 文(齐斐) 我(鹅俄) 兀(元光) 乌(鸟呜)
无(抚芜) 五(吾伍) 午(许迕) 勿(忽吻) 戊(咸茂) 毋(毒)
凹(兕)
攵(改效) 夂(冬夏) 亠(衣亦)

y 码部件

月(服钥) 于(迂竽) 与(写玙) 玉(宝玺) 鱼(鲜鲸) 雨(雪霜)
聿(建律) 禺(遇愚) 禹(属瑀) 臾(腴谀)
戉(越钺) マ(矛疑)

附录二 电脑设置和实效说明

键盘整理

在使用“中文音形输入法”时,应该开启电脑的相关提示功能。开启方法:鼠标右键点屏幕左下角的[音形]—左键点[设置]—左键点[词语联想]、[词语输入]、[逐渐提示]、[外码提示]、[光标跟随]、[检字字符集]的[GBK]—左键点[确定]。

在编码输入过程中,如果单击 Esc 或 Enter 键,可以清除检字框中已输入的编码和联想词,如果随后再单击 Esc 或 Enter 键,则可消除检字框,廓清键入,以利再操作。

完成编码输入后,如果点击任意一个方向键,则可同时消除联想词和检字框,但光标将移动,这种方法在修改文档时使用比较便捷。任意点击鼠标,也有这个效果。

完成一组编码输入后,如果需要立即使用空格键或数码键时,应廓清键入:或击 Enter 键,或击 Esc 键,或双击 Caps 键,以免此前一组编码的相关字词重复上屏。在输入失败、示警铃响、检字框自行消失时,也应如此。

择字选词

“中文音形输入法”在字词混打时的平均择字概率约在5%。在通用字范围内，形音码的重码率约为2%，音形码的重码率约为8%。当不计简易二码，在音形码、形音码、词码、繁体字4种输入方式叠加的情况下进行累计查算，使用择字键的次数约为编码总数的6.5%。

在重码类别和数量上，单字重码（总计通用字的各种编码和繁体字编码）约占重码总数的26%，词条重码约占重码总数的74%。

在重码选项上，95%的重码不超过5个选项，其中70%的重码仅有两个选项。翻页找字的概率约为万分之一。在末码用v的罕用字和繁体字中，重码条目相对集中些，重码选项达10个以上者，全库仅有6组，都在其列。

关于v码，输入通用字时，3%的形音码、8%的音形码，需要将末码改v。从操作上看，音形码方便快捷，但v码和重码相对较多些；如果遇到涉v困惑，可以换用精度更高的形音码。此外，在2 600多个繁体字中，有9%的编码也需末码改v。在输入罕用字和繁体字时，应注意“打4看5”。即畅打前4码，酌定第5码。当屏幕显示缺字时，应该将被检字的末码改换成v，或改用其他输入方式再检。

关于o码，对照符号部件，非彼即此，采用反向排除法认定。记号部件在通用字中约有158种形态，在繁体字中另有110种形态，无需死记，但应重视。

在输入编码的过程中，可以根据屏幕上检字框提示，及时使用空格键和数码键介入字词选择。打满5码时，无重码的字词自动上屏；有重码的，可击数码键进行选择，也可击空格键或继续接打，让待选序列首行的字词自动上屏。操作时可酌择捷径，建立最顺手的个性化高效输入模式。

自备字词

要为“中文音形输入法”的字词库新增字词时，或要将某些特需、当用、本人专用的字词提前到择字序列首行时，可以采用如下办法添置自备字、词、短语：

鼠标右键点屏幕左下角[音形]输入法图标—左键点[手工造词]栏—在[手工造词对话框]的[词语]栏输入汉字—在[外码]栏输入符合音形输入法规则的字词编码字母(此时无需切换输入法。如果是[删除]后再恢复原字词时，屏显[原词已存在]，可先输入 4 码之后就点击[添加]，再用[维护]、[修改]使之恢复到 5 码)。其中打算将字词提前的，只需酌情输入一个以上编码—左键点[添加]—左键点[关闭]。

如需删改自备字词时，左键点[手工造词对话框]的[维护]，点中选项，点[修改]或[删除]。

词组联想

采用音形码检字，或在检词后，如果“中文音形输入法”的字词库有相关词组，屏幕会显示联想词，可以跟进择词。在采用形音码检字时，一般不会出现联想词。

异码兼容

在检字时，对于容易产生拆分歧义的极少数单字，如笔画难辨的“死”、部件难辨的“丧”、笔序难辨的“兜”、带点的生僻字“卞”等，允许异码兼容。

在检词时，严格按照常规取码，异码无效。因此，发现不能正常检词时，应及时调整检字编码。

《查文检字》创新体系的立论基础和架构支点

《查文检字》于2012年出版，是创立一种检字新法的开篇之作。这本探讨汉字检索理论和实证的专著，首次刊发了可供字典检字的“汉字首部件检字法”和可供电脑检字的“中文音形输入法”，论证了一种字典、电脑配套统一的汉字检索系统。这个系统在相同的认识论、相同的方法论、相同的检字载体、相同的知识基础和相同的经验积累上，保障书面检字和机器检字各自臻善，又和谐融通，构建了一个自成一派的汉字检索创新体系。

这个汉字检索创新体系，凭眺于辩证唯物视角，展翼在中华文字浪尖，虽然跻身两千年来的甡甡过往，但与至今可见的各种检字体系迥然不同。其所以斗胆独步，是基于考求历史，着眼当前，绸缪未来。《查文检字续》不揣砼砼浅陋，和盘托出创新体系的立论基础和架构支点，诚邀知音分享这个由古及今的漫步，以求仰仗大家的学问，透视汉字检索往昔的雏形和来日的剪影。这是刍荛之见问道精英的一次抛砖引玉，这也是《查文检字》创新体系执意接力汉字检索的又一次眛险搜奇。

一、现有检字体系颓势追根

汉字检索体系关系到中文信息处理和汉字交流方式，是国家现代化、信息化发展水平的一个重要标志，也是维护民族文字、加强文化自信的一项基础设施。在这个牵掣广泛的领域，我们似乎无法高枕无忧，也不能若无其事，只缘每每多见查字典的抱怨和打电脑的遗憾。其中有个撇不去的主要原因，那就是：已经深年砥砺、硕果仅存的当用汉字检字法，颓势昭然，难以尽如人意。当今的主流检字法有：部首检字法、拼音检字法、笔画检字法、数码检字法和编码检字法，此前我们都已从其实际应用上说长道短，但困顿原由何在？以下试从根本性质上逐个推敲，见缝插针，细辨瑕瑜。

（一）部首检字法处境窘迫

部首检字法的体系建立在"寓意"的构字部件上，有优势，也有劣势。优势在于：依据构字部件排检汉字，符合汉字分类的特殊要求，能与汉字的造字原理紧贴无间，便于说解汉字，可以方便有效地直观显示汉字的形、音、意规则。此外，如果能够比现状更科学地充分应用构字部件，就能满足汉字检索的基本要求及其基础知识的规范使用和正确传承，能够制定明确的定形、定量规则，以便统一标准，保障顺利检索。部首检字法的劣势在于：部首"寓意"高深莫测，众口不一，靶标定位失当，难以操作。

部首检字法按部件分类，与西文检字法按字母分类，似乎异曲同工。两者目标的选定，都落实在字词本身固有的构件上。可是，西文字典按固定字母、按统一顺序的排检模式早已成为世界上绝大多数成熟字典的通用模式，而颠簸了两千年的中文部首字典，却至今难学难用，常被视为畏途。究其主要原因，不妨追责劣势，以求突破。

现有部首字典，都是按部首的"寓意"查找汉字。这些部首，有的要求按"义"找字，有的却需按多字"共有部件"找字，以致谁编字典，谁就可以有话语权。所寓之"意"，众说纷纭，言人人殊；见仁见智，悉听尊便。被付与了特定涵义的部首，被定位在汉字的上、下、左、右、中间、边角；而且形状从一个单块到 7 个单块不等。如此这般，常常令人眼花缭乱，难免酿成难以破解的困局。王力先生的话一针见血："《说文》540 部首是值得研究的，因为它是文字学原则的部首，而不是检字法原则的部首"（王力《古代汉语》第一册，中华书局 1981 年版，第 166 页）。"前者严格地依照六书的体系（只有同一意符的字可以隶属于同一部首），如《说文解字》；后者在一定程度上破坏了六书的体系，如清代的《康熙字典》"（王力著《中国语言学史》，山西人民出版社 1981 年版，第 34 页）。苏培成先生在 2014 年新版《现代汉字学纲要》也说，"查汉字到现在仍旧是费时费力而又无可奈何的事"，"要想通过查字典掌握字的形、音、意，最少也得先认识七八百个字，否则难以成行"。并谈及当代我国台湾地区出版的 20 种常见字典、辞典，其中有 15 种采用与《康熙字典》

相同的 214 个部首，另外 5 种则采用 194 部、213 部和 251 部。在归部方面，往往同一个字在不同字典中被归入了不同的部首，分歧很大(见该书第 243 页、251 页、285 页)。

字典好编，检字难用，最终导致汉语字典在世界字典之林沦落为贻笑大方的另类，也成为中华文字自信心备受挫伤的尖利一隅。这对汉字的学习、使用、传承和传播，负面影响之大，可想而知。汉字检索这么难对付，实如缰绳无力，明镜蒙尘，也无怪乎网上线下常见张冠李戴和海量低俗用语的文字。在当前网络用词盛行、微言博语出格、洋文僭权越位、字母挤占汉字的现实状态下，民族文字、民族文化时刻处在内力自毁的风险和外国强势文化的非分渗透中，作为汉字存世保障的汉字检索体系，现下还有多少招架之功、还手之力？

部首字典与西文字典依据的对象类似，而结果迥异，原因何在？毛病出在哪里？打破沙锅璺(问)到底，我们得出的结论是，现行部首检字的症结在于缺失客观标准。所谓“缺失客观标准”，有两个具体含意：

1. 检字部首的设定依据是主观的

汉语字典的检字部首有两个系统：一个是《说文解字》系统，主要是按表义的偏旁部件立部，按义类编排，属于文字学部首，自东汉年间起用，历时已近 2 000 年。另一个是《康熙字典》系统，主要是部分坚持表“义”，部分按多字共有的部件立部，按笔画、笔数排列，自明清沿用至今，这个改良部首属于检字法部首。当代字典所用的检字部首都是后者的改进版本，主要有两种形式：一个是在《康熙字典》基础上设法进一步提高的版本，另一个是有着官方背景，已被中国大陆广泛采用的《汉字统一部首表》，即今名《汉字部首表》的版本。

上列两种部首系统，部类划分显著不同，部首的含意也不一样，但其本质属性都是依据编者的主观认知设定部首，其基本原则都是按照构字部件的寓意检索汉字。在这一点上，两者一脉相承。

从《说文解字》的部首来看，主要是从部首字的形、义着眼，根据部首的本意、源流，以及当它作为构字部件时的“表义”指向来分类立部的。这从文字学的角度来评判，许慎的“以理群类”(按义理为汉字分类，引文见《说文解字·序》)，“据形索义”(见《说文解字·后序》)，“凡某之属皆从某”(见《说文解字》),是客观的、有根有据的。对于部首所表达的“义”和汉字所表达的“意”,可以事先知道,也可以学而后知,这对说字、学字、用字都没有负面影响。

但是,如果将这种部首的整个系统挪用于检字法时,要求按照“义”和“意”检索汉字,实则是将一种并不能够与检字周全匹配的分类方法强行用于检字。这是因为,此举是将识字之后才能知晓的“义”和“意”,提挈到了识字之前,并以此为起点,要求逆向索字。遗憾的是,在将文字学的部首改用为检字法的部首时,既没能充分提供必备的检字要件,又缺少行之有效的客观保障措施,仅是满怀检字指望的随“意”而动。此时检字部首的确立,本身就成了主观决断的设定,欠缺客观的实据支撑,随后也就难免会产生严重的治丝益棼。显而易见,如果强行要求必须按照文字学的部首进行检字法的操作,对检字部类的设定就已从内容转到了形式,由客观变成了主观。所以,将文字学的部首改用成检字法的部首,虽然开创了检字先河,但其仰仗的是主观动机,本身缺乏客观基础,所以难求尽善尽美,只能是个权宜之计。

从“改良部首”来看,立部已不受形、义的约束,基本不顾及汉字发展轨迹和构字理据,一般是在保留部分表义部首的基础上,将一些都具有某一部件的汉字归并为一部。例如新设立“将字旁”部首,把“壮妆状将”等归于一部。再如,把原有的“林”部归入已有的“木”部,并如法把“王”形的“玉”部归入“王”部,“月”形的“肉”部归入“月”部,等等。据此,将部首的总量减少了大半,也通盘改进了编排部首和汉字的方法。这使部首的检字效率提高了许多,但也使部首还未摆脱“表义”的寓意,就又深深陷入了人为设定的“寓意”。这寓意的基本内容就是必须按“共有部件”检字。但是“共有部件”的设定是人为的,可以是这个,也可以是那个,可以据形,也可以按义,这个字可以在字头,那个字也可以在字尾,看似有根有据,其实因人而异。例如,“热烈”在“灬”部、“巡逻”在“辶”部是据义,“弈弊”在“廾”部、“忒弌”在“弋”部是据形。例如,取消“北”部,“北”字归入“匕”部,而“冀”字却归入“八”部;取消“可”部,“奇”归入“大”部,而“哥”却归入“口”部,但“歌”仍放在“欠”部。再例,《康熙字典》将“月”和“月”形的“肉”分成两部,而今字典则统归一部;取消“燕”部,《辞海》等曾将“燕”归入新设的“廿”部,现今的《新华字典》等又不设“廿”部,将“燕”归入已有的“灬”部;《现代汉语词典》等曾取消“匕”部,把“疑”归入“疋”部，现今又起用“匕”部，“疑”可以“多开门”了。再例如，有的字典新设立“春字头”部，将文字学部首中分别属于“手”“禾”“臼”“水”部的“奉”“秦”“春”“泰”纳入囊中；有的字典则不用“春字头”作部首，“秦”“春”“泰”仍在原部，“奉”“奏”则另辟归属。影影绰绰，翻云覆雨，显见主观差异之大。

从“统一部首”即后来的“汉字部首表”看，继承了改良部首的绝大部分内容和做法，立部不讲究构字理据，新部首可以是偏旁字块，也可以是单纯笔画，不求其是成字，也不要求有公认读音，只是更加强调部首的精密设置和编排技巧的提升；在一字具有几个部首的情况下，原则上粗放遵循“取上不取下、取左不取右、取外不取内、取中坐不取左上角、取下取右不取左上角、取多笔部首不取少笔部首、取复笔部首不取单笔部首、无从采取部首的按起笔查单笔部首”（见《辞海》部首查字法查字说明）。这种繁琐得令人头大的安排，打乱了原先按照义旁的归类，改按统一设定的编排规则归类；坚持在汉字的上、下、左、右、外框、中坐、左上角和笔画等部位择取部首，或按义，或据形，对形同、形近和具有相同部件者加以归类；并增加“多开门”，使许多字可以在不同部首内查检。这种做法强化了实用性，使检字部首大不同于原来文字学的部首，这也使有些字的检索貌似坚守着表意的原有套路，有些则注定要成为“共有部件”队伍的成员。但是，这些动作并不能使部首检字的性质发生根本改变，实质上不过是对老部首的剪枝截流，其结果还是将通晓部首寓意列为检字前提，仍旧是立部依据靠人为设定，取舍原则靠人为设定，归类编排及各部辖字的确定也靠人为设定，本无固定之规，更缺既定排序。并且权威机构还明文规定，“部首以简化字或繁体字为主，以原字形或变形为主，各种类型的辞书可以变通处理”（见中国文字改革委员会、国家出版局1983年《汉字统一部首表（草案）》）。随“意”设定部首，终使部首检字体系“变通”成了一座精雕细刻的象牙塔，定格在了主观意志的云端。

新老部首有的是靠“表义”查字，有的是按编排者事先设定的某种“寓意”检索，结果众说纷纭。再以“春字头”的字为例，在《说文》系统，“春”字属于“草”部；在改良部首中，有的字典将其分在“日”部，有的将其分在新设定的“春字头”部；而同样有着“春字头”的“奉奏”，在最新版的《新华字典》里却是只有在“一”部和“大”部才能找到；历时共时的字典各行其是，怎不绕得头晕心乱。自从明朝梅膺祚提出部首“论其形不论其意”(见《字汇凡例》),部首检字虽然面目改观,但论形停留在局部,排检迷失于设定。虽然历来所用的种种部首各有特色,也都是匠心独具的杰作,在两千年间各尽所能,功勋卓著,但仰赖主观设定为基础的检字体系,却始终也无法达到预期的高度。

2. 检字部首的认定依据是主观的

部首检字是根据检字者的主观意志进行的。检字的第一个动作就是认定哪个构字部件是部首,其后才能按部首的分类进行检字。这个“认定”,是主观意志做出的判断,受限于学识、经验和对于部首知识的掌握等先决条件。由于不同人对部首的设置、排列的次序、单字的归部等检字要素会产生不同看法,主观认识参差不齐,因此往往造成检字者不能正确、快速认定部首,从而导致检字受阻。这就是部首难以胜任检字的一个主要症结,也是问难部首的核心议题之一。

《说文解字》根据部首、字形的含意来说解汉字,部首的编排自有其文字学内在逻辑,按字索意,合情合理。但当部首专用于检字时,按意索字,倒持金戈,用非所长,立即就会发生诸多不便。即使是采用改良部首检字,对于新手来说,仍旧是既不认得该字,也不确知所属部首,以及部首所在位置和部首构形丰俭,是在缺乏必备检字要件的情况下,认定哪个部件是部首。在面临检字时,要么事先通晓部首形态及其辖字范围,要么临场抉择,全凭主观判断。但是,在没有客观固定标准可参照的状态中,对于那些没有全面、精准掌握部首知识的检字者来说,不少情况下等于是在瞎子摸象般地瞎猜。例如查“执”,按“扌”是对的,查“势”,按“扌”则是错的。而一旦检字依据失当,检字也就必然失败。再例:“隽雄雒截翟雕”的唯一部首是“隹”,知者可以在“隹部”手到擒来,不知者却方向顿失,不知所措。又如,能够正确认定“甚”“韦”部首的人自然可以如履平地,而不能者则一脚踏空,腾云驾雾。指望初学者快速、准确地辨明部首,常常如同问道于盲。

虽然历史上,特别是近现代,对于专用于检字的部首多有改进,另做安排,中华人民共和国的几部权威字典也对检字部首数度改革,且大小字典多有不同。可是,人们既无法按老部首的表义准确检字,又无法掌控新部首位置的飘忽游移,检字者还是要凭主观感觉认定部首,也就仍然难以分清取舍。如今检字部首数量已由 540 个缩减为 200 多个,半数原来具有表义部首的汉字失去了文字学立部的根基，已被不同字典的编辑们用各种各样的理由安插进了可能不属于“本意”的部类中。例如“申”字，曾经在《康熙字典》入“田”部，在《辞海》入“申”部，在《新华字典》和《现代汉语词典》入“丨”部。中国大陆的部首也一度采用简化字优先的立部。这样一来，检字者是否能够无条件地与形形色色的新老字典及其编辑们保持绝对一致，就成了检字胜算几何的又一个先决条件。例如，在第 10 版《新华字典》检索“警”，眼见“艹、勹、口、攵、亠、言”都在部首之列，但只准查“言”，否则无果；检索“繁”，明知“母、反文、幺、小、糸”都属部首，但只可查“糸”，否则瞎忙；查“靠”，查“暨”，也都是如此。字典编辑者根据自己的主观认知设定了部首及其辖字，检字者再根据自己的主观认定去拟蹈编排者的主观设定，选择余地既含糊，又宽泛，想要两者严丝合缝，说实话，难。字典不可能尽数罗列部首的编排理由，检字者也不可能详熟掌握各种各样的编辑设定。当部首盛宴没有固定菜单，全由编辑大厨随“意”掌勺时，众口难调就已注定不可避免。

依据部首“表义”“寓意”，凭借主观设定、认定，真是难为了检字千百年。

现行部首检字在缺失客观要素的同时，还存在多项操作难点，例如总量大难记，形态多难辨，位置变换难以取舍；而且，其本身就是汉字知识的浓缩，不易通晓。所以，部首检字系统虽然彪炳史册，但其基于主观的本质特性，以及却步电脑，不能与机检保持一致，将使它最终也难以攀上汉字检索的制高点，无法成为汉字检索的旗舰。

(二) 拼音检字法鞭长莫及

拼音检字法是立足于汉字读音的检字系统。用于书检时，按音序检索。用于机检时，有音素制输入、双拼输入、紧缩拼音等多种输入方式。只要认得对，读得准，就能十分方便地在字典上找字，在电脑上打字。这是它的显著优势。

从形式和内容上看，汉语拼音检字是模仿了西方表音文字的检字方式，但这个照搬过来的派生成果，在看似简便易行的操作中，中国学生却怎么也无力超越，甚至比肩西方老师，因为我们至少有 4 个难题无法妥善应对：

一是“现行《汉语拼音方案》不是替代汉字的拼音文字，它是帮助学习汉语、汉字和推广普通话的注音工具”（见《新时期的语言文字工作》第 24 页，国家语言文字工作委员会主任刘导生的报告，语文出版社 1987 年版）。从实际情况来看，我们认为，当前的汉语拼音系统在记录声音方面是卓有成效的，但在编码构成、标音方法、拼读规则、区分同音、字母单用、表意精度和内涵深度等等方面，用文字标准来衡量，还难说达标，未必可以独当一面，与表音文字相比，不在一个层次，就是硬赶鸭子上架，也难免落得骑驴当马。

二是拼音是汉字本体以外的另一种符号形式和表达方式，采用拼音检字使得汉字自身的表意、表音、图形信息全都形同虚设，固有得力抓手荡然无存。拼音检字是个脱离汉字字形、字意的系统，有个与生俱来的致命伤：对于所检汉字，读不准音就没法用，不认识就束手无策，没掌握的字根本无从检索，而平常要查找的，往往是不认识的生字。可见，用于书检，纯拼音字典只能是个瘸腿字典。而用于电脑，此伤尤甚。全凭拼音查检所有汉字，就如打算穿别人的鞋，配自己的脚，遇到生字，可比削足适履，舍近求远。

三是采用拼音检字时，绕不开数量众多的同音字。在世界三种语言类型中，汉语属于孤立语，汉字的同音字最多。先以曲折语的英文为例，有人统计英文的同音词大约有 1 100 多组（见曹夫昂：《文字改革工作问答》第 102 页，上海教育出版社 1980 年版），与其词汇总量相比，不算多。但却既可用词形区别同音，例如 night（夜）和 knight（武士、爵士），raim（雨）reim（缰）reigm（统治），又可按语法规则变换单词和读音，例如 good（好）、better（更好）、best（最好）。再以黏着语的日语为例，以汉字为字根，用假名拼音为辅助，也可以有效区分同音字。与之相比，汉字拼音对此则几乎一筹莫展。据 1964 年 7 月文字改革出版社出版的《汉语拼音词汇》增订稿，收词和词组 59 100 多条，统计出同音词 18 300 多条，约占总条目的 31%，其中同音同调词或词组 5 600 多条，占总条目的 9.5%，同音异调词或词组 12 700 多条，占总条目的 21.5%。所以，用拼音方式检索汉字，必然会加剧费力择字的劣势。

在不计声调的情况下，汉语只有 410 几个音节，加之各音节辖字多寡悬殊，例如 yi 音的汉字在《辞海》上有 350 多个，而 dei 音的、lo 音的，只是各有一个。所以，一旦面对数万字词时，同音字词必定连篇累牍，连翻数十页狂找一字，亦属稀松平常，不时把人憋得眼花胸闷。即便是在电脑输入时采用所谓“智能”，也主要是靠输入多音节词组，或是把常用字词往前挪。可是，单音词是常用高频词，在最常用的500个词中，单音词占332个(见北京语言学院语言教学研究所：《现代汉语频率词典》，北京语言学院出版社1986年版)，据《中国语言生活状况报告》2005年度调查，单音词在非专用名词中占7%，但却占了总词频的40.3%。据《现代汉语常用词表》统计，单音词占词语总数的5.58%，但词频却占总数的47.17%。而且，双音词的同音现象也很严重，在《现代汉语词典》中，双音词同音的就有2 494个，涉及5 340个词，最多的一组有7个同音词。其中，7个同音词的有2组，6个的有2组，5个的有6组，4个的有39组，3个的有238组，2个的有2207组(苏新春：《汉字的语言性与语言功能》第162页，山东教育出版社2014年版)。据陈文彬先生的《拼音文字中的同音词的初步研究》统计，在3万多个词当中，单音节同音同调词1 518个，598组；多音节同音同调词615个，298组；合计2 133个，占总数7%(统计见郑廷植：《汉字学通论》第351页。陈文彬文发表于《中国语文》月刊1953年2月)。由此可见，要区别这么多同音词，绝不是单靠词连写所能解决的。特别是当这些字词隐匿在电脑屏幕第二页，甚至很多页之后时，又有多少人会在不知字库之中有没有的情况下，连续翻页找它们呢？创意不错的“智能”，在目力不逮时，往往被束之高阁，难以问津。而且，过多翻页择字，必然又会严重折损速度。

汉语在结构上与采用拼音文字的曲折语和黏着语差异迥然，大多不能一音仅限一字，也不能依从语法变化改变字形。仅凭拼写读音，难以解决汉字同音问题。而且，不论采用什么形式的拼音，对此都无法风平浪静。所以，如今电脑输入虽然“智能”，但遭遇同音字词时，却既不能随机依靠语境，也不能有效仰仗字形，不得不尽数罗列所有，要求酌情自助。就是所谓常用字词提前，也不过是加大了守株待兔的几率，最终还是要倚仗择字键来定精度。

四是套用表音文字的检索方式检索汉字，在效率上不占优势。这不仅受到同音字词的羁绊，还特别掣肘电脑输入。因为，电脑的键盘和拼音的用码是完全对应的，一键一码，一码一键，在这个操作环节上，电脑强大的存储和处理功能少有用武之地，人机对话只是死板照搬，这种输入方式在效能和速度上必然会落后于能够充分利用电脑软件功能的输入方式。就以当前还未成熟的多种汉字部件输入法来作例子，由于驾驭了计算机的存储和处理功能，输入一个汉字平均只需 2.5 码，速度明显胜过逐码输入的汉语拼音和英文。

拼音检字体系虽然可以腿跨书检、机检，也屡见设法打乱现有规则，改头换面，缩短拼写形式，但尾大不掉的沉疴痼疾，导致左支右绌，终成拖累，仅靠现有能力，不完备，不精密，独木难支。

（三）笔画检字法泥足沉重

笔画检字法是根据汉字的笔数和笔形进行汉字排序和检索的体系。它使我们似乎回归了最原始的操作。看起来十分简单，其实不然，只要你上手深入，立即就会发现，这个检字体系绝不是一盏省油的灯，因为它对检字者提出了非常苛刻的要求。

首先，它要求你必须精准算出拟查字的全部笔数，而汉字的笔数从一笔到 36 笔以上，各不相同，要完成准确计数，并不轻松。其次，不仅必须认准起笔的笔画是哪个，而且面临简化字、繁体字的区别，要通晓曾经写法和现今写法的不同，知道新旧字体的差异和自己运笔习惯的准确度，这就不是童叟皆能、新生老手都精的了。再次，在拟查的笔画数之内，往往含字千百，密密麻麻，找个单字，如同在大池塘里徒手捞小鱼。例如，在通用字范围之内，8—13 画的各画之内，每个笔画几乎都辖字过千，当你在快速审视长长的字列时，稍不留神，就会错失目标，并且毫不知情地徒劳到底。如果对自己计算的笔数没把握，想要按多查一笔或少查一笔试试运气，那就得再次甚至几次沐浴排山倒海。可是，如果计算正确，只是眼拙失误，那可就真的是吃不了兜着走了。

此外，这种检字体系如果按笔数和几个笔画查检 10 万汉字，其累赘程度是难以想象的。如果用于 6 万组以上的电脑输入法总码表，重码可能铺天盖地，不免跋前踬后，进退维谷。因此，按笔画查字、打字，虽然可以在特定小范围内进行，但不具备中等以上范围操作的合适条件，难以达到书检、机检同步高效，也不是最理想的汉字检索体系。

（四）号码检字法背影远去

号码检字法的先驱是莫尔斯电报码，后来衍生出五花八门的形式，但不论哪种形式，都是使用汉字之外的材料搭建的体系，一般都会偏离汉字造字法和汉字构形规则。其中主要成功形式是“四角号码检字法”。不过，1964年汉字查字法整理工作组公布了改进的“新四角号码查字法”，新老规定不同之处达6项之多，在通用字中涉及500多字，两种号码各执一端，检字者难分就里。此外，还有三角号码的、头尾号码的、电报式的、用号码指代汉字笔画、部件或读音的，反正，能与“数码”搭界，就好像满时髦似的。

四角号码字典曾一度被不少人称赞，因为它毕竟要比部首检字来得容易些，它在破旧立新的新文化大潮中的贡献，是应该给予充分肯定的。但从号码检字法这一大类来说，还是有不少软档可指摘，这些遗憾很可能就是今天只看到四角号码背影远去的原因：

一是笔形和代码之间没有理据，需要死记。而且为了应付汉字的8个基本笔形和30余种衍变笔形的复杂情况，在取码规则上不得不做出许多补充规定，加大了操作难度。就是这样，仍无法完全避免二义性。例如，“马”在《四角号码新词典》(1977年修订重排本)和《汉语常用字典》(浙江人民出版社1973年版)中是1712_7，在《新华字典》(1971年修订重排本)和《现代汉语词典》(1973年试用本)中是7712_7。“鲧”，在《说文解字义证》中是8259，在《说文解字注》中是8279。

二是号码和指代对象的形式宽泛无边，用哪个号码，指代什么笔画、什么部件、什么读音，对编码人来讲，爱怎么定就怎么定，不同眼光，就有不同编法；对用码人来讲，想怎么看就怎么看，不同视角，就有不同认定，难得保证万众一心。

三是号码不是汉字本身固有的组成部件，是嫁接在汉字上使用的，它与汉字的造字原理，与汉字的形、音、意规则没有渊源。例如“四角号码”，至多是从汉字部件上肢解下来的零碎，并且往往打乱了原来的连贯笔势，只截取了其中一段。所谓用来区别同号字的附码，更是如此。所以，不论如何操刀，如何雕砌，都不免流于形式，疏离母体，寡助于汉字的规范学用和正确传承。

四是根据排列公式计算，如果不算一组之内可能出现的重复码形，10个数码一次取用4个，总共只有5 040个编码形式，一次取用5个，也只有3万个编码形式，就是算上重复码形，效果也不理想，用于近万乃至10万汉字，同码多字难以避免。例如在收录了一万来字的《现代汉语词典》中，号码为4 422的字有59个，就是再加上一个附号号码，仍有48个字同码。如果用于字词编码总量至少应该达到6.5万组以上的电脑输入法，其重码可想而知，其结果不言而喻。

（五）编码检字法方兴未艾

编码检字法在当前主要实用于电脑输入，其方法林林总总，目前已多达1 600种以上，大致可分为音码输入法、形码输入法和音形合编输入法等类别。如今流行于世的主要是几种拼音输入法和一两种字形输入法，没有固定之规，完全粗放经营。存在的主要问题是：拼音输入法不能打不识和读不准音的字，而且编码太长，重码太多；而字形输入法，多是一家之言的硬性规定，往往疏离现成的检字信息，不乏佶屈聱牙，记忆负担沉重，难以普及。

我们认为，当前的编码设计有两个最明显的偏颇：一是持己之见，属望于人，以“我”为中心，进行精巧设计，恍如按自己脚做鞋，天下人就都能穿。二是竭力绕过汉字的所谓“繁”“难”，视汉字特点和传承如草芥，片面追求简易轻便，在汉字规范之外，开辟独家经营的羊肠小道，终致摆脱汉字本身固有的材质和特性。但岂不知，离传统越远就会越不合乎规矩，规则越简就越容易随意，用码越少重码也就会越多。造成偏颇的症结，在于混淆了主客观哪个是第一性的准则，要想巧胜，实难奏凯。

输入法都有各自体系，是优是劣，自有社会评说。值得关注的是，偶见有人提议用其输入法查字典，其实欠妥。因为书检、机检责有攸归，各有所专，难易有别，如果缺乏共同基础，单单以机检代替书检，绝非无师自通的良方。所以至今也无人能够普及单纯采用输入法编码查字典。现实告诉我们，真正意义上的书检、机检各自有序，而又保持兼容统一的汉字检索体系，才是未来研发的方向。这也正是我们这个文化大国待解的一个燃眉之急。

二、权重检字体系探赜索隐

从上述5种汉字排检法来看，当今使用的主流检字法，在书检、机检两方面都欠缺火候，完整统一的汉字检索体系也有待创建。历经千载跋涉、百年冲刺，依旧难酬夙愿的原因，我们认为远不止检字方法自身的缺憾，社会背景和汉字特性同样是其兴衰的深层原因,值得推敲。纵观汉字检索体系,书面检字和机器检字的方法林林总总,但权重位显者有二:一是书检中的部首检字体系,二是机检中的编码检字体系。对这两个体系及其配套统一状况的剖析和预判,将会直接涉及汉字检索的未来走向,现实意义突出。我们不妨探骊求珠,以便顺风吹火。

(一) 深究书检体系的部首检字法

部首检字法是千百年来实用程度最广博的汉字检索体系。其一家独大的原因,既抢眼,又邃密。试探深浅:

在读书识字尚属权贵士绅的时代,小课私塾,耳提面命,虽不裕如,也还凑合。只是难辞社会进步,在教育形式多样化、自学自助常态化的现代,汉字越走向大众,越走近科技,检字的问题也才越显露峥嵘。检字法因实际需求而产生,因社会发展而变化,何时凸显尖锐,是由历史进程决定的。检字法面对的是民族文化的基础,服务的对象是全民和国家,无可避免地置身于时代要求、行政体制、管理机制、主管抉择、顶层设计、政府和民众的关注程度等社会环境之中,也就不能摆脱各种社会因素的深刻影响。检字方法的是非成败,有着社会学的原因。

再则,检字方式深囿于汉字独一无二的形、音、意三位一体表达形式,没有同类比较,无可参照模仿,更好的难求,手头的可用,如果既无力破旧,又不能立新,难免故步自封。检字法或立或废,仰承学术研究是否到位。

此外,探赜而论,我们认为,作为书检体系中荦荦大端的部首检字,生来就恰巧与传统思维方式合辙押韵,受到传统文化的偏爱,这也可能是其煌然存世的更深层次原因。

研史可知,最早问世的汉字见于刻符和象形图画,大约萌生在原始渔猎时代的晚期。当时人们还处于原始具象思维阶段,直到殷商甲骨文已趋成熟,世人的思维能力也还是茫昧散漫,不成系统理论。但此时的汉字造字法,却已从单个的原始象形,发展到了多部件的复杂组合。在今天已识的甲骨文中,"六书"俱全。其中基于象形的,约占 37%,会意的(包括指事字),约占 40%,基于形声的,约占 20%(冯天瑜、何晓明、周积明著《中华文化史》第 219 页,上海人民出版社 2015 年 1 月)。甲骨文单字总量 4 000 左右,俨然已是完整体系。这种主要以“象形”“会意”认识和表现事物的思维方式，在汉字理论和其他文化理论出现之前，就已率先凝合了民族最初的思维模式。虽然后来形声字占比越来越大，但在造字之始就主动顾盼客观实体与主观意识对应关系和相互作用的思想方法及实际操作，对来日形成的传统文化及民族特色的思维方式，还是产生了透骨入髓的辐射。

源自远古的民族认知，从原始选择就决定了汉字主要是以“象形、象事、象意、象声”为造字之本（引文参见班固《汉书·艺文志》），这使汉字的发生、发展一路胶着在以“象”表“意”，以“意”解“象”的对立统一之中。以至汉字的“象”，不在惟肖，而在“意”；部首的“义”，不在声训，而在“形”。经过数千年对“象”和“意”的琢磨，解构汉字的“象形”“会意”陶铸了与之渊源浸润、“立象以尽意”的形象思维（引文参见《易传·系辞上》）和“得意而忘象”的意会思维（引文参见《庄子·外物》和魏晋时代王弼所著的《周易略例·明象》）。这里的“形象”，是指“能够引起人的思想或感情活动的具体形状或姿态”（引文见《现代汉语词典》）。所谓的“意会”，就是“不经直接说明而了解意思”（引文见《现代汉语词典》）。这两种源远流长的认知和表达方式，持续在璞玉浑金上镌塑着民族集体意识和文化传统的思维特征。

推本溯源，在中国传统文化中，修儒悟道、五行生克、易卦阴阳、医典武学、画技书法，直至审美理论、艺术表现，无不多是由具象到抽象，以抽象喻具象，虚实辗转；或依据形象思维，借物寓意，用具象表达抽象；或源于意会思维，由此及彼，用抽象影射具象。在思维结构上，传统文化似乎总也舍不下“象”“意”联袂，并且格外瞩目于观物取象和心领神会。苏轼曾说：“天下之事，散在经、子、史中，不可徒得。必有一物以摄之，然后为己用。所谓一物者，‘意’是也。”（见宋代葛立方的《韵语阳秋》）由此滋蔓，屡见诗词歌赋的升华着力于凝练“意境”，笔墨丹青的点睛之处离不开抬爱“写意”。而且不论什么文化层次，几乎都能遇事心照不宣，晓得有些故事“只可意会”，自然也都明白“看医生”的实际含意；都会举实务虚，娴熟“取譬”、委婉“托词”；都可缘事而发，“看菜吃饭”，“饮水思源”，“举一反三”。至于部首所立，恰是一些最基础的，以及多字共享的具象实例，直接宣示形象思维。而依据部首检字，好比由象得意，运用的也正是对于实例具象的意会思维。据此忖量，也就不难揣度和理解汉字传人在汉语字典上对“象”和“意”情有独钟的文化城府了。所以,自汉朝直到当今,对于固守立象尽意的部首和得意忘象的检字,一直广受社会崇尚和学界敬畏。甚至认为汉字检索就该这样,也只能如此。

但是,对于检字要诀的运用,起码应该符合形式逻辑的同一率,要是仅凭主观把握"意",也就难免五光十色,进而导致无可无不可的因人而异。但遗憾的是,这种结果也恰巧迎合了"象形"和"会意"的惯常局面,并且往往还是含蓄表现学养高低、情窦深浅和颖慧鲁钝的附丽所在,自然也就很容易成为宽容其"模糊"和"不确定"的理由。不过,如果偏执爱屋及乌,胶柱鼓瑟,甚或习非成是,以谬自诩,也就更容易引发敝帚千金,爱极生畏。谁要是再想改弦易辙,则是冒天下之大不韪,不仅注定会遭遇传统认知、惯性思维的冷脸铁掌,而且要领教是非争议的致命踩踏,甚至枉死在众口铄金的"图名牟利"。对于老祖宗的宝贝,似乎只要率由旧章,墨守成规,就能和衷共济。这条若隐若现而又习焉不察的深沟豁壑,将使许多改革之行,路断绝境。

如果再从技术层面作些肤浅的评断,由衷之言则是,检字创新路,犹如蜀道难。这是因为,不论古往今来,不论如何设计,都至少要使一万以上当用汉字同时联动,而且只能采用最原始的眼看、手抄、脑记、心辨,由点到面地密织罗网,从现象到本质地发现规律。特别是在当前,必须兼顾书检、机检、统一体系三个大盘,使之处处齿轮啮合,步步谐调推进。在实际操作过程中,常常一念差池,满盘尽毁;往往经年苦修,半程荒废。并且,不论确定整体还是局部的目标,都必须得到科学的认识论、方法论和相应技术的支撑,否则,积羽沉舟,在惯性做为、惰性做为、无可做为的常态笼罩下,寸步难行。

(二)当前机检体系发展程度述评

汉字机检起始于莫尔斯电报码。19 世纪 70 年代初,叱咤世界的实用电报通信开始进入了中国。初次与近代科技邂逅,方头角脑的汉字手足无措。所幸有两个洋人聪明至极,设计出了用 4 个数码指代一个汉字的方案,用不同的数码指代不同的汉字,再将数码转换成莫尔斯电报码的圆点(·)和短横(-),这使中国人初领了汉字也能"电报"的荣幸。但是,由于莫尔斯电码传输一个字母只需要 1—3 个"·""-",而传输一个数码则需要 5 个

“·”“-”，仅此一比，汉字已屈居人后，被扣上了“落后”的帽子。但是，汉字机检遇到的麻烦还远不止此。例如，为每个汉字确定编码，工程巨大，影响深远，这将由谁来制定规则、统一标准、普及实施呢？当时只能享受半封建半殖民地待遇的泱泱大国，也只能眼睁睁看着汉字机检话语权的旁落。虽然后来又出现了种种密电码般的西文字母指代汉字的电传方法，并且一直沿用到 20 世纪七八十年代，但由于编码转换、检字效率、电传成本的拖累，仍令汉字不敌西文成为公论。已被收拾得灰头土脸的汉字机检，在形格势禁之下，也只能裹足不前。

百多年来，西文打字机早已是风行天下，中国人在 20 世纪中叶也弄出了自己的汉字打字机。这是一种有着小半个桌面长宽的方盘，其中有个包含了 2 000 多个常用汉字的、按一定规则编排汉字的托盘，可以用操作杆将选定的汉字逐个击打到待印蜡纸上，打好后再行油印。而超出这个托盘蓄字范围的汉字，则必须在另一个托盘上的无章杂居中众里寻它了。这对打字员的记忆、眼力、灵巧性可真是个煎熬。所幸的是，国人在铅字排版印刷之外，也算可以在普通场合机检打字了。这种笨重的设备和劳累的操作，一直维持到距今二三十年前。与西文打字相比，这可真是落后啊，由不得我们不觉自惭形秽，愧不如人。

在 20 世纪后半叶，电子计算机广泛应用，中国精英们也乘势而上，于 1981 年推出了激光照排印刷技术。主要是利用激光扫描成像技术进行照相排版。这个系统由输入部分、计算机信息处理部分和激光扫描记录部分组成。1983 年，四通中文电脑打字机面世，首创“汉卡”汉字芯。这真是些振聋发聩的大事件。原来，古老汉字也可以与最新科技联姻合卺。与之同步的就是社会性的汉字电脑输入设计炽焰高蹿，百年来几经唏嘘的汉字突然挺直了腰背，掀起了空前绝后的“万码奔腾”，似乎是在为汉字的百年屈辱鸣不平。这是一种深重压抑后的反弹爆发，也是一种汉字生命力的强势彰显，更是一次民族文化、民族自信的扬眉吐气。

这 1 000 多种汉字机检法，从其本质上说，都是对汉字的再认识和新肯定，都足以在“字母优越论”和“汉字落后论”的喧哗中，令汉字检索反败为胜。汉字传人的这一壮举，开创了汉字机检技术迅速超越西文机检的事实。

认定汉字机检现在就已领先，并非是在孤蓬自振，惊砂坐飞，也绝不涉嫌存心掠美或捕风捉影浪得虚名。《查文检字》创新体系对此立论，主要依据如下：

1. 汉字输入与西文字母输入在机器效能的利用上有着本质的不同，且明显占据上风

且看，西文字母在电脑上是键、码逐一对等的，打“A”键，屏显“A”，打“B”键，屏显“B”，无需电脑的存储、处理和“智能”，不涉及到软件编程。在文字输入环节，电脑就是一台类似机械的打字机。就此而言，如果不采用诸如一键短语的固定内存语句，基本上谈不到高效和提速。

汉字的输入，不论是形码的、音码的、形音码的、音形码的、数码的、笔序的，都在不同程度的深广上驾驭着电脑的内存和软件编程技术。这些按不同规则编排的代码，都能通过有限圈定、定向筛查、跟进精选、逼近目标、最终精确定位，完成检字。这整个过程，表面是键位指令的输入，内涵却是机器程序的运作。从输入码到择字键，不是简单直白的字母与机器的对号入座，而是汉字及其部件时刻仰仗着电脑程序滴水不漏的盘算。在整个输入过程中，电脑分分秒秒在为人脑运筹，在为效率加速。类似英文手机上的一键短语技术，被汉字输入技术全方位利用，其潜能被一网打尽。仅此一点，汉字输入就已在输入性质和机器的利用上，胜出西文输入一筹。这是机检方法上一种质的飞跃。

2. 计算机的应用，已使汉字检索技术突飞猛进成为现实

在英文中，只要是标准单词，就必须逐个输入字母。两码一个的单词是这样，12 码以上的单词也是如此。而且，不论是加在词尾表示时态的 ing、ed，还是冠以词头改变意思的 un、im，或是特指复数的 s，也都要由字母实录来完成。每个单词所用字母的多少是个定数，不能多，也不能少，所以必然是有多少个萝卜，就需要多少个坑。而汉字的输入，则是好多个萝卜荟萃在一个坑里，即一键代表着多个待选的构字部件或多个待选的汉字。在汉字输入中，几乎每个代码都指代着含有多个汉字信息的“面”，而绝非一个固定字母的“点”，更为要紧的是，完全可以依赖电脑编程的“智能”，毫厘不差地拔出那个唯一应该命中的萝卜。汉字的输入不是靠倾巢出动、蜂拥而上完成的，而是靠取精用弘、定向圈锁、精准遴选实现的。这种精确打击（打电脑、击键盘），甚至是在仅仅输入了一码或不足半个汉字的情况下，就已结束了战斗。这样一来，实现预期的路径林林总总何其多，拔萝卜的方法和效率可以无限丰盈，在投身汉字机检拓荒队伍的千军（君）万马（码）中，屡见风驰电掣。所以，西文输入基本上还是徜徉于自古华山一条道，而汉字输入则已经飞奔在直通罗马的条条大路上，并且越精进，就越精彩。

3. 效能规律将促使汉字输入码不断趋向更精准、更完善

事实上，当前已有的多种汉字输入法，例如《查文检字》创新体系的“中文音形输入法”，已经达到平均 2 码左右一个汉字，平均 3 码左右一个多字词组，其中不乏每字约 1.5 码，甚至一码指代一个字、一个词、一串句子。这比英文单词平均每词不少于 4 码要精简得多。汉字通篇与英文的累计用码相比，简捷便利更是显而易见。许多种汉字输入法的字词输入速度，都已超过同段英文的输入速度，这早已成为一个不争的事实。汉字检索将在不断完善的道路上持续走下去。

通过上列分析可见，在计算机领域，汉字检索在输入方式、机检效率、精细操作等方面，潜力巨大，具有明显优势。这种优势，还将随着计算机的更新换代，拾级而上，百尺更进。事实证明，汉字检索更适合于电脑的运作规律，更便于编制程序、创新设定、完善方法、实现预期。汉字检索能在深度开发编码输入、语音输入、手写输入等各种机检方法时，在处理存储、记忆、联想、选择、定位、显示、码形指代、音形表达、收放形式、智能排序、编码逻辑、人机对话、字库建设、操作者自主设定字词和永无止境地提高速度、精度等等功能优化环节上，只要是着力于设计思路和电脑功能，就能大刀阔斧，花样翻新，捷足先登。汉字检索驾驭和获益于人工智能的前景无限美好。

就在《查文检字续》即将付梓之际，我们意外地发现，在本书《新法综述》一文中提到的海外知音汤姆 · 马拉尼先生，于 2016 年 11 月在美国斯坦福大学校园举办了一次中文打字技术展览。我们与他远隔万里，信息不通，也没有观点交流，而他却得出了一个和《查文检字》创新体系一致的结论，“未来属于汉字，中国打字技术远超西方”（参见互联网加国无忧 51.CA2016 年 11 月 19 日 18: 01）。

当然，在这里我们也必须强调一点，汉字机检还处在异军突起的发展阶段，完全不是沾沾自喜和趾高气扬的时候。无可讳言，至今也还没有社会公

认的成熟汉字机检法案例。有志于此者，必须快马加鞭了。也正是基此彻悟，《查文检字》创新体系才呕心沥血 20 多年，奋力打造“中文音形输入法”，投入这场汉字必赢的角逐。

电脑检字只是近几十年才火烧眉毛，尚待开发，情有可原。困难在于，有设想，有实例，没规矩，没定论；有运动场、运动员，没有管事和裁判。放眼民间，谁眷恋于此，就等于决心一己面对 13 亿，练练拳脚，来去无痕，自娱自乐，自生自灭。虽然主流社会诸多力量搂住拼音大题小做，但至今也没有出现足可称道的“中国制造”，并且不知有否体制、机制保障，更不明白国家顶层的设计和主张。

试想一下，如果秦始皇不下令“书同文”，如今汉字会怎样？如今中华民族又会怎样？如果不是政府褒举、奉旨官修，汉代的《说文解字》、唐代的《玉篇》、宋代的《广韵》、清朝的《康熙字典》、北洋政府和中华民国的《注音字母方案》、超大型《国语词典》《中华大字典》等，以及当代我国的《汉语拼音方案》和《新华字典》《现代汉语词典》《辞海》等，又会怎样？就是假名、彦文、喃字演变过程所体现的国家精神，也发人深省啊。汉字机检领域迫切期待着国家力量的垂青和示范。

（三）统一体系备考

汉字检索的书检、机检各自为战，且分别抱恙，更没有完整统一的体系，这是一个令文化大国难堪的事实。这种状况，已使汉字检索长时期落后于世界上其他文字的检索，不利于汉字的学习、使用、传承和传播，这里显然是国家文化实力的一个洼地，应该引起足够的重视，必须努力设法解决问题。

我们认为，虽然有关机构在制定文字法规、国标字符集、通用字表、部件规范、笔顺规范、拼音规则，以及研发部首等许多方面，已做了大量工作，但在检字领域，仍急需国家介入，再接再厉，组织研究，有效扶持，把控实验，总结交流，优胜劣汰，应该加大投入力度，规划长短不同时期的方向和目标。

我们认为，《查文检字》创新体系提供的汉字检索系统，已开创了一个全新的有效模式，用理论和实践印证了一种可能性，那就是，汉字完全可以拥有一套科学完整的检索体系。这个体系越早被社会开发，对汉字和汉字传人就有越早的良好回报。

书检、机检配套统一体系，属于国家软实力，是民族文化大器之一。在这个津梁要冲，中华大国蒙羞久矣。现有书检、机检自顾不暇，怎有余力配对？建立科学实用的检字体系，事关整个社会，事关民族文字的存世和荣耀，迫在眉睫，势在必行。在这个多年未竟的领域里，散兵游勇们确实是在拼命做一件全民层面的国家大事。也许他们并不知道满腔热血最终会洒落在哪里，也不清楚单枪匹马叫板上层建筑有多难，更不明白如果不是通达古今，学贯中西，兼精书检、机检，既是吃苦耐劳的汉字行家，又是深谙输入法专业的电脑高手，并且必须还是超级社会活动家、有人脉、善经营的话，不论怎样拳打脚踢，也往往啼血尽瘁，未捷先死。所以尽管已有成百字典检字法和上千电脑输入法，至今无济于事？无济于世！

为此我们砭痛彻骨，不惜追随共工们奋不顾身的脚步，迎头撞向不周之山，冀求唤起我们民族的中坚力量，对国家文字，乃至民族文化的基础工程——汉字检索体系，实施救援！作为一个已经深度跨入计算机时代的文化大国，创建字典、电脑各自卓越而又配套统一的科学检索体系，俨然已成文化强国的当务之急。

三、原理向背推演检字成败利钝

尽管汉字书检还在旧瓶装新酒，尽管汉字机检还在长路上跋涉，尽管汉字检索体系还止轫于现状，但在东方苍茫的地平线上，已腾越出一幅五千年汉字古木逢春的奇观：汉字正在迅速与当今科学技术水乳交融，汉字检索技术已由千年劣势向着世纪优选转变。电子计算机的应用和普及，激发了对于汉字的再认识、再发现，也引动我们瞩目一个曾经迷惘的方向：与汉字造字原理挽手踏歌还是漠不相干，是否会垂直影响检字的成败利钝？在时代浪潮中，《查文检字续》适逢其会，现就基于汉字新解的密码，感悟祖宗造字的初衷，认定汉字存世的客观必然，尝试为枕戈待旦的检字新法，据理推演，跨前预判。

（一）图形示意保有天然优势

汉字的萌生，从契刻符形和原始图画起步。汉字的发展演变，早早地就与不可拆解、没法定音的整幅图画分道扬镳，但是一直坚守着采用图形表达意思和声音。这种立足于客观实体图形的造字思路，体现了汉民族"本立而道生"(引文见《说文解字》)的文化心理，并推动脚踏实地、眼见为实等等务实求真、穷原竟委的思想发展成为公认准则和精神理据，这也使汉字和汉字检索具有了得天独厚的生命力。

用图形传情示意是世界各民族自古至今普遍采用、广泛认同的一种表达方式。古代西亚两河流域苏美尔人的楔形字、古埃及人的圣书字、中国殷商时期的甲骨文，以及著名的玛雅文字，起初都是象形符号，后来才发生笔画和字形的演变。许慎在《说文解字・序》中说："仓颉之初作书，盖依类象形。"美国考古人类学家摩尔根曾说，"刻在石头上的象形文字可以视为与标音字母相等的标准"，是文明的开始(杨东莼，马雍，马巨译，摩尔根《古代社会》，商务印书馆 1977 年第 1 版，第 11 页)。不少中国学者也肯定"世界文字大都起源于图画文字"(王宁《汉字构形学讲座》，上海教育出版社 2002 年第 1 版，第 4 页)。就是今天，不论身处何方，在形形色色的公共场所，在不同种类的公交站点和交通枢纽，在不同版本的图形表册，象形、会意、有形有声的图标都不计其数，特别是在商场、景区等人群聚集地，五彩缤纷的图标更是琳琅满目，多不胜数。仅以当今交通法规为例，用图形表示的禁止标志、指示标志、指路标志、作业标志、告示标志和辅助标志的实例，就在 330 种以上。人们最常见的男女卫生间标牌，货车、轿车、自行车通行或禁行的标牌，无不都是象形图案的再现。中国茶楼酒肆迎风高挑的幌子、西洋药店诊所蛇针盘绕的招牌，也尽显图形风采。

图形示意，既是人类先祖认识自然的最早文化表达，也是今天全球通用、常用的必备之选，是各种文字之外最普适广用的符号。只要图形在目，不论是否认识"卫生间"这 3 个汉字或 toilet 这组英文，也不论读不读得出"男""女"或 man、woman，不是特殊状况，想必是漫步天下也不会错走门路。

采用图形表意传音，形象，易懂，通用，普适。作为特定符号，效果明显。而汉字的造字原理，恰好与此如出一辙，优势灿然。如果检字体系也尽量与之丝丝入扣，岂惮不能无往不胜？

(二) 汉字与图标的比对带给检字重要启示

汉字的构形，体现着对于物象的自觉分析和直白表达。其中象形、指事、会意和形声尤为显著。清代学者王筠对《说文解字》中的 9 353 字做过统计，象形字是 264 个，指事字是 129 个，会意字是 1 653 个，形声字是 7 697 个。又据清代学者朱骏声在《说文通训定声》中统计，《说文》中有象形字 364 个，占比不到 4%；指事字 125 个，占比 1%多一点；会意字 1 167 个，占比 12%强；形声字 7 697 个，占总数的 82%强。我们不妨就此与现用的流行图标做一些简单的分析和比较。这样做的目的在于，看到造字原理的精妙，提升遵循原理的自觉，探寻科学检索的途径。

1. 象形汉字和象形图标——具象示意

汉字初萌，“仰则观象于天，俯则观法于地”，“见鸟兽蹄迒之迹，知分理之可以相别异”，“近取诸身，远取诸物”（引文见《说文解字》），“凡山必言山”“凡水必言水”，以直观、具体的形体，表现出同样直观、具体的字本义。象形汉字是人观察体会自然后，对某类事物的概括与抽象，“拟诸形容象其物宜……象也者，像也”（见《易传》）。具象性突出表现着字本意中最具特征的那些意义。例如“山”这个汉字，就是峰峦错落的简笔画。如此具体成象的汉字实有不少，例如“日月水火田禾木果车马牛羊象鹿兔虎鱼龙虫鸟口目舌眉井网云雨雷雹”，等等。

直接采用日常目击的自然事物作为表意载音的视觉符号，并非仅见于汉字源头。其实，这种符号蕴蓄着非凡的表达能力，那就是，既可以音形合于一体，又可以不受读音束缚，音形各自独立，这就使它能够得以久传远播。例如“火”这个象形字的最初图形，就极易直观联想，不会枝蔓难辨。在有权威规定或全社会约定俗成的情况下，南域北疆的华人，都会视“火”读 huǒ，而地球另一面的英伦洋人，却可以不知 huǒ 为何物，而读“火”这个汉字为 fire，但这却并不影响他理解这个汉字所要表达的意思。

汉字的象形，有整体象形、合体象形、半合体象形、部分象形和衬托象形等等表现，营造着直观表意的文字符号。

与此相比较，现今也有许多这种象形图标。例如，交通指示牌上有小人牵手走路模样的，表示前方多有儿童行走，一般是学校和幼儿园的所在。例如，交通指示牌上有个人在用铲挖土，表示前方在施工，要谨慎行驶。再如，表示应急避难路径的图标是一个人在奔跑，表示人行地道的图标是一个人在往下走楼梯。再如，在旅游区内和导游图上，索道位置上就是画个索道和吊箱，划船位置上就是画一个人在划船，游泳、滑雪、滑冰、钓鱼、骑马、打高尔夫球的图标也尽皆如法炮制，不管是老幼高低、中外旅友，都能一目了然，不费心思，无需口舌。设想一下，如果这类图标被我们的老祖宗收入囊中，定个写法，给个称谓，岂不也可以跻身汉字，并且可以全世界通用？再例如，在当今社会共识的情况下，“心形”图案代表着“爱”，当然，你也可以把它读成“love”。如果这是一个汉字，谁会讥讽它的“原始”“落后”呢？其实，“心”这个汉字，在甲骨文中就是一个与今天“心形”相同的象形图案，在金文的写法上更加逼真，不仅连有血脉，而且分了左右心室，何其象形，绝无歧义。并且，凡与心、心思相关的汉字，都有这个图形助阵。当今的图案“心”和五千年前的汉字“心”，在成形原理和实用认知上，没有多大不同，从中不难窥见具象符号生命力之一斑。

当然，也不用讳言，原先的象形字今已符号化、线条化了，不做追本溯源，也很难像甲骨文和篆字那样生动逼真了，更别说那些由象形字滋乳浸多的衍生汉字了。但最初的象形具象，已在汉字轮廓中驻足，不论如何变化，都能使后人追溯有据、论道依理，并从中看到汉字顽强绵延的动力来源，思考检字方法向具象图形靠拢将会激活的新气象。

2. 指事汉字和指事图标——具象＋示意符号

中国古训是说“书画同源”。但源同并不就意味着流同和等同。汉字作为一种文字符号，与图画差异明显，绝不可能一味“画说天下”。请看，造字法上还有的指事字一说。例如，刀的锋刃是画不出来的，于是在先描画出刀的形状后，在刀口位置上加上一个点，指出“刃锋”就是在这里啊，这里就是刀刃，这个字就读 rèn；表示树根部分的“本”和表示树梢部分的“末”，都是用一“横”拦腰“木”身。再如“上”“下”两字，最初在一个长横形状的参照物上面或下面加上一个“横”或一个“长点”，后来“横”或“长点”写成了“竖”，再加上一个饰笔“短横”，就表达了上和下的意思。

指事字可分为象形基础上添加指示符号的指事字，如“刃”；以及纯粹的抽象符号字，如“上下”。当今类似指事字的图标图画也很多。例如，交通标志上表示上行陡坡的，是画一个顶面是斜线的实体，再加上一个标出前进方向的箭头；事故易发路段的图标是两车追尾，中间一个爆炸亮点，爆炸亮点上是个惊叹号，都是在具体图画上加一个特定标记的图标。采用指事法造出的汉字和图标都已不是单纯画面了，而是弦外有音，画中有话。

3. 会意汉字和会意图标——具象＋具象

当只画一幅图形已不足以表达意思的时候，自然就有了用两幅以上图形表达意思的会意造字法，使字形充盈着理据性。例如会意字“信”，是“人”的图形与表示说话的“言”的组合，表示“人说话要真实守信”。这种由具象图画上升为抽象意思的汉字，比象形汉字具有更加丰富的内涵，因为它已不停留在直观反映层面，而是调动了人的认知和思维，连接着整个社会对某种事物、某种看法的约定俗成，因此也就涉及到认识论、价值观、道德伦理、汉民族的文化心理，以及语言表达的特殊需要等哲学、社会学和语言学的普遍结论。例如，只要社会俗成认可，“武”这个字，就既能解释为“举着矛戈跨步前进”，也能解释为“停止使用武器，平息战争就是勇武”。

当今，采用两个具象的组合来表达意思的实用图标也随处可见。例如，路口交通警示牌，就是“人”走在“斑马线”上：地铁公交上表示车门移动或易夹手图标，就是两扇门夹住了一个伸直的手掌。再如，各式各样的自动扶梯上几乎都有一个图标，就是一个人用手握在扶手上，提醒乘员应该注意的乘梯环节。这样的两图交叠，实在有点像会意字中“手持一束禾”的“秉”和“手握二禾”的“兼”，手抓一只鸟的“隻”和手抓两只鸟的“雙”。再如，地铁上提醒注意车厢与站台间距的图标是车、台分开，一个人跨步于上。再例如，要求将杂物抛入垃圾箱的图标，提醒拧紧水龙头防止滴流的图标，都是图形组合，类似“人靠着树干休息”的会意字“休”。再如，禁止吸烟的标志是一根点燃的烟卷拦腰打上表示具象否定的斜划线；货车、轿车、自行车、喇叭、行人等图形上加划斜线或叉线，表示此类“不允许”；都是具象的组合。

会意字可分为图形式、位置关系式、混沌式、主体加器官式和重复式等多种形式。这虽然是一个充满个性色彩的事。但一经整个社会的约定俗成，认同标准必然趋向大体一致。

4. 形声汉字和形声图标——具象＋抽象

图形造字最高产的是采用表形的图形和表音的图形相结合，也就是造出形声字。这种字，突出表现了汉民族“一阴一阳谓之道”的心理认同。据专家统计，形声字占到汉字总数的 90%以上。古今用作声旁的汉字超过

1 000个，从造字原理上说，每一个汉字都可以用作声旁。据龚嘉镇先生对《现代汉语通用字表》中 7 000 个汉字的统计，形声字为 6 252 个，占 81%。这种字，往往是用一个表示属性意义的象形图形加上一个表示读音的成字图形组合而成。例如“铜”“铝”“花”“草”，“金字旁”和“草字头”表示字的属性含义，“同”“吕”“化”“早”表示字的读音。在形声字里，表意的部分大多是写实的具象图形，表音的部分大多是指代抽象读音的成字图形。形声字的构成形式有很多种，表意部分和表音部分的表达方式和构成方式形形色色，在这里不加赘述。但强调指出，采用实体具象图形和表示抽象读音的图形相结合，能够产生含义明确、读音定向、而又用之不竭、绝不重样的图形，汉字的发展状况就是个明证。

在现实生活中，这种兼用形声的图形标志也随处可见。例如，交通标志牌上写个“停”、“P”等表音字样的，再拦腰打上表示具象的斜杠或交叉线，表示“不准”。例如，限制通行高度和宽度的标志，是在两组相对的尖齿中，标出中间开档的具体数值。图中既有表形的边界图形，还有表音的汉字或数码，都是既有形又有声，既具象又抽象。

从汉字和图标的比对中我们可以看到一个事实，那就是，汉字造字法的原理和方法被实用到了今天。查看了当代目所能及的实用图形标志，我们可以一言以蔽之：各行各业制定的示意图标，都能用汉字造字法来分类圈定。我们还可以反过来说这句话，那就是，按照汉字造字法的原理和方法，可以设计、制定出有求必应的实用图标和各类符号。这也意味着，身受这种原理和方法辅弼的汉字，没什么鄙陋落后之嫌，应该能和实用图标一样，天长地久。因此，为汉字保驾护航、量身定做的检索之法，无疑大有用武之地，不容凑合，应该自强。

以上分析还能带来一点启示：汉字表意的、表音的图形组合，是严格按照既定图形和固定顺序编排罗列的，在其笔顺序列构成上，与各种表音字母的编排，并没有本质的不同。所以，按固定位序的图形进行书检，就如同按表音文字的字母顺序书检一样，绝不会失手脱靶。而采用电子计算机的代码运筹汉字的既定图形符号，更是一个水到渠成、瓜熟蒂落的操作。汉字通过计算机对构字部件按序进行排检，有如对字母的按序排检，必然也是一件不戗不梗、顺理成章的幸事。

上述比对和论证还有力支持着一个前景预判，那就是：汉字立足于形，以图形表意，以图形表音，而绝非借重于标音方式、单纯笔画和代码替换。因此，按图形排检汉字，更适合于汉字自身的特点；汉字检索的合理归宿，应和造字原理步履一致。其实，两千年检字历史已经告诉我们，凡是与造字原理契合不良的检字体系，不论怎样改善，仍会迟钝，甚至最终落败，就是硕硕独大的部首检字，也概莫能外。汉语字典年深岁久的按意索字、按音索字、按笔画和数码索字，不啻是应对过河的前奏，这些无法达到圆满结果的尝试，催逼着汉字传人不断反思，追新求变，这已使玄奥的随“意”光环日渐黯淡，上千年漫长岁月的隐忍，最终或将成为翻偃过去的一页。

（三）汉字及检索已然立于不败之地

话说至此，我们还可以顺水推舟，把上面话题扯得更远些，以励提振民族文化自信。

汉字既用图形表意，也用图形表音，汉字的造字原理使中华文字精练到了一字一音、一音一字，没有形态改变，完全避开了印欧语言和文字中的名词、动词、形容词的时态、称谓、人称、领属、性别、单数、复数以及格的复杂变化。并且，汉字便于逻辑组合，只要换动汉字在句子中的位置和组合，就可以表达不同的意思。这种精致至极的文字，使其传人免除了多少令人头疼的语法滞涩和书写麻烦。老祖宗恩泽后人的大德，实在令我们以及子子孙孙得以含英咀华。

在汉字的亮点上，西方人也不是完全无动于衷。据说，十七、十八世纪著名哲学家笛卡尔、基歇尔、威尔金斯、莱布尼兹等人，就曾努力构思过一种名为“关于文字和普遍语言、万能沟通手段、运用思想符号”的哲学计划，简称“通用字符”。莱布尼兹认为，汉字与发音分离，使它适合于哲学研究，汉语是自亚里士多德以来西方世界梦寐以求的组义语言。而且汉字与埃及文还不一样，汉字有更多理性的思考，意义还需取决于数、秩序与关系，不只是符号与某种物体相似的笔画而已（摘文参考德希达《论文字学》第一部分第二章第一节）。笛卡尔也曾说“若出版一本涉及所有语言的大辞典，并给每个词确定一个对应于意义而非对应于音节的符号”，比如用同一个符号表示多种不同读音的“爱”，“则有这本辞典且懂得语法者，只要查找这个文字符号，译读成自己的语言，便可解决问题了”（摘文见龚鹏程《文化符号学导论》，北京大学出版社 2005 年版，第 58 页）。这些论述，空谷足音，语惊四座，却也提醒了中国人，岂不知世界上早有这种性质的文字符号，那就是昂扬了五千年的中国汉字。西方精英向往的超级字符，早已被中国人独占先机、胜券在握了。在这里还有一个无法改变的现实：西方人无论怎样搜肠刮肚、开脑凿心，也不能使自己的表音文字逆溯到符号滥觞的元点了。

德国学者洪堡特（威廉·冯·洪堡特 1767—1835）在讨论汉字对中国人思维的影响时曾说，“一般而言，汉字的影响在于把吾人对语音及语音与概念的关联的注意力转移。此中，用以取代语言的，并非一具象图形（如埃及圣书的文字），而是一约定俗成的字符。由于字符的意义必须从其与概念的关系中去寻求，因此吾人的精神必须直接面对着概念”（见洪堡特《致阿贝尔·雷缪萨先生的信》）。他还说，印欧民族的文字，仅是语言的机械表达，不须耗费什么“精神”。可是汉字不然，每一个字的字形字意及其与声音的结合，都得花脑筋，以“精神直接面对概念”，直接运用思维以构造之。因此，整个文字建构的过程，即是一场庞大的思维活动，精神贯注于其间。洪堡特乃以此称汉字是“思想的文字”，并说“汉字的种种型构中，本即显示了哲学功夫（Philosophische Arbeit）在其中”（摘文见龚鹏程《文化符号学导论》，第 70 页）。

正如申小龙先生、孟华先生所说，“汉字的观念整合，一方面自下而上，以极富包容性的谐音将汉语各方言文化的异质性在维护其‘言语异声’差别性的同时织入统一的文化经纬，另一方面又自上而下，以极富想象力的意象将统一的文化观念传布到九州方域，凝聚起同质文化的规范和力量。由此我们可知，汉字本质上是一种意识形态的建构，是中华文化的深层结构”（引文见申小龙主编：《汉字文化新视角丛书》总序，山东教育出版社 2014 年版）。汉字的本质决定了汉字存世的必然。社会在不断发展，汉字在与时俱进。与汉字相伴相守的检索体系，已然可以立足于不败之地。所以，对于至今不能尽如人意的汉字检索体系，我们没理由安之若素，不容忍抱残守缺，不应该踽踽蹀躞。

四、结构独到终令检字出奇制胜

汉字结构有个鲜明特点，那就是采用既定部件进行稳固编排。从计算机输入的角度来观察，有既定的部件，就可以用固定的编码来指代；有稳固的定位方式，就能明确编码输入的次序安排。显而易见，汉字独到的结构，已为采用尖端技术解码铺就了丰饶的沃土。在千姿百态的部件指代和千方百计的序列编排舞台上，汉字及其检索时空广阔，完全可以舒卷自如地挥洒恰到好处的自然，傲炫特立独行的自在，游刃于最新科技前沿。

《查文检字》创新体系曾对 8 105 个现代“通用规范汉字”逐字笔录，按《查文检字》创新体系规则的标准，这些汉字是由形态固定的、形状上已无理据再分割的、计约 607 个基础部件所组成。此外，与通用汉字对应的繁体字，还专有 34 个同样是定形的基础部件。这些基础部件都是以固定的形态参与汉字的构成，有的出现在多个乃至上百个汉字中，且绝不走样，具有非常明显的固化特征。所以，每个汉字的构字部件都可以用计算机的代码明确指代，顺利参与电脑运作。在设置了输入程序的情况下，我们只要按照相关顺序，逐个输入构字部件代码，一个所需汉字就会跃然上屏。

从整体上来观察，方形字块决定了汉字可以预先规避各种不规则的图形和难以划一的圆屈折笔，使汉字整体和所有部件都处在标准统一的可控状态，确保了图形稳固，便于人脑和电脑的准确识别。如果要问，当 3 500 个常用汉字、8 000 个当代通用汉字，乃至将近十万个古今汉字，即便排队列于书面或进入电脑时，为什么不至于混淆不清？其奥妙则正是基于构字部件的多样组合，这也完全得益于汉字的独特结构。

从统计理论上我们可以得知，如果在《查文检字》创新体系现用的 641 个构字部件中，以两个部件组配一个汉字，就能产生几十万个不同字形，以 3 个部件组配一个汉字，将能产生数以亿计的不同字形。如此巨大的字形资源，足以保障汉字的区分精度。在现实中，据《汉字信息字典》分析统计 7 785 个汉字，其中由 3 个部件组成的汉字最多，占 40.32%，两个部件的占 34.04%，4 个部件的占地 16.391%。因此，如果我们能配以高效的技术支撑，努力将汉字输入技术设计得更精巧、更实用，重码汉字就会少之又少。“万码奔腾”中涌现的多种输入法，就是这个淘金大赛的弄潮精英。而这场竞技，将像奥林匹克运动一样，在新的高度、新的速度上，永不封顶。

从具体结构上来分析，我们将会更清楚地看到，汉字及其部件是如何能与电子计算机软件水乳交融的：

汉字的结构格局，可以明显划分为两种样式：一种是一体字，一种是合成字。

我们所说的“一体字”，是指笔画全部交接、浑然一体的汉字。例如，“人”“民”等。这种字的内部，没有独立的块状部件，单纯由相连相交的笔画构成。按规则拆分的笔画，就是一体字的构字部件。汉字笔画的基本笔形有横、竖、撇、捺、点、折、钩、提8种。还有一些衍变笔形，例如以“撇”收笔的又有“横撇”，见“又”的第一笔；“竖折撇”，见“专”的第三笔；“横折折撇”，见“及”的第二笔，等等。这些笔画，都可以用计算机的固定代码来表示，只要按笔顺次序，逐笔逐码输入，一体汉字就能随键而出。

我们所说的“合成字”，是指含有不止一个基础部件的汉字。例如“英雄”“楷模”等汉字，就是由多个相对独立的构字部件组合而成。这些构字部件有三种基本形态：一是单纯笔画的，例如“画”的第一笔，“心”的4个笔画；二是具有规范读音和明确含意的，例如“画”的第二、第三个部件；三是现在没有公认读音和具体意思的，例如“留”“贸”的第一个部件。前两者有明确读音和具体含义，我们称之为“符号部件”。最末者了无牵挂，形同赤裸，我们称之为“记号部件”。这两种部件都能够十分方便地进行编码输入。例如，符号部件可以取其名称的首个拼音字母做输入码，例如“旧”的第一个部件是单纯笔画“竖”(shu)，取s，第二个部件是“日”(ri)取r。记号部件可以全都采用一个固定字母输入，例如都取“o”。以“留”为例，第一个部件是记号部件，取“o”，第二个部件“刀”(dao)取d，第三个部件“田”(tian)取t。合成汉字的所有部件都可以通过键盘的操作，顺畅进入电脑检字程序。并且，根据“中文音形输入法”的经验，就是对记号部件单用一个字母，由于出现概率的限囿，也绝不会产生单码泛滥和编码混乱。

由此可见，汉字并不像西方语言学中那个著名的文字发展“三个阶段说”“阶段进化说”所敲定的，是进化低级的文字，也完全不同于一个行将就木的落伍家伙，而实实在在是个能以不变应万变的灵动高手。

《查文检字》创新体系的编码实践可以证明，依靠汉字自身结构优势和电脑输入技术编排，汉字肯定能够驾驭电脑的存储和处理能力，电子计算机可以毫无悬念地为汉字所用。这也已被上千种中文输入法所反复证实。汉字传人的这番努力，已成功破译了一个隐晦多年的重大天机：

汉字具有的独特结构,使汉字完全可以与社会和科技的发展保持对应的同步。正如散货搬运可以集装运输,建筑砂石可以预制大件,车船、机械,直至飞机航母的零散部件,可以发展为成块组装,最复杂的电子线路也能够模块集成。很明显,只要具有功能独立、结构稳固的小单元,就能将其组装成为按需设定的中单元、大单元,直到预期的整体,汉字及其部件恰如其分。在这里,汉字的部件垒方与西文的字母横串,在面对集成时,不分高下。人类迄今的智商累积,并没有超出汉字结构历久弥新的设计。汉字传人有什么必要手攥着超级利器,却不能勇敢面对汉字未来,偏要徘徊在无端菲薄和不自信地嗫嗫嚅嚅、期期艾艾?

如果说汉字速记是人脑负担的复杂化,汉字的电脑输入则是人工智能的实际兑现。汉字的隽永内涵及其形体的千姿百态,决定了汉字在平面检索上、在与计算机搭配方式上的多样化。这意味着汉字检索体系总会处于一种相对优越的尖端,并将在不断发现、发明中,兔起鹘落,物竞天择,向巅峰逼近,再逼近。

五、论断抵牾中的汉字和检字

对汉字检索体系的认识和评价,不可避免地会要涉及到对汉字性质的认定。在这个方面,社会面临着来自西方语言中心说的惯性影响,即把文字看作是单纯的记录口语、承载语言的工具。随之而来,将汉字视为记录汉语的工具,汉字独立的符号性及其所代表的深厚人文精神被严重忽视。其导致的结果往往是,认为汉字不如拼音,提倡文字拉丁化,进而使中国传统文化被颠覆,这使汉字一度成为众矢之的。直到 20 世纪 80 年代,“去汉字化”一直是中国学术和文化界的权重意识(参见申小龙主编《汉字文化新视角丛书》总序,山东教育出版社 2014 年版)。

众所公认,瑞士语言学家费尔迪南·德·索绪尔(saussure.F.D 1857－1917)的理论对 20 世纪世界语言学产生了重要影响。他在论述中涉及汉字,这成为汉字研究避让不开的话题。索绪尔认为,符号在本质上是一种关系,把符号解释为能指和所指的二元关系。

索绪尔在他的著作《普通语言学教程》一书里,提出语言符号的“能指”是指语言的形式,是语言符号的“音响形象”;“所指”是指语言的内容,是指语义所表示的概念。按照索绪尔的观点，文字唯一存在的理由只是表现语言，而语言是符号，文字记录语言，是符号的符号。他提出："只有两种文字体系：(1) 表意体系。一个词只用一个符号表示，而这个符号却与词赖以构成的声音无关。这个符号和整个词发生关系，因此也就间接地和它所表达的观念发生关系。这种体系的典范例子就是汉字。(2) 通常所说的'表音'体系。它的目的是要把词中一连串连续的声音摹写出来。"(引文见索绪尔：《普通语言学教程》，北京商务印书馆 1980 年版，第 50—51 页)。

在权威论证的指引下，近百年来，许多文人学者赞同"文字发展三阶段说"，即文字的演变一般都是由象形文字发展为表意文字，再由表意文字发展为表音文字。不少人认为，汉字是一种古老陈旧的表意文字，而环球各地的表意文字都早已消亡，汉字也在劫难逃。我们自小到大被反复告知，从中东古国到印欧大地，使用的是比汉字更加先进的表音文字。

表音文字的优越之处有目共睹、毋庸置喙。但对"汉字落后论""汉字作废论"，《查文检字》创新体系的立论却不甘噤若寒蝉。

汉字性质的定论，实质上是要求透彻理解汉字，正确说明汉字，认识汉字区别于其他文字的本质特征，解决汉字在世界文字体系中如何归类等问题。半个多世纪以来，这一直都是个争议的热点。学术界对此诸说林立，诸如汉字是象形文字、表意文字、表意兼表音文字、表音文字、语素文字、音节文字，还有将几重属性叠加作复合判断的，等等，并且往往还伴随着汉字"难认、难读、难记、难写"的评价(引文见曹夫昂：《文字改革工作问答》，上海教育出版社 1980 年版，第 8 页)，常见采用"所指""能指"把汉字捆个结结实实。

其实，汉字当然特具表意成分，但也正如不少学者所说"汉字……包含大量表音成分，把它简单地称为表意文字，显然是不妥当的"(裘锡圭：《汉字的性质》，《中国语文》1985 年第 1 期)，从文字符号记录语言单位的角度来看，"单纯的可以脱离语音而独立被记录的语义单位则属子虚乌有"(王伯熙：《文字的分类和汉字的性质》，《中国语文》1984 年第 2 期)。"表音文字连接的是语音，表意文字连接的是语义；字母文字连接的是语音中的语素，汉字连接的是语言单位中的语素。而这样的差异，都不是能指与所指论所能完全涵盖得了的"(苏新春：《汉字的语言性与语言功能》，山东教育出版社 2014 年版，第 8 页)。所以，至今也没见哪种学说能让汉字戴稳“文字两说论”中“表意文字”这顶小帽、穿妥汉字是符号的符号这套西装。其中缘由是否还关乎下列原因?

原因之一：汉字很难被理解为“和整个词发生关系”，“因此也就间接地和它所表达的观念发生关系”，因为汉字就是词，直接表达着观念，即刻就已呈现文字的表意和表音功能。汉字的“六书”早就全面指出了汉字的这种特性。综合辨析“六书”，汉字明显具有如下品质，足以直白表达观念：

汉字采用三种具象的符号表达观念。具象符号生动直观，明白易懂。以下例字可以参看《说文解字》等专著。这些符号包括：象形字，“画成其物，随体诘诎”，例“果”“欠”；指事字，“视而可识，察而可见”，例“本”“刃”；会意字，“比类合宜，以见指撝”，例“武”“逐”，等等。字中的实物具象，或为单一整幅，如“虎”，或为两幅以上小图叠加，如“陟”。

汉字采用形声结合的符号表达观念。这种符号“以事为名，取譬相成”，也就是最为广见的形声字，既表形，又表声。见形旁，知类属；看声旁，拟读音。一实(具象)一虚(声音)两幅图形相辅相成，在用相同形旁表示相关概念的同时，又以不同声旁加以区分，在用相同声旁表示同音概念的时候，又以不同的形旁加以区分，从而最大限度地满足字形的精细划界，即时保障字意的精准表达。

汉字采用本意相同而音形不同的符号表达观念。主要是采用转注字，例如用“考”表示“老”的本意，用“馝馞馥馨”表示“香”的本意。转注字可与本意字归属于同一个部类和同一个部首，两者能够授受相同的意思。这种符号的突出特点在于，用形状和读音不同的字表达相关相近的观念。使用这种符号，可以对事物进行多层次、多角度、多色彩的细腻表述。

汉字采用音形相同而本意不同的符号表达观念。就是用一个已有成字，在形状和读音不变的情况下，表示其他意思，典型的就是假借字。例如，将本意为发号施令的“令”用做尊称“令堂”的“令”，将本意为“长者”的“长”用做“长大”的“长”。再例如，将本意为“鼻子”的“自”用做代词和介词，用本指人耳的“耳”表示语气，将象形胡须的“而”用做连词，把称说一种武器的“我”用做人称代词，等等。这种符号，使一个汉字具有了双重乃至多重涵义。

以上的旁征博引，尽皆根植“六书”，在造字和用字理论上，侧重分析观念表达，追求古今趋同。对此，《查文检字》创新体系需要在叙述正文之余，额外多说几句，剖白立论心迹。

清朝乾隆年间，知名学者戴震针对“六书”提出“四体二用”，把“转注”“假借”列为用字，将造字囿于“四体”，这不仅否定了“六书”造字，也使汉字表达方式随之收窄。此说虽广受推崇，但不切实际，不足为训。

先说说“转注”。《说文解字》释：“转：运也”，“注：灌也”，“转注：建类一首，同意相受”，“受：相付也”。“受”的最初字形是上下两只手，当中一条船，本意是交付。“转注”的定义应是建立从属类别，共用一个部首，相同意思授受。这种造字方法有两个基本动向，我们不妨直观拟称其为：转形注声和转音注声。

转形注声，是在已有成字上改变字形，并加注表声部件，形成新字。例如，“考”“老”在甲骨文中字形不同，在金文中字形相近，都是象形于长发、佝腰、拄杖的老人，本意为年老。《说文解字》释：“考，老也，从老省，丂声”。指出篆字（今见楷书）写成“考”的这个字，意为老，是“老”减省了“匕”，所拄之杖写成表示声音为 kǎo 的“丂”。由此可见，“考”的问世，并非是在用一个现成的字转而注释另外的字，而是对“老”这个字改造后，受意于“老”，归结于“老”这个部类，以“老”为部首，明确了读音，从而形成了当前的“考”。“考”的字形是运转了“老”而生成的，读音是灌注了“丂”而获得的，所以“考”是转注字。而“老”，《说文解字》释“考也。七十曰老。从人、毛、匕，言须发变白也。凡老之属皆从老”。“老”无所转注，是“从人、毛、匕”的会意字。由此可知，“六书”的转注定义“考”“老”连缀，并非是指互转互注，而是概因两字可以划归相同部类和相同部首，有相同意思授受，恰合转注造字。事实上，两者所从有别，成因各异，定形时间有先后，生成经历都是单向行为。据此而论，将“考”的出现列为造字，名实俱在，不能一言蔽之为用字。

转注造字中还有一种情况，就是转音注声，是在表达本意的字形不变，但需转设读音的状态下，加注表声部件，造成新字。例如，“馨”属于“香”类，以香为部首，《说文解字》释：“馨，香气远闻，从香，殸声，殸籀文磬字”。可见，“馨”是在表意的“香”不变，但另注读音，造出的新字。这种造字关系还可见于“父”与“爸爹”，“豕”与“豬豨豭”，“舟”与“船舸舰”，等等。

从实际情况看，转注也不能理解为转用，或相互注释，因为转注字除了与某字本意接近，在这个意义上可以授受外，双方内涵又各具特色，有着不同的引申方向。例如“老”又用于形容词“老练”、动词“老掉”；“考”又用于名词指“亡父”，用于动词指“考核”。这些含意是“老”“考”无法互转，不能互注的。再例如“香”，是个会意字，本指黍稷芬芳，后指诸香，还引申用于“吃香”。而“馥”指香气，“馝馞”指浓香。这些字属于同类，可以采用同一个部首，但却不能用成“吃馥”“吃馝”，不同于段玉裁的“互训说”和朱骏声的“引申说”。可见，转注之举是在可以划归同类、单一部首的前提下，实现同意相受，形成新字。正如“船舸”应是转注造字，而“艄艉”则是形声造字。

在分析转注字的时候，还有一个极易混淆视听的表面现象，那就是，转注字与形声字的字形结构类同，两者都兼具表形和表音部件。可以说，转注和形声这两种造字方法造出了相同结构的汉字。但是，这两种造字方法的缘起和依凭是不相同的，不应该混为一谈。特别是在专论造字的层面，更不能李代桃僵，以结构种类替换方法分析。在认定造字与否时，古人是在造字实践中着眼于具体汉字的成因和源流，今人则往往是在已有汉字的使用经验中，立论于眼下的现成事实，毋庸置疑，前者应该更贴近实际。

接下来说说假借。《说文解字》释：“假，非真也”，“借，假也(典籍解为：借用非已真有的物品)”，“假借，本无其字，依声讬事”。这种造字法与转注造字正好相反，是用形体和读音相同的字表达意思不同的观念。但是，这种对于已有字形字音的借用，不是随意、任意的，而是必须经过社会约定俗成，具有权威认定，得到推广使用，才能生效的。而其一旦得到公认，就会成为通用惯例，等于是在“本无其字”的情况下，依凭某字的字形和字音，造设了一个形同音同而意不同的新字。

在这里，假借字的出现绝不是一个简单使用现有成字的问题，而是一个采用特定汉字，表达特定观念的造字过程，是对某个现成汉字的重新确定。例如，将本指小麦的“来”用做来去的“来”；将本指战斧的“戚”用做“忧戚”的“戚”；将本指“畚箕”的“其”用做代词、副词和词缀。在造字和用字过程中，为了明确表达词意，“戚”的假借字后来被写成“慼”，如今又废“慼”，仍用“戚”表达“休戚相关”“休戚与共”；“其”的本字被写成“箕”，假借的“其”似乎反客为主了。但是，这些立废，都是社会性的，绝非一己之见，而一旦成为通用惯例,假借字往往历久不衰。

假借造字有别于通假用字,更不等同于任性用字。例如,“字”就不能假借成“自”,“虚”也不能假借成“须鬚”。因为,在本有其字的情况下如此这般,不论是古籍还是今著,都只不过是属于个人的用字行为,无异于擅自滥用错别字,既不被社会公认的造字和用字所认可,也毫无社会意义和积极意义可言,更不该被冠以假借字和造字的称谓。所以,在打算深入探讨“本有其字”的假借字时,其实就已触犯了“本无其字”造字法的底线。

用字,是用现成字表达观念,其前提是必须有这个字形、字音和字意。但在假借字被明确设定前,汉字状况则是处于有字形、字音,但其不含所要表达的字意,或是要表达某个字意,却又没有可以与之合适匹配的字形字音,子虚乌有何以用之?所以,有些字的状况,现在看来是用字,当初却实实在在是造字。

造字,是从无到有的设计,是必须具备社会承认、社会公认的选择和确定。公众认可的改变原字涵义,使得同一形式(字形、字音)具有了双重内涵(本意、新意),这就决定了现有形式和内涵在实质上已经不同以往,意味着一个假借字的托身而立。

我们可以设想,当需要用文字表达语言中的“花钱”“花费”“花时间”等动词汉字时,可是汉字却只有“花”(名词)“化”(同花)“砉”(拟声词)“哗”(拟声词),怎么办?如果就便,可以任意。如果定论,必须唯一。名词的“花”成为动词的“花”,不是本意的引申,也不同于信手拈来的临时借用,而是有社会基础的假形借声,是个在已有字形字音情形下,创设了一个被赋予了特殊规矩的汉字。这种做法,是“六书”中唯一援用现成字的造字。

转注和假借虽然表现着字与字之间的关系,但这种关系不指互换,也不对等,而是或从属、或源流、或因果。这两种造字法,都是在音形意三个要素合为一体的汉字中,将音形作为一方,将意作为一方,演绎着音形与意、形式与内容的对立统一。

两百多年来,当人们疑惑于《周礼》《汉书》《说文解字》何以都对“六书”造字言之凿凿,转而不惜买椟还珠,附和“四体二用”,甚至把造字与用字,把造字分类与字意分类、结构分类混为一谈时,是否也在歧路亡羊中错过了本可攀援真知的良机,坐失了拾级而上方能激发的顿悟:“六书”不仅确切总结概括了造字之本,也呈现了汉字表达观念的六种方法和样式。

原因之二:汉字不同于索绪尔对表意文字体系所下的定论,并非“与词赖以构成的声音无关”。实际上,90%以上的汉字是形声字,具有表音部件,转注字也有表音部件,假借字本身就表示声音,它们都与构词的声音有关。汉字中只有占比很少的象形字、指事字、会意字没有表音成分。在形声字中,例如,“芽功枝狮轮种虾顶”等等,这些汉字都具有表示读音的构字部件,直接指示应该如何发音。当然,也不可否认,由于几千年的读音变化,广大地域的方言殊异,造字方式的不同选择,标音不准的现象也很普遍。据周有光先生《汉字声旁读音便查》统计,汉字声旁有 1 348 个,所表示的不计声调的音节是 415 个,有效表音率(不计声调,只计声韵)是 39%。据高家莺等先生的统计,字音与声旁读音完全相同的汉字占形声字总数的 26.3%。这些统计表明,声旁有效率约为 1/4 左右(统计数据见殷寄明、汪如东:《现代汉语文字学》,复旦大学出版社 2007 年版,第 193 页)。但是,标音效果如何,与是否有标音,完全是两回事,不应淆惑不分。

原因之三:汉字具有独特的表音方式。表音并不仅限于字母拼音这一种形式。声音的表达方式是多种多样的:既有多个元音、辅音连缀组合的音素文字,如采用拉丁字母、斯拉夫字母的英法德俄文字,也有字母表示整个音节的埃塞俄比亚文字、古印度梵文和日文假名,还有卷芽甩尾的阿拉伯文、摞列端正的谚文,等等。而汉字,则是用构字部件展示一个声母和一个韵母的固定组合。毋庸置疑,那些占比达到 90%以上的形声字,在成字之初,表音部分的读音一定基本适应于某个方言、某个地区、某个时代主流人群的通用发音。我们不能苛责五千年的音变,也不该强求造字初心与今天结果不完全一致,否则,就如同指责孔子不会用电脑,要求阿基米德应该坐飞机。客观事实是,绝大多数的汉字是用“中国特色”的形式既表意,也表音。

原因之四:汉字不仅仅是符号的符号。汉字当然可以记录语言,可以成为承载语言符号的符号,但汉字从初生到演进,一路至今,都不是单纯依附声音而存世。就是秦始皇,也只下令“书同文”,绝口不提“文同音”。如今,在幅员辽阔的中华大地,有 56 个民族,使用 129 种语言(据孙宏开、胡增益、黄行主编:《中国的语言》,商务印书馆 2007 年第 1 版),虽然早已按普通话标准实现了汉字的“读同音”，但是，南北方言、东西发音，也都仍能一如既往，与汉字这个方瑰墨宝亲密无间。在现实中，天南地北，虽然语言常遇不懂不通，汉字却能为各种语言所用，可以顺畅走遍天下。就以中国人和日本人对话为极端特例，语言必定是牛头不对马嘴，但辅以日本法定当用的2 000来个汉字，却也能在一定范围内传言会意。这时的汉字，是中国语言符号的符号，还是日本语言符号的符号呢？唐兰先生在《古文字学导论》中说：“我们对于音符字可以认为是语言，但是形符字、意符字和半音符字的非音部分，却不是语言所能解释的。文字固然是语言的符号，但是语言只构成文字的声音部分。”德国学者洪堡特也指出，“汉字这种符号在更大程度上成了概念的标志而不是语言的标志”（威廉·冯·洪堡特：《论人类语言结构的差异及其对人类精神发展的影响》，姚小平译，商务印书馆1997年版，第314页）。可见，周正的洋装，不一定都适合汉字的穿戴。

原因之五：汉字广采象形，但决非就是仅凭象形表意的文字。理由至少有三：

一是根据《说文解字》对“文”和“字”的解释，“独体为文，合体为字”，汉字中的象形字属于今天称之为独体结构的汉字，这些字在《说文解字》中只有300左右，在《现代汉语辞典（双色版）》中只有120来个。象形字的总量不多。

二是汉字是靠“六书”传音表意，表达观念的形式有六种，象形字仅是其中一种。即便是象形字，也并不全如绘画，汉字的象形既不同于没有固定读音、不能分解部件的整幅表意图画，也不完全机械照搬自然图形。例如，象形字中有表现物象全身的“魚”“鳥”，有只画出局部特征的“牛”“羊”，还有添加了提示符号的“向”“泉”，甚至是象城楼，表示“高”，象风筝，意为“风”。在象形字屈身成为形声字的偏旁，特别是在隶化后，汉字的象形功能降低，明显趋向于线条化、符号化。汉字象形的程度是有限的。

三是象形字已成了基层性的构字部件，并在字形演变过程中逐渐方正、抽象，失去了原先的具象，但又永远可以追溯到象形的源头。象形字在历经篆隶楷之后，象形性降低，示意、会意性增强。今天可以见到的甲金籀篆，虽然已不是汉字最初状态，其中的象形字也的确很多，但更多的情况是，这些具象汉字同时又化身为构字部件，以另一种形态融入了汉字的千军万马，总数逾千累万。例如在现代汉字中，构字能力最强的 10 个部件是：口、一、艹、木、人、日、氵、亻、八、土(见商务印书馆辞书研究中心编写的《新华写字字典》第 128 页)，除“一”是指事字，“八”是会意字外，其余 8 个都是象形字。再例如，象形字“山”，成了山字旁、山字头、山字底；象形字“木”，成了木字旁、木字头、木字底。诸如此类，多不胜举。这些有象形部件的字，已不是象形字。随着 2 000 年前开始的隶变、楷化和逐渐简化，象形的“馬”成了今天的“马”，象形的“車”成了今天的“车”。千百年来，象形汉字的身影并没有狂增，也没有遁迹，但见长袖翩跹，曼妙善舞。在象形字与指事字、会意字、形声字、转注字、假借字的比率是三百比几万的实际状态下，不能说汉字没有象形成分，也不能断言汉字就是象形文字或纯粹的表意文字。

如果看见汉字之外的象形字和表意字都消亡了，却没有看到象形成分在汉字中的凝练升华和表意指向的音形牵手，就推测汉字难逃厄运，岂不武断？重视实在和直观，认定“本立而道生”的华夏人种，千百年来讲究的就是立论、行事有根有据。汉字从实物图形发轫，并使之在造字中长足滋蔓，致使汉字绝大多数成了有本之木、含源之水，不但可以追根溯源，而且始终脚踏实地。汉字的构形，体现着民族心理，是对客观现实的分析理解和逻辑表达，这也促使形体、立意、标音等等成分在造字过程中都会得到综合考量，总被拿捏得恰到好处。

对于汉字性质的认定，不期而遇地影响着汉字检索的方向和未来。如果认定汉字只是不完备的表意符号，不及格的表音符号，是个面临被取代的符号的符号，唇亡齿寒，检字的好歹，又轻重几许？汉字检索是否科学实用，又何必在乎？如果吃准汉字完全适宜拼音检索、语音检索、手写检索，那又干吗劳神费力其他什么排检法、输入法？皮之不存，毛将焉附？如果弃论成谶，平面纸质的字典、十指矻矻的键盘，难逃扫地出门、马放南山了。但是，如果事实与此南辕北辙，应该反其道而行之呢？那结果就可能或将是柳暗花明，或将是汉字和汉字检索的一荣俱荣。

六、解构汉字，标新立论

凭借以上分析，汉字明显应该是超然于西学两种体系之外的文字。汉字兼备语言和图像的要素，它既具有记录语言的表意表音符号功能，又具有图像符号的视觉思维特性，确实莫测高深。外邦贤哲对此遑论，大可宽厚理解。但是自家子弟也长此以往，筑室道谋，先入为主，或若临深履薄，干脆人云亦云，就实在有点说不过去，对不起祖宗。为此，《查文检字》创新体系无意拘泥俗尚，不将琢磨执着于汉字所能起的作用和所能表示的语言结构层次，破例自出机杼，考释汉字属性，草拟新说：

汉字是采用模块化的规范图形集约表达观念和声音的系统符号

为了认真说明《查文检字》创新体系的这个立论，确定汉字检索的方向和方法，我们先抄录当代权威词典公布于众的几个关键词，以便对照衡量，匡谬正俗：

模块——可以组合和更换的标准硬件，具有独立功能的组成部分。

规范——约定俗成或明文规定的标准。

集约——有选择地集中投入，加强分工协作，提高效率。

系统——同类事物按一定关系组成的整体。

汉字用图形表示观念和声音。所谓“观念”，是说思想意识，以及客观事物在人脑里留下的概括的形象。这里的“声音”，是指汉字发音。图形承载着汉字的构件和整字。大约95%的汉字图形，既蕴涵着明确的意义，也表达它所构建汉字的应有读音。汉字图形具有4个显著特征：一模块化，二规范化，三集约化，四系统化。其中，一、三深刻体现于部件图形，二、四具体反映在整字图形。

我们对立论做如下解释：

(一) 汉字模块化初探

汉字图形中的模块，是指在汉字中形状固定，功能独立，可以酌情组合，可以按需调换的标准化预制构件，例如“单人旁”“金字旁”，等等。这些在造字过程中精选定形、自然限量的预制部件，通过不同的组合方式，构置出千姿百态的汉字图形。例如，在《通用规范汉字字典》中，含“金字旁”的字有581个。汉字模块在还未定型的甲骨卜辞、青铜铭文上就已历历在目，例如当今写成“又(手)、止(脚)、匕(雌性的)、口、目、人、子、水、火、”等等的构字部件，已溶于多个不同汉字。而在走向规范的简牍帛纸中，则更是遍地开花，屡见不鲜。其组合方式千变万化。汉字模块的固化和搭配，与源自上古华夏的陶范铜模、梁檩轮辐、舷木甲板，乃至秦汉兵马陶俑的批量预制构件，形制类似，路数一致。

汉字构形的模块化，早在两千年前成书的《说文解字》中就已被认识和归纳。许慎所列出的540个汉字部首，“据形系联”，以类相从（见《说文解字·后序》），“凡某之属皆从某”（见《说文解字》），就是说，凡是以这个字为构字部件的，都归属于这个部首。其中，有30来个部首只与一个汉字相关，但其自身也往往是由定型的模块部件所组成，例如“克、易、能、燕、率、它”，等等。而绝大多数的部首，则都与多个汉字相关，常被称做、用做“字根”。有些被列为部首的构字部件，甚至参与了数百个汉字的构形。例如“心”及其变形体，在当用汉字中，就是260多个汉字的构字成分。这些作为部首的构字部件，都有明确的意义解释和固定读音，采用的笔画和图形保持稳定；它所表达的构形、读音、本意一般都是固化的，千百年来罕见蜕变；在参与构建汉字时，它既可以表意，也可以表音，甚至音意兼表。这正如古人所言：“每见一字先求其母，如山旁必言山，水旁必言水，此则万无移易者，因于其偏旁所合之字，详其为何义，审其为何声，虽不中不远矣”（陈建侯《说文提要·序》，京江粹存斋印，光绪戊申年）。

对于汉字模块的确认，牵涉到计字范围和定位标准问题，计字的多寡、不同的分类方法，会产生不同的统计结果。例如“楷”这个汉字，如果是在计数范围内，就会有统计，否则就不计；其中的“皆”是算一个模块，还是算“比、日”两个模块，还是算“匕、匕、日”三个模块？可见，模块是可以分级组成的。所以，在这里重要的是怎样科学地认定哪些是无需再分的基础模块，而不是对于模块数量的斤斤计较。

根据国家语言文字工作委员会1998年颁布实施的《汉字基础部件表》，在汉字中独立使用的部件有560个。据傅永和《汉字部件的数量及字形》统计（《语文建设》1991年第12期），汉字的基本构件有648个，其中由独体字即象形字充当的达327个，由没有音义的笔画结构充当的有321个。据《查文检字》创新体系对收录于《新华字典》的8 580多个通用汉字及其对应的2 600来个繁体汉字的统计，汉字的基本构件有641个。其中，笔画部件8

个，变形字部件 102 个，一体字成字部件 168 个，一体字古字部件 20 个，单笔画和记号部件参与整合的合成字部件 89 个，数字部件 28 个，另有冠名偏旁部件 36 个，通用字和繁体字兼用的记号部件 156 个，繁体字专用的记号部件 34 个。整个汉字系统，就是由这数百个模块化的图形组配而成。这些模块部件，具有原始意义，构形稳定，不乏象形性和以形示意的功用，在组成新字时，它们的形、音、义都进入了新字之中，并且分辨率高，拥有巨大的组合能量。

随着汉字在漫长岁月中的一次次定型，就是部首之外的那些没有明确意义、没有固定读音的记号部件，也都木已成舟，生米煮成了熟饭，其笔画不能增减，存废绝不任意。例如“留”的第一个部件，就出现在“贸鄮橮溜瘤榴遛熘骝馏镏蹓飗鹠蓾罶磂瑠澑廇嵧媹塯鬸鎦飀餾騮鰡鶹劉蒥瀏懰嬼嚠”等等字中。再如，“兜”左上角的那个部件，也参与“葕篼印柳昂峁迎仰抑”等字的构形。

在所有汉字构字部件中，不存在似是而非的模块，没有一个图形可以乱涂瞎写，这正如 26 个英文字母，没有一个允许改头换面。

（二）汉字规范化浅议

汉字及其构字部件的模块化，得力于令其定型的规范化。规范的内容，既包括形式，即笔画、图形等；也包括内涵，即意义、读音等。

汉字的规范性并不是与生俱来的。在甲骨文和金鼎铭文中，同一个字可以使用不同的部件，同样的部件之间也可以有上下左右甚至正反不同的排列，同样的部件又可以有笔画繁简的不同写法。直到战国时期，汉字的使用还是处于无序状态，各诸侯国虽然都使用外形相似的文字，但形体结构和书写风格都有所不同。今用汉字的系统规范始于秦始皇的“书同文”。自秦国小篆独占鳌头，汉字在轮廓、结构和笔画上趋向了强烈的定型化势头（见《汉语语言文字基本知识读本》，第 66 页）。

汉字规范是全方位天衣无缝的，其中显而易见的内容有如：

整字的图形（各种字体的俯视平面全图及其书写规则）、结构（构字部件的择定和所处位置的编排）、读音（肯定当前，厚今薄古）、意思（字本义、引申义）的固化。

构字部件的书写样式（含成字、变形字和专用记号的等等）、寓意分类（例如与草本相关的用“艹”，与树木相关的用“木”，诸如此类）、标音方法（含与本字同音的、同韵的、开齐合撮相近、读若的，等等）的确定。

构字部件的增置（例如给“厶”增置“禾”旁，给“衣”增置“钅”旁，以利表意）和减省（例如“亭”减省了表义部件“高”中的“口”，“傷”减省了表音部件“殤”中的“矢”，以便书写）。

字体的简化（含整体的和局部的，例如“龍”简化为“龙”，“馳”简化为“驰”）和繁化（例如，篆字隶楷之后，“奉”失去了象形部件“手”，而后繁化出了“捧”）。

笔画的笔形、笔势、笔数、笔顺的定格。

如上每个环节都在汉字演进的过程中被锻造得确定无疑，任凭过往的数以亿计人口在千百年间大面积持续使用，也依然毫厘不差，固若金汤。

汉字的规范化主要来自两个力量：

一是社会约定俗成的力量。索绪尔在《普通语言学教程》中说：“一个社会所接受的任何表达手段，原则上都是以集体习惯，或者同样可以说，以约定俗成为基础的”（商务印书馆 1980 年版，第 102—104 页）。一个汉字成形问世后，是通过使用者的手、眼、口和书写工具及文字承载物而上承下传的，其中最基本的要求就是不能错笔，不能走样，否则就会遭遇群起而攻之，被指责为“错”！而社会共识一旦形成，习惯势力将难以撼动，凡不顺其者，面临出局。

二是权威控制的力量。古有黄帝史官仓颉造字，汉字就开始走上了权威掌控的规范之旅。《周礼》记载的宫廷教习（见《周礼·秋官·大行人》《周礼·春官·外史》）就应是早期的规范汉字之举（参见杨怀源、孙银琼《汉字文字学论通》第十一章，西南师范大学出版社 2014 年）。及至兴秦霸业的商鞅变法，其重要内容直指统一标准，秦始皇的“书同文字”成为一次极端的成功范例。还有不同时期的政府文件、文献典籍，特别是中华人民共和国成立以来的简化字、《通用语言文字法》为汉字的定量、定形、定序、定音，这些样板和举措，无不与国家行政相关联。此外，历代朝廷刊刻立碑于太学、市井的正字石经，官办的各种教学机构，唐代字样学的推波助澜，唐宋雕版书籍的刊刻发行，明清巨篇字典的编考和改良，以及中国各地不可胜数的皇帝君王、达官显赫、文坛巨擘所题刻撰写的碑匾楹联，也都往往具有一锤定音的权威力量。所以，汉字自古以来、从今往后，都处于不断规范化和不断更新规范化的过程中，构字部件的模块化也将随之淬砺加固。

(三) 汉字集约化试说

古今汉字总量逼近十万。令人称奇的是，方寸之幅，各不相同，几乎每个汉字都是构字部件高度集约化的硕果。所谓集约化，其基本标志就是精当选择后的集中投放。正如部首所示：据形而言，一个形类表示一个义类，相关互锁；据声而论，"同声必同部"（段玉裁：《说文解字注·六书音韵表》），同样的声旁必与古音有联系。在汉字中，构字部件几乎都处于这种状态。具有特定含义的部件出现在哪些汉字中，都不是偶然的即兴拉郎，对它们的起用，往往涉及到造字者和用字人对客观世界的看法，对自然现象的理解，是站在哲学立场，对民族心理特征和世袭观念的表达。每个汉字的结构，都是通过精选提炼和取得社会共识后才得以确立的。例如"文"为什么会写成伸臂叉腿，"字"为什么会写成屋顶下有小孩，翻查《说文解字》，基本都能明白知晓。而汉字词组，常见以核心字为骨干，加上前饰后缀，例如"图书""书籍"，"铅笔""笔画"，也是明显的集约之举。所以，汉字不是某个人、某个时代的突发奇想，而是社会群体在相应知识程度上的推敲和优选。

汉字部件的集约化是否至少可以从三个角度来发掘：

一是从表意的角度来看。凡有"单人旁"（亻）这个部件的汉字，本意都与人体有关。凡有"犬犹旁"（犭）和"鱼字旁"（鱼）的字，都与兽类和鱼类有关。此类实例不胜枚举。

二是从表形的角度来看。以含有"绞丝旁"的汉字为例：最初的绞丝旁是有圈圈、有坠饰的象形图案，在篆字中尽皆如此。隶楷化之后，绞丝旁写成了"糹"，与之相关的汉字也一律改变了写法。在国家制定了简化字之后，凡带这个部件的汉字，绞丝旁全都写成了"纟"。再以"亻"为例，它出现在"付""侯"中，当"付""侯"作为表音部件出现在"符"和"猴"中的时候，"亻"成了部件中的部件，但形状依旧丝毫不变。就以收字最多的"水"部为例，"氵"出现在表示水流称谓、水的形状、水的容貌、水的处所、水的流动、水的行为、水的声音以及与水相关的事物、动作和状貌的460多个汉字中（水例见苏新春:《汉字的语言性与语言功能》,第 196 页)。

三是从表音的角度来看。汉字在不分声调的情况下有 410 几个音节,分调则有 1 300 来个音节。与之对应的现象是,古今用于表音的汉字恰巧千字有余。据清代宋骏声分析,在《说文解字》的形声字中,有 1 139 个汉字用做"声符"。据《现代汉字形声字字汇》(倪海曙编著),在所收 5 990 个汉字中,音符部件约 1 522 个,其中成字音符 1 260 个,有的有两读,例如"行""参"等,只表一个读音的 1 090 个。这些表音部件,担负起了千千万万个汉字的标音任务。在我们司空见惯的构字图形中,读音相同相近的汉字往往采用了同一个表音部件。例如,用"同"表音的字有"侗垌茼峒桐烔铜酮胴鲖筒恫哃峝眮洞狪痌睸硐秱粡衕姛挏峒戙迵霘銅駧鮦絧詷餇……",用"良"表音的字有"郎朗啷狼浪粮榔琅廊榔稂阆琅银莨俍朖哴埌塱螂筤悢腒根烺瑯硠筤莨艆蜋踉茛踉躴誏鋃鎯閬駺……"。这种实例,在汉字中极为普遍。从这里也可以看到,被选中后定向投放的汉字部件,其集约程度之高。

集约拼图,而非无限画图,在汉字繁衍中彰显着旺盛的生命力,这也是其他象形字皆死而汉字独活的绝招。汉字的成型,总是力求采用最富理据、简洁明了的部件相配交结,集约构形,集约标音,集约表意。

(四)汉字系统化粗辨

汉字及其部件所以被认定是一种系统符号,是因为每个符号都不孤身孑立,而是既体现个体特征,也带有整体烙印,按一定关系组成体系。这个认定出题太大,涉及诸多方面,除非精微,难以尽表。这里短文扼要,只说自家粗识浅悟,且可能终有罅隙,难免挂一漏万。

1. 首先从汉字整体的系统化内涵蕴蓄上提纲挈领

(1) 汉字深含哲学奥义

汉字起始于象形图画,是汉族先民对于自然事物的临摹和描述,其人自身是自然的一部分,所要表达的也是自然的一部分,采用自然图形的汉字,成形伊始就具备客观(自然界的万事万物,俗语谓之"天")和主观(人的认识、意念、思维等自我意识)的兼容并蓄,是"天人合一"的符号。汉字的生成和演进,数千年循规蹈矩,轨迹不变,不以世间的褒贬扬抑而兴废,这种惯性,源自尊崇自然、善解自然、融于自然,虔诚感悟和勇于实现"天意"的求实心态。而“天意”通常所指，实则是客观世界的要求和规律。个中的深层原因，涉及到民族主体的世界观、认识论、方法论和价值观。

哲理一：汉字体现对于世界总体的根本看法

还在远古时期，打制石器的一道磨痕称“画（畫）”，火锥对甲骨的一个凿烫印记称“点（點）”。神州远祖在“画”和“点”的琢磨中，跨出了构筑书面符号的脚步。汉字的笔画起源于自然（参考《中国艺术》（全国干部学习读本），第594页）。

造字之初，中华先民是通过“仰则观象于天，俯则观法于地，视鸟兽之文与地之宜，近取诸身，远取诸物”，“以垂宪象”（见《说文解字》）。最早用来表达思想的图形，并非向壁虚构，而是来自自然。

在通过分辨鸟爪兽蹄的印迹，领悟了据形造字的原理后，“初作书，蓋依类象形”，“文者，物象之本”，“本立而道生”，“书者，如也（意为如同事物的形状）”（见《说文解字》）。汉字从表示事物本来面貌、本然现象的“文”起步，又由“文”滋生出多部件组合的“字”（参考周秉钧：《古代汉语纲要》，湖南教育出版社1981年版，第71—82页）。段玉裁注《说文解字》“仓颉有指事象形二者而已，其后文与文相合而为形声，为会意，谓之字”。汉字是在细针密缕之后才发展成简笔图形和线条化的抽象图形。其中200多个基于实体的象形汉字广用至今，它们不仅独立成字，而且演变成了组成新汉字的主力。例如，在国家颁布通用规范汉字及其对应繁体字中，以象形字“木”“火”“口”为部首的字分别有495个、459个、206个，有象形部件“艹”加入的汉字，有538个。

象形是对客观自然现象的模拟，象形汉字和象形的构字部件一直坚守着眼见为实，以实物为本，执着于“种瓜得瓜，种豆得豆”。《论语·学而》说：“君子务本，本立而道生。”许慎则将“本立而道生”（引文见《说文解字·叙》）认定为汉字伟绩的基础。这种造字思路，是在认识世界的根本看法上，对物质存在居先，思想意识随后的顶礼和践行。这种思路甚至可能会是导致民族文字历史长，而民族神话故事少的一个待考成因。

后汉大书法家蔡邕说：“凡欲结构字体，皆须像其一物，若鸟之形，若虫食禾，若山若树，纵横有托，运用合度，方可谓书”（白宗华《美学散步》，上海人民出版社2015年版）。这也说明，汉字的初造和定型，表现为人与自然及社会关系的形象写照，汉字构形的立废，不是以贯注精神意念为先决条件，而是以遵奉物质世界为有形前提，不是源于主观先验，而是贴切于客观自然。这体现着汉民族立身处世脚踏实地，言行举止不尚虚浮的朴素唯物世界观特征。

哲理二：汉字的初造与发展遵循辩证思维

汉字莅世，本身就是人的主观认知与自然界的客观事物对立统一的具象表现，寄托着汉民族的认识论和方法论。汉字处在人与自然的交会位置，承载着主观，也担负着客观。汉字通过描摹客观事物的"象"来表达主观含意的指向。就是对于无"象"可摹的抽象概念字，也不舍"近取诸身，远取诸物"。例如用象形胡须的"而"表示连词，用名词"花"表示动词。汉字的图形表现出思维意向投身于实体物象，实体物象反射着思维意向。象与意，互为表里。正如魏晋时代的王弼所言："夫象者，出意者也。言者，明象者也。尽意莫若象，尽象莫若言。言生于象，故可寻言以观象；象生于意，故可寻象以观意。意以象尽，象以言著。"（王弼《周易略例·明象》）

汉字的构形状态鲜明体现着辩证建构。在汉字中，90%以上是由一个表达具象的表义部件和一个表达抽象的表音部件两合而成，生动展示着一实一虚的叠加缠绕。这种建构，具有强大的造字功能，与源自远古的"一阴一阳为之道""物生有两""二气感应""相生相克""相反相成"等朴素辩证认识论和方法论并行不悖。

汉字的构义思维同样充盈着辩证思维。申小龙先生在其《汉字思维》一书中就说："这主要体现在汉字雏文中构义的辩证性、汉字意义引申的辩证性和汉字使用中因环境影响发生意义转化的辩证性。"深究汉字构形和字形固定后相反相因引申字义、转化字义，可举诸多实例。例如，甲骨文的"吉"像安置兵器之形。兵器是凶器，因而"吉"有凶义；但兵器安置不用，又是和平幸事，因而"吉"又有喜义。又如"打"字，向撞击的方向发展，有破坏的意义，例"鸡飞蛋打"，向制作的方向引发，又有完成的意义，例"打造"。

汉字的构思根基是两点论。许慎在《说文解字》序言中开篇就说，上古行政始作八卦，后有结绳为治。把卦象列为汉字前身。而易卦，就是采用长短两个符号的组合，表示相生相克、吉凶福祸等等的对立统一。虽然许慎之说的立卦时间不正确，但作为一种设定符号的对立统一思维方法，却是相沿成俗,自古就已存在,而且在民族文化中源远流长。在中国古代哲学中,万物对立变幻,渗透互补,相辅相成,往复循环,正如阴阳双鱼组成的太极圆球。《老子》有述:"有无相生,难易相成,长短相较,高下相倾,音声相和,前后相随。"由此不难释疑,为什么90%以上的汉字是音形一体的形声字。对此不妨拭目留意,外露在汉字构形上的一实一虚、一阴一阳,其实质正是具象和抽象的对立统一。

汉字的演进过程充满着辩证考量。例如,百年来关于汉字优劣、汉字存废、汉字改革、汉字拼音的争论,全社会从上到下始终两说对立,竞优较劣,但双方又都立足现实,包容主次,没有一方主流力量会武断蛮干。从历史上看,字形的变化通常缘起于改变写法、减少笔画、减省部件,从大篆到小篆,再到隶楷,具有不断简化的趋势,以求适应书写时方便快捷的要求,客观上存在常用字笔画趋简规律。例如,3 500个常用字,平均每字只有9.7画,超过12画的只有12个字(沈克成、沈迦:《汉字简化说略》,人民日报出版社2000年版,第17—18页)。例如,使用频率最高的10个汉字是:的、一、是、在、不、了、有、和、人、这(见商务印书馆辞书研究中心编写的《新华写字字典》第264页),除"是"9画,稍低于常用汉字平均用笔数,其余9个字,都明显低于平均笔数,表现出用得越多,运笔越少。但是,过于简化,将使汉字在字形和涵义上容易混淆,又会影响使用效果。所以汉字在简化的努力中,又顽强坚守着繁化,以求加大区别程度。例如古字"厶"被加上义旁,写成"私"。"奉"与"捧","莫"与"暮","其"与"箕","张"与"胀帐",等等,都是如此。就是近代新造表示各种化学元素的汉字,也依此照猫画虎。再说近年《简化字总表》的实行和《第二次汉字简化方案(草案)》的告废,其中因果,也似乎与此要求不谋而合。再例如,汉字的近十万总数不过是个取精用宏的统计。千百年来,新旧字形的兴废,取决于造字方法、社会变动、人文需求等等原因,大量汉字一直处于有生有死的过程之中,而历朝历代的实际通用字,一般都止步在5 000—10 000之内。在确定实用字数的多少、古字与新字的兼用,以及正字与俗字的互渗等问题上,也都会体现出辩证思维的路径和决断。多种社会力量合力促成的字形发展规律,恰与辩证法的轨迹契合。

哲理三:汉字表达造字者的价值观

造字者的是非、好恶、臧否等观念,贯注于字形和字意。例如,象形字

“大”，《说文·大部》解曰：“大，天大，地大，人亦大。故人象人形。”表达了古代以人为大的观念。再如，象形字“天”，甲骨文和金文的字形是正面站立的人象，上部是人的头形，下部是人的身体。隶楷线条化后，成为今天的形状。《说文·一部》解曰：“天，颠也。至高无上，从一大。”这字面上的“天人合一”，肯定着人的价值和地位。再如，象形字“王”，本义是代表王权的斧钺之形。董仲舒解曰：“古之造文者，三画而连其中为之王。三者，天、地、人也。而参通之者王也。”孔子解曰：“一贯三为王。”《说文·王部》解曰：“王，天下所归往也。”再如会意字“孝”，甲骨文、金文的图形好似一个孩子（“孝”的下面字形是“子”）背驮着一个长发披散的老人（“孝”的上面字形是“老”），是隶书和楷书减省了“老”字中的“匕”后，才写成今天的形状。《说文·老部》解曰：“孝，善事父母者。从老，从子。子承老也。”再如“仁义”二字，《说文·人部》解曰：“仁，亲也。从人，从二，会二人亲近，以人道相待之意。”《礼记·经解》解曰：“上下相亲谓之仁。”《说文·我部》解曰：“義（义），己之威仪也。从我羊。”徐锴《繫传》注：“羊者，美物也。羊，祥也。”“仁”“义”字形本身就体现着造字者的价值观。而“杀身成仁”“舍生取义”则将此价值观推向了极端。再如“美丑”，“美”，会意字，甲骨文、金文犹如人的头上戴着饰物，展现美丽。《说文·羊部》解曰：“美，甘也。从羊，从大。羊在六畜主给膳也。”“丑”的原写法是“醜”，字中的“酉”是酒坛的象形，许慎、王筠说字中的“鬼”也是象形，难看的图形，表现出造字者对丑陋的反感，也表达了对于有悖常理行为的鄙夷。再如“好坏”，“好”是会意字，甲骨文、金文、篆字都是一个跪姿女子的象形，抱着一个舒展手臂的婴儿象形。《说文·女部》解曰：“好，美也。从女、子。”“坏”的原字是繁体的“壞”。本义为墙壁倒塌、破败。《说文·土部》解曰：“壞，败也。”再如《左传》：“止戈为武”；《韩非子》：“自环者谓之私，背私谓之公”。像这样被世人认定为蕴涵着善恶悲喜，明显表露褒贬取舍的汉字，俯拾即是，不赘述了。

（2）汉字承载社会学要务

汉语不同于读音和词形经常发生变化、语法结构细密复杂的曲折语和黏着语。汉字形态也不同于表音文字，没有时态、语态、性、数等等变化，主要依靠字意和字序表达意思。汉字的这一特点使之具有着很强的时空稳定性。当代英国人可能很难畅读500年前的英文诗篇，中国人却能在稍加指点后就明白距今2 000年左右的《论语》《诗经》。所以，只要中国人还讲汉语，汉字就应是首选的实用文字。

汉字在中华大地数千年持续、完整、全面地承载文化，记录历史，昭示人文，推动文明。汉字巨大的社会功能突出表现在：一是汉字系统适宜汉语，合乎国情。汉字是胜任汉语的视觉载体，与单音节、重字义的汉语对应吻合。二是适应汉语音节数量少，同音词众多的特点，从形音意三方面着手，承担起“第二语言”的职责。三是弥合因为民族众多，方言百种，地域广大，自然分隔，容易造成的社会离心，维系了中华民族的大一统。四是肩负着贯通数千年的文化积淀，保障承前启后，薪尽火传。五是当今无可取代，后世不能废弃，泽惠地球上1/5的人口，支持着自信、自立、自强的中国人。

汉字形体从不同角度镜映着成字时代的社会形态、社会制度、生产方式、生活方式等社会建构；吸纳了生产、科技、风俗、战争的历时痕迹；记录着古代社会的观念形态，描绘了原始的思维意识、宗教信仰、自然崇拜、祭祀礼仪（参见申小龙等先生的论著《汉字思维》，山东教育出版社2014年版，第五章。又见陆忠发先生的论著《汉字学的新方向》第五章，浙江大学出版社2009年）；而且本固枝荣，促成了中华民族极其丰富多彩的文学和艺术。

汉字是中国历史和文化的重要推动力。汉代成书的《说文解字》指出：“文字者，经艺之本，王政之始。前人所以垂后，后人所以识古。故曰：本立而道生，知天下之至啧而不可乱也。”又说“文者宣教明化於王者朝廷，君子所以施禄及下，居德明忌也”。可见，2 000多年前，人们就已深刻认识到，汉字是总揽礼仪、音乐、射箭、驾车、识字、计算等六种技艺的基础，是治国理政、教化训导的工具。汉字不仅记录着文明历史的点点滴滴，也延续着文脉传承，承载着平定天下的功能。

当汉字还处身于甲骨青铜时，就已是王公贵胄占天卜地、祭祀征伐、记功录业、施政牧民的利器。甲金籀篆形体极尽佶屈，充斥着特权的霸气。隶变简化之后，汉字广入民间。基于字形的严格规范和读音的宽容随遇，汉字稳固覆盖了五方杂处的华夏版图。汉字所及，不介意天南地北，见字如晤；不拘囿乡音方言，习字认宗。“本立”，深耕着世世代代的认同感、归属感；“同文”，凝聚起神州畛域的向心力、团结力。这个天下唯一绵延不绝的自源性文字，造就了一个数千年岿巍的恢宏国度。

在中国历史上，北魏由鲜卑族拓跋氏建立，当权者崇奉汉化汉学，习用汉语汉字，促使国家转型，无痕无迹地融入了中华大家庭。满清入关，在文化上倚重汉字，捎带满蒙藏文，结果迅速抚平塞北江南。日本人侵华，在东三省强推日文日语，意在抹杀中文，吞噬中国，焚琴煮鹤的结局就是龟缩东洋。

沧海桑田，星河璀璨。汉字与汉语结发齐眉，总令社稷铭感美谈。天作之合分飞劳燕？除非国将不国，汉已非汉。

(3) 汉字无愧于运筹学的经典范例

从运筹学的视角看文字世界，在资源固定的状态下，能够通过运用和筹划，使之发挥最大效率者，首屈一指的应该是汉字。从符号性质上看，具有形、音、意三重内涵的符号与只具有表音一个内涵的符号相比，明显已见山高水低。所以，在平面上、在电脑上学习和工作时，使用汉字的中国人要比使用拼音的外国人更有优势。采用数学，特别是统计学的方法可以明确得出如下结果：

数千年间，汉字在不断运筹中发展，由书写繁复走向笔画简单。在殷商甲骨文里就已出现简化字体。此后历代都有简化字的产生和顶替繁体。历史上大规模简化汉字的动作就有：秦始皇时期的大篆改为小篆，秦汉时期的隶书替换篆字，唐宋及后的楷书大兴其道，中华人民共和国法定简化2 235个汉字以及简化由 226 个简化偏旁类推出来的相关汉字。汉字从画图走向符号，从繁冗趋于便捷，字形、字体、结构、笔画都不断简洁。

在实际使用中，只要掌握 2 500 个最常用的汉字，就能解决 97.97%的书面交流。使用 3 500 个常用汉字，就能完成 99.48%的书写需求（论据见《现代汉语常用字表说明》，载于《语言文字规范使用指南》，上海辞书出版社 2001 年版，第 119 页）。这比动辄必须近万，甚至多少万的表音文字要经济许多。

汉字用 600 多个基础部件交叉组合，就已造出了将近 10 万个图形各异的汉字。其实，这并不稀奇，充其量也就是九牛一毛。按排列公式计算，如果拥有 600 个构字部件，两个一组合成一字，就有约 36 万个字形，三个一组合成一字，就有约 2 亿个字形，四个一组合成一字，就有约 1 000 多亿个字形。使用部件越多，所能造字就越多。如果再加上部件位置的二维换动，例如“木”在字头(李)、字底(采)、字左(村)、字右(休)、字架(本)、字中(困)、字角(攀藻),等等,那就更不得了。这种造字方法潜能无穷。在如此丰厚的字形资源保障下,挑选出最合意、最富理据的结构,对行家来说,游刃有余。

汉字中有90%以上的字是形声字。如果用《说文解字》归纳的540个表意部件与能够代表1 300个(含四声)汉语音节的部件一对一交叉组配,能够造出70多万个形态不同的汉字。如果换动部件在字中的位置,如“旮、旯”“音、昱”,造字形态将能在此基础上成倍增长。当下已知的造字数量,不过是小菜一碟。

一个汉字就是一个最小的表意表音单位,而一字几意,一音数声,则使字符和音节功效倍增,单字之间相互组合后,能将极其微小的语意变化表现得淋漓尽致。例如,汉字中关于亲属宗族的称谓就有400多种,居世界第一。与之类似的现象,诸如说金玉、谈颜色、相车马,等等,不可悉数。

调整单字组合,就能无限构词。换个汉字或移动单字位置,新的概念一蹴而就。例如,以“马”构词,可组成马头(头马)、马车(车马)、马上(上马)、马前(前马)、马后(后马),以及马脚、马尾、马蹄、马毛、马路、马达等等99个以上常用词语。汉字构词,本身就是一种高度集约化的精选投放。不像英文,小鸡、公鸡、母鸡、鸡蛋,小牛、公牛、母牛、奶牛、水牛,从音形到意思各不相同。汉字组合的逻辑强度,天下独步。

字序决定语意。汉字都可以根据实际需要,或左右横排,或上下竖排。单字的表意、表音效果不因版面和方位的改变而改变。但是词组和语句的意思随单字排序的改变而改变。改变单字排序,就能轻易改变词义。例如“画图、图画”,“油菜、菜油”,“天上、上天”,“地下、下地”,不胜枚举。

高效区分同音字、同音词。汉字具有超越方言的第二语言作用。书面语有足够的力量为口语保驾护航。例如,“父女、妇女”,“前期、前妻”,“步伐、不乏”,“励志、丽质”,“新、辛、心”,“旧、就、救”,不一而足。

汉字的本意和蕴意都完全规范化,既肯定又丰富。例如“白”,既表颜色“雪白”,又表徒劳“白干”,还表酒类“白干”“干白”。不少汉字的引申意达五六种以上,甚至多达数十种,足可隐喻明说,指东打西,一语双关,构筑了独特的修辞环境和极为丰富的学术理论。

在不计声调的情况下,汉字只有410多个音节。除了极少数零声母和零韵母的以外，绝大多数汉字都是由一个声母和一个韵母构成，音节精干，便于抑扬顿挫。由于音节数量的限制，韵母相同的汉字为数众多，非常方便选用，特别能够在抒情达意的诗词歌赋中凸显韵律，适合音乐性和情感语气的抒发。这与外文常见的一个单词多个元音辅音相比，更可谓铿锵鲜明。

汉字在演进过程中持续趋向笔画精减。受效能规律催发，汉字数千年来一再简化。其中有甲金“合文”“析书”的匿迹，籀篆改隶的巨变，行草简体顶替繁缛楷书，特别是中华人民共和国推行3 000左右简化字的实施，使汉字的减笔成为趋势，如今常用字的平均笔画已不到10画。值得关注的还有：笔画由难以控制的弧曲改为横平竖直，例如篆字隶变；构字部件笔画减少，甚至成块减省，例如，“龍”写“龙”，“孝”省去了“老字头”中的“匕”；篆、隶楷、简化字，逐次简单易行。

汉字可以择取词、句中的关键字构成简洁明了的缩略语。例如“科技”“财经”，字意鲜明、方便表达，是采用26个字母的缩略词绝不可能望其项背的。例如，单列“M”，就难以知晓是指“菜单”，还是“移动”，还是“地铁”；对“PM2.5”，不知情，就难把握。中文缩略词中同形、同音的前所未见，而相同字母指代不同词句的西文缩略词，在所难免。

据研究资料表明，汉字的认读速度比英文快1.6倍，在相同的时间内，阅读中文的人将比阅读英文的人多获得60%的信息(统计见沈克成、沈迦：《汉字简化说略》，人民日报出版社2000年版)。

还有一个有目共睹的事实，就是联合国教科文组织的各种文本、文件中，使用笔墨最少、印制页面最少的，正是汉字。汉字简洁高效，实至名归。

(4) 汉字展露丰沃的美学意境

在方形字块的演进中，汉字以8种基本笔画和30来种衍生笔画构成平面图形，这使它在具象上接近图画，视觉意象丰富，而字与字的逻辑关系，又使它具备抽象符号的特征，蕴蓄深远。具象与抽象的结合，激发了美观需求上升，也牵动着义理图形附和，汉字被锻造成了最具审美价值的文字。

春秋、秦汉时期，书法艺术已经灿烂夺目。唐宋以后，从理论到范本更是登峰造极。历朝历代书法家辈出，当朝在野善书者无数。李斯、羲之，颜体、柳体，美不胜收。一手好字，注定博得人前人后的夸赞；一幅墨宝，贴门悬墙，挥毫的人得意，临池的人喜欢。

书法艺术有着系统的理论和供人效法的范本。从汉字的整体构形、局部安排,笔画设计、谋篇布局,到各种体例的精打细磨,都达到了无以复加的境界,将汉字整体的和谐、庄重,结构的平衡、工稳,笔画的滑润、流畅,都展现得入木三分。书写者或含蓄,或张扬的才情,与汉字内容相得益彰。心境和性情的贯注,丰满着字形的感染力。甲金沉雄厚重,籀篆柔转端丽,隶书"蚕头雁尾",楷书"金钩铁杆",龙飞凤舞,尽显功力;正楷的严谨,行书的婉约,草书的奔放,各呈惊艳;"蚕头不二设,雁尾不双飞",精雕细刻,平衡对称;特别是上紧下松,左紧右松,优化结构比例,真可谓恰似 0.618 黄金分割。

体现着汉字自身之美的书法艺术,还激发了金石印章艺术和美术字的蓬勃兴旺。刻刀和砂皮在冰凉的璞玉浑金上,燃起了激情腾越的火焰。美术字更是五光十色,有镂空的,有实心的,有状如奔马的,有肖似人形的,有鸟虫字,有阴阳文,字字珠玑。小小方寸,花团锦簇,气象万千。

汉字还具有不同凡响的个性张扬、自在舒展的美。书写汉字的基本要领不乏方正,匀称,横平竖直,行款划一。在严谨、稳重、平衡、内敛这些内在的共性要求基础上,也赞许在讲究书法时尽情追求外在的舒朗、娟秀、豪放、含忍等个性表现,并且将其由单字到整段,由整段到通篇,淋漓尽致。字里行间,常见正气男子的庄重、窈窕淑女的雅娴、闯天下的干练、善思考的钩联、调皮的活泼、粗拙的胡乱。

汉字还拥有超越自身的美,突出表现在韵律和修辞。单音节的汉字,格外铿锵清晰,既能合辙押韵,又善短吟长咏。云蒸霞蔚的修辞技艺更是令人目不暇接。且看,对仗、对偶、排笔、骈俪、迴转、反读、倒装、藏头、谐音、假借、一字双关,无声胜有,怎不令人啧啧称奇,拍案叫绝。

汉字的美还表现在是一种不断提升的美。汉字的妆奁,永远花样翻新、争奇斗艳。彩陶、金鼎、碑碣、简牍、宣纸、A 纸,接踵衬托它的天资。火锥、锲刀、羊毛、狼毫、钢笔、圆珠笔、水笔轮番刻画着它的身段。雕版、活字、铅模、钢印、键盘、激光照排传续着它的千年丽质。奥运会上的字浪、世博会上的徽标,渲染着汉字一顾倾城,再顾倾国的不老容颜。

汉字大美,源于自然,源于自在,源于共性和个性,源于总能与时世合拍。既美在持久守恒、万变不离其宗;又美在字如其人、千人千面。

(5) 汉字堪称生理学的独特一隅

汉字的认读,不同于拼音文字的单脑认读,而是要由人的掌控识别图形的右脑和掌控语言述说的左脑,双脑协同,联动完成(参见陈宗明:《汉字符号学》,第 17 页)。据说,西方曾有让儿童学用汉字,以求治愈失语症的成功先例。

2. 以下从汉字个体的系统化外在显露上择其要端

(1) 汉字是单音节文字,除儿化韵外,杜绝元音辅音反复连缀现象

汉字读音或是由一个声母和一个韵母拼读组成一个音节,例如"字"(zi);或是由一个韵母、一个声母各自独立表达,例如"阿"(a)、"安"(an)和"嗯"(ng)。其中一字几读的,每一读音也都或是声韵相拼成为一个音节,或独韵独声自成一个音节。即使是儿化韵的,儿化部分也不自成音节。历史上曾出现的"吋"(曾读"英寸")、"哩"(曾读"英里")、"浬"(曾读"海里")、瓩(曾读"千瓦"),等等,只是一种应对外来词译读的个别现象,今已废用。

(2) 汉字的规范读音速率一致

一个汉字不论有多少音素,规范念读的速率都固定一致,占用的时间相同。例如读"鹅"(e)和"床"(chuang)。但每个汉字又都可以根据场景和心境的实际需要,进行轻重缓急、抑扬顿挫的处理,使之适合于情感的抒发。

(3) 汉字在一定篇幅之内所占用的书写空间相同

在甲骨文中有几个字凑在一块的"合文",在金文中有一字写成几块的"析书",而后,再无同例。千百年来,在设定了尺度标准的篇幅中,正文汉字的大小保持一致,就是联绵词的用字,也是如此。

(4) 汉字由不同层级的预制部件组合构成

例如单纯笔画构成的"女"和多个独立部件组成的"努"。而这些部件,又可以相互组合成或表意、或表音的稍大些部件,例如"铜"的"金字旁"和"同"。汉字构形由小部件到大部件,再到整字,组装合成。

(5) 汉字结构方正,工稳平衡,体现着美学和力学

汉字由古至今,保持着一个个方块形状,其中按中轴线对称布局,四平

八稳，正符合民族建筑的特征和民族审美的要求。导致如此这般的客观基础可能是：汉语的单音节决定了一音一字块；横平竖直的方块，远比屈笔圆弧和其他图形更便捷书写；方块的接续，从造字到构词到通篇，规范划一，工整美观。数千年演化的结果，终令所有汉字都以瞳孔视角居中、可以速读、方便书写、利于区分的方形块状为标准，不能构成方形的，例如“一、十、人、丁”，也是以四方形的中心为中心，以上下左右边界为边界，顶天立地，左右撑足。

(6) 汉字通篇方正连缀，由点到面机制相同

在经历了篆隶楷行草和繁化、简化之后，汉字从构字局部到文章通篇，都稳定地保持组块结构，构形一致。《文心雕龙·章句》说：“因字而生句，积句而成章，积章而成篇。……振本而末从，知一而万毕矣。”从汉字的最小部件到篇章的最大单元，都是在基本构件的基础上通过组合方式来形成的。有理据造字，按义理构词，凝字词严阵，结方阵成篇，组合机制如出一辙。不论横排还是竖写，构形手法相同，构形结果一致。而且，大就一起大，小就一起小，成比率缩放，幅度统一。

以上尽倾涓埃地絮叨了《查文检字》创新体系尝试给汉字属性所下的定义，旨在努力为汉字检索寻求助力，拓展空间。其中，“模块化”是说汉字架构的基本形式，“规范”和“集约”是说汉字部件构字的原则，“表示观念和声音”是说汉字的内涵承载和外露表达，“系统”是说汉字整体的构形规律和属性特征。在这个定义里，“模块”立足于已成形、已定形；“规范”确定于公认的要求和秩序；“集约”发自于客观存在的有优选、有制约；“系统”成就于内部构造和外在关系。而这四个客观要素的存在，可以确定无疑地保证汉字书检、机检的脚踏实地，顺利实现。《查文检字》创新体系的立论和实践，就是依据汉字的第一个构字部件，完成了精确书检；依据数量可控的部件及规范化的序列，达到了高效机检；依据模块化的规范图形，创建了一个书检、机检配套统一的汉字检索创新体系。

在破土穿石的考求中，我们一直都很诧愕：汉字蓄势五千年，生存优势或有若无，而当属性真相一旦崭露，竟然已见向着符号巅峰逼近，这种“看到就改变”、近乎量子叠加的观测坍缩，究竟是冥冥之中与文明进程的一种暗合，还是尚未可知的遥远生命对于茫茫宇宙定律的一次先知先觉？

七、创新体系的架构支点

基于上述6个小节的不同角度，对于汉字检索及汉字性质进行分析和判断，《查文检字》创新体系形成了关于当代乃至未来汉字检索体系的一套看法。我们在对辛亥革命至今的典型书面检字法和20世纪80年代至今亮相社会的主要电脑输入法披沙拣金之后，开发了一种创新的汉字检索体系。我们也很愿意将此公诸同好，呈请大家指教、斧正。

（一）再建汉字检索体系刍议

汉字检索体系的建立离不开汉字排检法。而汉字排检法，是汉字排序和检索的工具，是一种应用技术，其基本要求就是效率性。早在20世纪30年代，学术界就曾议定科学的汉字排检法标准应符合简易（简单、自然、普及）、准确（一贯、有定序、无例外）、便捷（便当、直接、迅速）（见黄俊贵、倪波主编《汉字与汉字排检方法》，1990年版）。当代我国的专家、学者也认为，检字方法和途径应该做到"看得见，排得顺，指得定，查得出"（见杜定友：《查字法问题的基本认识》，《光明日报》1961年5月31日）。《查文检字》创新体系的检字新法，正是朝着这个目标努力求索。

在创建检字体系方面，对于过往所为，我们总的看法是，不论书检、机检，设计者的主观意志旺盛，设计方案的客观依据羸弱。设计者、评判者往往居高临下，跳出汉字说汉字；每每自以为是，大施"援手"救汉字。看重的是精巧设计，施教的是"独家创见"。但是，一招不慎，就会脱离汉字本体。凭空裁剪，总是难合身，不如意。如果再加上织网不密，缺乏相应保障措施，放任书检、机检各自为战，最终也无法妥善面对传统惯性、大众心理和社会需求。

据此，我们认为，有待再建的汉字检索体系，至少应当具备如下特质：

特质一：能够提供必备的检字要件

诸如，客观的排检依据，规范的排检顺序，固定的分类标准，唯一的起始定位，一致的搜索路径，周全的编排技术保障。

特质二：书检、机检分工合作

书检适合普及，可以无师自通，上手即用。机检面对提高，便于学而知之，力求高效。两者基准点对应，各司其职，在同一体系之内联手掎角，保持用力方向并行不悖。

特质三：书检、机检属性相同

书检、机检具有相同的认识论、方法论，具有相同的检字载体，具有相同的知识基础和经验积累。

《查文检字》的创新汉字检索体系，就是努力按此标准设计与实践的。

（二）《查文检字》创新体系架构的支点

《查文检字》的创新体系，是指我们在《查文检字》和《查文检字续》中阐述的一种革故鼎新的汉字精查系统。这个系统，尝试跨过一个许多年都难以逾越的深涧，创立了一种汉字书检、机检和谐配套、完整统一的汉字检索体系。这个体系包括用于字典的“汉字首部件检字法”和用于电脑的“中文音形输入法”，有着不同俗尚的独特架构。由于本书在上述“精查字典”“高效机检”中，对字典检字体系的架构、电脑检字体系的架构，以及书检和机检体系的融通，已有分门别类的具体详叙，以下权且弥罅补阙，简要阐述《查文检字》创新体系架构的必备支点。

支点一：书检、机检具有相同的认识论

《查文检字》创新体系在设计书检、机检两个系列的检字法时，坚持采用唯物主义的认识论。在思维与存在、认识和实践的关系上，认为汉字及其部件是第一性的，不因人们的理念和愿望而改变；我们的主观意志是第二性的，应该处于从属位置。书检、机检都要以汉字本身固有的构造成分和实际状态为前提，不该强词夺理，更不可强加于人。对这个存世已超越五千年的文明符号，理应尊崇备至。要以汉字的造字原理、结构素材、音形规律和实用惯例为根据，它的实体怎么存在，我的设计就怎么反映。所以，首部件检字法和“中文音形输入法”都以部件固有读音为音，都以部件自身图形为形。不玩“表意”的摸不着，只留“图形”的看得见。不强化个人主张，多注重汉字本体。坚持依照汉字音形规律，自觉调整主观思路，精心择定客观捷径。

支点二：书检、机检运用相同的方法论

《查文检字》创新体系中，首部件检字法和“中文音形输入法”的研究方法、设计思路同出一辙。两者都采用相同的汉字基础部件作检字载体，都采用相同的汉字笔顺为构字部件定位排序，都基于相同的首位检字部件为汉字分类。在这里，所认定的部件，从形到音，不是谁创造出来、设定出来的，而是汉字本身固有的，我们坚持的只不过是识别方法和推导原则罢了。在此原则上，跟进设计，按照认定首位检字部件的原则，也就是按照同样的构形标准、同样的读音规则、同样性质的符号分类，认定第二、第三，乃至最末一个部件。由此演绎，原本用来确立书检的方法，顺理成章地跨进了机检。两者间有量的不同，没有质的区别，有动作的难易多寡，没有方法的改弦更张。所以，能够投入书检，就已在向机检靠拢；一旦掌握机检，则能事半功倍书检。

支点三：书检、机检拥有相同的检字载体

首部件检字法和“中文音形输入法”的检字载体，都是汉字的构形部件，并且都起步于汉字的第一个基础部件，不同于当下的电脑打字采用拼音或字形，而字典检字却采用部首或笔画，这就避免了书检、机检两相脱节。这种做法也不同于当前新问世的一些检字法，不单凭电脑的输入码包打机检、书检，也不坐视电脑、字典各行其是。根据我们的实践经验，一旦采用相同的检字载体，字典和电脑就能相互交融，配套合沓，共享汉字基础知识，分享检字经验的积累。

支点四：书检、机检共享相同的汉字基础知识

在首部件检字法和“中文音形输入法”中，遵循的都是汉字固有的基础知识。从繁简字体，新颁字形，标准读音，拼音方法，基础部件，规范笔数、笔顺、笔形、笔势，到部件类别中的符号部件、记号部件、古今成字部件、变形字部件、偏旁部件、数字部件、整取合成部件、首位部件，以及部首检字知识、拼音检字知识、笔画检字知识、编码检字知识、异体字词处理，等等，诸如此类的汉字基础知识，都以现有文字法规和传统惯例为准绳，主动严格遵守，设法保持一致。其实，这些汉字基础知识是每个汉字传人都应该知晓，也迟早会要掌握的，学习检字方法与学习汉字知识一箭双雕，本应就是一举两得的

美差啊。

支点五：书检、机检分享相同的经验积累

在《查文检字》的创新体系中，书检、机检使用的基准检字部件，形状相同，读音相同，性质相同，都是一一对应的，一旦掌握，两边通用。

例如，从形体上分类，都将汉字划分为一体字和合成字两大类。并且，取样方法也一样，对“重”这样的一体字，都是取笔画，不像其他字形检字法，不把“重”看作是“千”“日”“土”等字块的组合；对“繁”这样的合体字，都依“每字头、母、反文、幺、小”按序排列部件，不像部首检字法，按最末一个合体的“糸”检字。

例如，都将“古”“舌”“占”拆出两个成字部件，分别取码；都将“老字头”“栽字头”“虎字头”认作是一个部件，进行整取。例如，文字头“亠”，字典检字时，由“点”导检到“亠”；输入电脑时，根据编码规则整取“亠”，反复接触后，书检、机检都会记住这个经验，把“亠”认作是个检字部件。

例如，都是采用汉字部件的传统图形和惯例读音，所以不同于中西混搭的检字法，不必把“冂”认作 n，也不把“凵”认作 u，“左”字头不会被当做 f，“乙”也不会被当做 2。

例如，凡是输入法规定要整体取码的合成部件，位于汉字开端部位的，都被字典用来作为检字部件，单独立部。一旦熟知，查字典时就可以越过导检，直接用来检字。例如，“三点水”等的使用。

终述综括——《查文检字》创新体系的立论，立足于公认的汉字原理。《查文检字》创新体系的架构，构筑在客观据实的检字规则。独树一帜的立论和架构，诠释着一个创见：五千年汉字首部件，也值秦城十五座。这个首部件，客观属性鲜明，具有规范的图形，明确的读音，稳固的定位，兼容于书检和机检，恰与检字规律匹配，掌控着汉字检索的一个制高点。正是从这个首部件起步，成就了《查文检字》全新境界的汉字检索体系。这个体系，能够优化汉字检索格局，能够改善字典检字和电脑检字的现状，有利于汉字的自主学习、规范使用和正确传承。如果将其推向纵深，可以广泛应用于诸如图书、档案、人名、地名、医药、科技专项的各种分类检索；可以在扩展笔画法的辅佐下，实用于蓄字累万的超大型汉语字典；可以在强化图形的帮衬下，设

法巧用于甲金籀篆字典;还可以借助字母和键盘,高效驰骋于手机、电子字典等智能机器;甚至能对域外汉字文化圈的学字、用字、检字产生积极影响。

血汗凝华,蓄志开山。立论求兴革,叩问时世,征答科学检索。架构终脱颖,是疑是信,守望汉字家园。举目尘嚣路漫漫,检字新法驻足华文古道,晒问题,刷观点,秀攻略,馨祷臻传。

必将到来的后部首时代,会为查文检字创新体系证言。

B编码检字

IAN MA JIAN ZI

编码检字说明

编码检字实用于汉字机检，也可以改良之后巧用于汉字书检，从而越过查目录、查字表两个环节，直接由编码导入字典正文，以利提高检字效率。《查文检字续》的《编码检字表》截取自“中文音形双序编码电脑检字输入法”第 39 版的总码表，是与首部件书检配套的实用示范样本。

以下所列编码检字表，按《查文检字》的“中文音形输入法”规则确定编码，只按检字规则中的形音码格式取码，其中各组编码都只保留部件编码，省略了拼音编码，部件取舍原则与首部件检字法的部件取舍原则保持一致，每个汉字之后都标注了汉语拼音，以便配合翻查字典。多音字以《新华字典》第 11 版为准，只选一音，附注“ * ”标记。对于构形或笔顺上容易产生歧义的字，采用兼容编码。

本表收录了国家 2013 年 6 月 5 日公布的《通用规范汉字表》中的全部汉字，共计 8 105 个，可供独立使用，也可以根据实际需要，适当增减字表内容，配上页码，在丝毫不扰动已有正文及其编排的前提下，实用于各种汉语字典和词典。

编码检字表

（可供通查《通用规范汉字表》）

aat	淄	zī	abiub	滏	fǔ	abui	漾	yàng	acpix	潆	yíng
ab	汴	biàn	abk	沾	zhān	abxe	涴	yuān*	acpl	涝	lào
ab	泊	pō*	abk	泃	jū	abxij	瀣	xiè	acpm	溁	yíng
ab	泮	pàn	abk	洴	píng	abz	淀	diàn	acpy	滢	yíng
ab	泌	mì*	abkr	浈	zhēn	ac	汊	chà	acqn	漭	mǎng
ab	涉	shè	abls	滓	zǐ	ac	浊	zhuó	acrd	漠	mò
abb	沘	bǐ	abo	洋	yáng	ac	洓	qì	acrdi	濩	huò
abb	沱	tuó	abo	涕	tì	acb	洪	hóng	acrik	溚	tǎ
abbb	湝	jiē	abob	演	yǎn	acbx	源	yuán	acs	潇	xiāo
abbrk	溶	róng	abog	溠	zhà	acc	溞	sāo	actt	涯	yá
abd	汾	fén	abor	濒	bīn	acccr	㵐	jué	acx	漶	huàn
abd	泞	nìng	abqb	滨	bīn	accy	溯	sù	acyd	湔	jiān
abdm	湓	pén	abr	洵	xún	ace	浕	jìn	acypb	潇	xiāo
abf	淘	táo	abrk	浴	yù	ach	溱	qín*	acyu	潵	sǎ
abfu	激	jī	abrs	淖	nào	acib	潢	huáng	acz	涟	lián
abi	涫	guàn	abs	沟	gōu	acii	滋	zī	ad	汀	tīng
abi	湴	bàn	abs	泸	lú	acioc	溽	rù	ad	汈	diāo
abi	洑	fù	abs	泡	pào*	acj	渐	jiàn*	ad	泜	zhī
abidb	淙	cóng	absxx	滃	wēng*	ackko	灌	guàn	adbm	梁	liáng
abir	潽	pū	abt	潘	pān	acl	沥	lì	adbm	粱	liáng
abiri	渲	xuàn	abu	湟	huáng	acl	满	mǎn	adcbk	澹	dàn*
abiu	浣	huàn	abud	渼	měi	aclx	懑	mèn	adce	洈	wéi

add	洌	liè
add	淹	yān
adidn	澥	xiè
adikc	澄	chéng*
adio	洿	wū
adk	河	hé
adk	沼	zhǎo
adld	沩	wéi
ado	派	pài
ado	涣	huàn
ado	浼	měi
adti	渔	yú
adtir	澛	lǔ
adxx	濈	jí
ae	兕	sì
ae	氾	fán
ae	洱	ěr
aeee	洮	táo
aegm	滥	làn
aeii	滠	shè
ael	泐	lè
aerh	滁	chú
aes	沄	yún
aeuis	漋	lóng
aez	浉	shī
af	沣	fēng
af	沛	pèi
af	泛	fàn
af	沸	fèi
af	浦	pǔ
afc	涛	tāo
afc	溥	pǔ
afd	洇	yīn
afdb	滟	yàn
affr	潜	qián
afitz	邋	lā
afk	洄	huí
afmp	漩	xuán
afmz	游	yóu
afr	泅	qiú
afre	淤	yū
afs	溷	hùn
afsk	涸	hé
afu	涠	wéi
afy	漍	guó
ag	汗	hàn*
ag	江	jiāng
ag	泔	gān
ag	浭	gēng
ag	巢	cháo
agbo	濂	lián
agc	涨	zhǎng*
agd	剿	jiǎo*
agege	溺	nì*
agj	溉	gài
aglbt	瀍	chán
agn	鸿	hóng
agni	渡	dù
agobb	漉	lù
agobs	瀌	biāo
ags	泓	hóng
ags	港	gǎng
agsk	涵	hán
agyk	溏	táng
ah	沪	hù
ahd	浰	lì*
ahh	淡	dàn
ahh	湫	qiū*
ahh	滹	hū
ahs	澽	jù
ahx	滤	lǜ
ahxy	潲	shào
ai	汉	hàn
ai	池	chí
ai	沃	wò
ai	沈	shěn*
ai	油	yóu
ai	泱	yāng
ai	泳	yǒng
ai	酒	jiǔ
aib	兴	xīng*
aig	湾	wān
aik	汹	xiōng
aikkd	滆	gé
aim	滦	luán
aio	污	wū
aio	泽	zé
aio	涄	pīng
air	溍	jìn
airdo	滩	tān
airi	洹	huán
airub	鋈	wù
ais	汛	xùn
aiu	沅	yuán
aiu	浒	hǔ*
aizj	浠	xī
aizy	淆	xiáo
aj	氿	jiǔ*
aj	汲	jí
aj	汫	jǐng
aj	沂	yí
aj	浅	qiǎn*
aj	浃	jiā
ajbs	潟	xì
aji	沨	fēng
aji	没	méi*
ajk	沿	yán
ajk	浛	hán
ajm	染	rǎn
ajm	渠	qú
ajrdo	潍	wéi
ak	汇	huì
ak	汧	qiān
akb	浥	yì
akb	邕	yōng
akd	渑	miǎn*

aki	沤	òu*	am	泪	lèi	an	浓	nóng	aou	澉	gǎn
akik	洞	dòng	am	泯	mǐn	ane	洗	xǐ*	aouek	誉	yù
akk	泂	jiǒng	am	湎	miǎn	ank	洳	rù	aoy	滑	huá
akkkm	澡	zǎo	am	沔	miǎn	ank	浩	hào	aoy	盪	dàng*
akkr	涢	yún	am	洣	mǐ	ao	汤	tāng*	ap	波	bō
akn	涡	wō*	ambs	淞	sōng	ao	涿	zhuō	ap	泙	píng
akr	浿	bèi	ami	汔	qì	aob	淇	qí	apbgk	滘	jiào
akrd	测	cè	amii	汽	qì	aob	湛	zhàn	apbm	深	shēn
akrj	溅	jiàn*	amj	淅	xī	aob	淟	tiǎn	apc	浑	hún
aku	洭	kuāng	amj	澜	lán	aobj	澌	sī	apcib	黉	hóng
aky	涓	juān	amm	海	hǎi	aodt	溜	liū*	apdti	鲎	hòu
akz	浞	zhuó	amm	淋	lín*	aoe	泖	mǎo	apj	沉	chén
al	泷	lóng*	amm	湘	xiāng	aoed	渎	dú	apke	觉	jué*
al	泺	luò*	ammn	漤	lǎn	aog	泾	jīng	apms	渊	yuān
al	泣	qì	ammp	滟	chǔ	aoh	烫	tàng	apn	婆	pó
al	涞	lái	ammro	灈	qú	aoi	溲	sōu	apnk	喾	kù
al	浪	làng	ammy	潸	shān	aoid	泼	pō	aprl	溟	míng
al	浬	lǐ	amn	溇	lóu	aoj	涎	xián	aps	峃	xué
alk	涪	fú	amr	涧	jiàn	aoji	溵	yīn	aps	岩	què
alk	泇	jiā	amr	湣	mǐn	aokr	溃	kuì*	apy	泻	xiè
all	潼	tóng	amrdo	濉	suī	aom	湄	méi	apy	湑	xǔ*
alo	洘	kǎo	amri	渣	zhā	aomd	澳	ào	apz	学	xué
alr	渚	zhǔ	amrs	漆	qī	aoo	举	jǔ	apzu	斅	xiào
alrs	漳	zhāng	ams	渺	miǎo	aor	漕	cáo	aq	沮	jǔ*
als	渌	lù	amtcb	瀵	fèn	aor	须	xū	aqb	浜	bāng
alz	涍	xiào	amu	润	rùn	aorn	媭	xū	aqd	沏	qī
alzu	漖	jiào	amxo	潾	lín	aorx	潦	liáo*	aqddk	漪	yī
am	沐	mù	an	汝	rǔ	aos	港	gǎng	aqikc	澧	lǐ
am	沫	mò	an	汭	ruì	aou	浇	jiāo	aqk	活	huó

aqkr	渍	zì	arsi	漫	màn	asdti	鲨	shā	asrsy	潮	cháo
aqlr	潴	zhū	arsu	浟	yóu	ase	湍	tuān	ass	涘	sì
aqm	桼	qī	arsuy	滫	xiǔ	ase	沇	yǎn	ass	挲	suō*
aqy	清	qīng	art	涅	niè	asi	裟	shā	asuo	裟	shā
ar	汩	gǔ	art	淏	hào	asiju	溦	wēi	asxi	淑	shū
ar	汨	mì	arub	淦	gàn	asiko	澴	huán	asy	漏	lòu
arb	沦	lún	arukr	灏	hào	asiuu	澂	chéng	aszzz	潺	chán
arbb	混	hùn*	arxu	滉	huàng	asj	涔	cén	at	汰	tài
arbrz	渴	kě	arxx	溻	tā	asjd	涮	shuàn	at	沌	dùn
ardo	淮	huái	arz	涩	sè	ask	治	zhì	at	沺	tián
ardy	泠	líng	arz	湜	shí	ask	洁	jié	at	甾	zāi
ardzk	涵	hán	as	汁	zhī	ask	沽	gū	atcb	潩	yì
are	沧	cāng	as	沙	shā*	askca	澎	péng*	atix	漯	luò*
ares	浍	kuài*	as	泄	xiè	askcc	澍	shù	atj	浙	zhè
args	瀑	pù*	as	汕	shàn	askls	澼	pì	atj	渒	pì
arh	涂	tú	as	汜	sì	asky	湖	hú	ats	法	fǎ
arhi	溆	xù	as	沭	shù	asm	渫	xiè	atsm	溘	kè
ari	湿	shī	as	泗	sì	asm	溢	yì	att	洼	wā
ari	洢	yī	as	涑	sù	asn	娑	suō	atx	添	tiān
ariau	潋	liàn	as	汋	zhuó	aso	湃	pài	aty	渭	wèi
aribo	濮	pú	as	淢	xù	asot	渥	wò	au	汪	wāng
arik	洽	qià	asb	泥	ní*	aspii	瀔	gǔ	au	汶	wèn
arikc	瀹	yuè	asbib	漴	chóng*	aspix	溹	suǒ	au	沩	wéi
arikg	灨	gàn	asbu	浚	jùn*	aspj	滞	zhì	au	𣲗	wàn
arikn	渰	yǎn	aschd	瀱	jì	aspz	浡	bó	au	𣲘	wǔ
ariyd	渝	yú	asckr	濆	fén	aspzl	渤	bó	au	沩	wéi
arm	温	wēn	asda	渗	shèn	asrdo	漼	cuǐ	au	涐	é
aros	瀑	pù*	asdkr	濑	lài	asrdz	涔	cén	aub	汴	biàn
arq	洑	fú*	asdr	漱	shù	asrsx	瀚	hàn	aubc	浐	chǎn

305

aubi	洨	xiáo	ausyu	澈	chè	ayrdy	澪	líng	bb	它	tā
aubiu	滧	xiào	auub	潖	pá	ayy	淜	péng	bb	宓	mì
aubkk	滴	dī	aux	淴	hū	az	沚	zhǐ	bb	疤	bā
aubpf	滂	pāng	auxro	澭	yōng	az	注	zhù	bb	病	bìng
aubso	滚	gǔn	ax	汐	xī	az	洲	zhōu	bb	皕	bì
aud	浏	liú	ax	沁	qìn	az	洙	zhū	bbb	皆	jiē
aue	济	jì*	ax	洒	sǎ	az	洎	jì	bbb	毖	bì
auf	浲	féng	ax	洫	xù	az	洮	táo	bbb	皛	xiǎo
aufki	澶	chán	axc	浔	xún	az	浞	zhuó	bbbsz	邃	suì
aui	泫	xuàn	axidb	漂	piāo*	az	巡	xún	bbbx	窸	xī
auiko	漓	lí	axk	洺	míng	azb	泚	cǐ	bbc	窜	cuàn
auj	沆	hàng	axkk	淌	tǎng	azb	滇	diān	bbc	蜜	mì
auk	洛	luò	axm	溧	lì	azc	滍	zhì	bbdb	毙	bì
auk	浯	wú	axpi	浸	jìn	azid	溪	xī	bbds	皞	hào
aukko	瀼	ráng*	axqk	湉	tián	azj	滔	tāo	bbeee	窕	tiǎo
aukpd	渟	tíng	axrs	潭	tán	azm	滗	bì	bbeus	窿	lóng
aukps	濠	háo	axt	湮	yān*	azoi	湲	yuán	bbf	窑	yáo
aukyf	瀛	yíng	axu	洸	guāng	azos	漹	yān	bbfke	窥	kuī
aukz	淳	chún	axxra	漻	liáo	azq	溴	xiù	bbfu	皦	jiǎo
aukze	漷	huǒ	axxro	濯	zhuó	azr	淫	yín	bbg	空	kōng*
aum	涤	dí	axy	消	xiāo	azspp	涉	shè	bbg	穹	qióng
auo	洚	jiàng	ay	津	jīn	azspr	濒	bīn	bbg	窠	kē
aurrs	淬	cuì	ayb	淝	féi	aztj	濞	bì	bbg	窊	wā
aury	液	yè	aye	濡	rú	azuk	潞	lù	bbgg	窳	yǔ
ausc	流	liú	aygy	灞	bà	azy	洧	wěi	bbgo	窍	qiào
auscb	鎏	liú	ayi	涌	yǒng	azz	浮	fú	bbi	穿	chuān
auscy	瑬	liú	ayoib	漈	jì	bas	痧	shā	bbik	窘	jiǒng
ause	浺	chōng	ayokk	潏	yù	bb	比	bǐ	bbil	窈	yǎo
ausy	淯	yù	ayoor	滪	yù	bb	穴	xué	bbiu	皖	wǎn

bbixb	毙	bì
bbj	究	jiū
bbj	帘	lián
bbk	痞	pǐ
bbkn	窝	wō
bbl	穷	qióng
bblr	窨	yìn*
bbm	窅	yǎo
bbmn	窭	jù
bbn	窎	diào
bbnk	窖	jiào
bbo	痒	yǎng
bbo	瘅	dàn*
bboed	窦	dòu
bbog	瘥	cuó*
bbot	窒	zhì
bbou	窗	chuāng
bbq	突	tū
bbqd	窃	qiè
bbrid	窬	yú
bbrk	容	róng
bbs	毕	bì
bbs	密	mì
bbs	毙	bì
bbs	疱	pào
bbsc	窟	kū
bbt	窀	zhūn
bbt	皤	pó
bbt	坒	bì
bburs	窣	sū
bbx	穸	xī
bbz	窄	zhǎi
bbz	窕	tiǎo
bc	守	shǒu
bc	宦	huàn
bc	宬	chéng
bcc	瘙	sào
bcib	癀	huáng
bcio	宸	chén
bcke	宽	kuān
bcl	疬	lì
bcpl	痨	láo
bcrd	寞	mò
bcrd	瘼	mò
bcrik	瘩	da*
bd	勺	sháo
bd	分	fēn*
bd	宁	níng*
bd	疔	dīng
bd	判	pàn
bd	[illegible]	bāi
bddk	寄	jì
bde	邠	bīn
bdi	皈	guī
bdi	叛	pàn
bdk	疴	kē
bdkr	贫	pín
bdm	盆	pén
bdo	痪	huàn
bdor	颁	bān
bds	岔	chà
bds	皋	gāo
bdsxx	翱	áo
bdt	坌	bèn
bdu	攽	bān
bdx	忿	fèn
be	匀	yún
be	疖	jiē
be	邴	bǐng
be	邲	bì
bed	实	shí
bedxx	瘾	yǐn
beery	瘠	jí
berey	瘠	jí
beuis	癃	lóng
bf	匍	pú
bf	痱	fèi
bfdx	瘛	chì
bfi	卤	lǔ
bfibg	鹾	cuó
bfk	害	hài
bfkbk	豁	huō*
bfkd	割	gē
bfre	瘀	yū
bfsk	痼	gù
bfu	敫	jiǎo
bfuz	邀	yāo
bg	疳	gān
bg	痕	hén
bg	癿	bié
bh	灾	zāi
bh	疢	chèn
bhd	痢	lì
bhh	痰	tán
bhn	痿	wěi
bhor	颖	yǐng
bhor	颎	jiǒng
bi	父	fù*
bi	丕	pī
bi	甭	béng
bi	宙	zhòu
bi	官	guān
bi	宧	yí
bi	疣	yóu
bi	痈	yōng
bi	痍	yí
bi	酋	qiú
bi	釉	yòu
bib	爸	bà
bic	尊	zūn
bicz	遵	zūn
bid	奠	diàn
bidb	宗	zōng
bie	爷	yé
bij	斧	fǔ
bik	匈	xiōng

bikc	痘	dòu	bkk	宫	gōng	bnk	皓	hào	bod	寡	guǎ
bikt	富	fù	bkke	觇	chān	bnm	案	àn	bodr	歉	qiàn
bikt	匐	fú	bkkks	癌	ái	bnz	孬	nāo	bodt	瘤	liú
bio	释	shì	bkl	劬	qú	bo	半	bàn	bodti	鲝	zhǎ
biq	猷	yóu	bkn	鸲	qú	bo	羊	yáng	boe	养	yǎng
bir	普	pǔ	bkr	贞	zhēn	bo	羌	qiāng	boe	寒	hán
birdo	瘫	tān	bkrdo	雊	gòu	bo	单	dān*	boe	郸	dān
biri	宣	xuān	bkrkn	瘿	yǐng	bo	首	shǒu	bog	差	chā*
biu	完	wán	bks	点	diǎn	bo	弟	dì	bog	痉	jìng
biub	釜	fǔ	bku	瓶	píng	bo	兼	jiān	bogkt	馘	guó
biubi	寇	kòu	bkx	总	zǒng	bo	疟	nüè*	boi	瘦	shòu
bixx	爹	diē	bkxx	够	gòu	bo	疡	yáng	boi	搴	qiān
biz	逭	huàn	bkz	迸	bèng	bo	瘃	zhú	boji	羖	gǔ
biz	遒	qiú	bl	疗	liáo	bo	兮	xī	bokr	赛	sài
bj	宄	guǐ	bl	宠	chǒng	bob	寅	yín	bokz	蹇	jiǎn
bj	寁	zǎn*	blk	痂	jiā	bob	羓	bā	bom	着	zhe
bj	帛	bó	blknr	瘸	qué	bobg	戭	yǎn	bom	寨	zhài
bj	疚	jiù	blrs	瘴	zhàng	bobu	敝	bì	bom	骞	qiān
bji	疯	fēng	blrx	癔	yì	bobui	鳖	biē	bon	鶱	xiān
bji	疫	yì	bls	宰	zǎi	bobum	瞥	piē	bon	鹈	tí
bjt	瘗	yì	bm	米	mǐ	bobun	弊	bì	bon	鹣	jiān
bjxpi	寝	qǐn	bm	宋	sòng	bobux	憋	biē	booe	兜	dōu
bk	占	zhàn*	bmi	疙	gē	bobuz	蹩	bié	boog	羟	qiǎng
bk	句	jù*	bmm	痫	xián	boc	羞	xiū	booi	瘕	jiǎ
bk	否	fǒu*	bmmro	癯	qú	bocbx	羱	yuán	bor	顷	qǐng
bk	并	bìng*	bmn	瘘	lòu	bock	善	shàn	bor	频	pín
bke	兑	duì	bn	安	ān	bocke	鄯	shàn	bor	曾	céng*
bkg	乩	jī	bn	牢	láo	bod	剃	tì	borbz	羯	jié
bkg	战	zhàn	bne	宪	xiàn	bod	羝	dī	bordy	羚	líng

bore	鄫	zēng
boros	顰	pín
boru	甑	zèng
borx	寮	liáo
borxx	䎖	zēng
bos	魄	pò*
bos	搴	qiān
bosbu	羧	suō
boso	輾	chǎn
boszh	羰	tāng
bot	室	shì
bot	塞	sāi*
bot	痓	chì
bouek	謇	jiǎn
bouo	褰	qiān
boxx	翔	xiáng
boz	递	dì
boz	道	dào
boz	蹇	jiǎn
bp	疲	pí
bpibm	睿	ruì
bpibt	壑	hè
bpu	寐	mèi
bpuk	痦	wù
bq	皂	zào
bq	宜	yí
bq	疽	jū
bqb	宾	bīn
br	火	huǒ
br	旬	xún
br	旨	zhǐ
bra	疹	zhěn
brb	宿	sù*
bre	郇	xún*
bre	疥	jiè
bre	疮	chuāng
bri	疸	dǎn
brk	谷	gǔ*
brkcb	谼	hóng
brkdr	欲	yù
brke	郤	xì
brkn	鹆	yù
brm	桌	zhuō
brm	瘟	wēn
brn	宴	yàn
bros	瘊	hóu
brr	疭	zòng
brrt	痤	cuó
brs	卓	zhuó
brsz	逴	chuō
bru	痊	quán
bs	丫	yā
bs	兰	lán
bs	公	gōng
bs	勾	gōu*
bs	包	bāo
bs	卢	lú
bs	的	de
bs	疝	shàn
bs	疾	jí
bs	宕	dàng
bs	审	shěn
bs	家	jiā
bs	泉	quán
bs	岊	jié
bscbi	癜	diàn
bsd	刨	bào*
bsd	瘌	là
bsda	瘆	shèn
bsdkr	癞	lài
bsiko	寰	huán
bsj	皑	ái
bsk	痴	chī
bskls	癖	pǐ
bsn	鸨	bǎo
bsn	鸬	lú
bsor	颂	sòng
bsor	颅	lú
bsor	颍	yǐng
bsu	瓮	wèng
bsx	痣	zhì
bsxi	寂	jì
bsxx	翁	wēng
bsxxn	鹟	wēng
bsy	肄	yì
bsyp	疑	yí
bsz	遂	suí*
bt	关	guān
bt	宅	zhái
bt	甸	diàn
bt	番	fān*
btc	痔	zhì
bte	郑	zhèng
bte	邳	pī
bte	鄱	pó
btik	兽	shòu
btix	瘰	luǒ
btj	痹	bì
btn	鷭	fán
btxx	翻	fān
btz	送	sòng
bu	皇	huáng
bu	疠	lì
bubi	皎	jiǎo
bud	美	měi
bue	疼	téng
buedr	羡	xiàn
buek	訇	hōng
bui	痃	xuán
bui	恙	yàng
buj	羑	yǒu
buk	客	kè
buk	痦	wù
bukor	额	é
bum	盖	gài*
bun	姜	jiāng

buood	羲	xī	bz	还	hái*	carm	蕰	wēn	cbdm	棻	fēn
burrs	瘁	cuì	bz	迫	pò	cas	莎	shā*	cbe	䢼	gōng
bus	羔	gāo	bz	歪	wāi	cat	菑	zī	cbf	葡	pú
busbd	羹	gēng	bz	症	zhèng*	cau	茫	máng	cbf	萄	táo
buuu	癍	bān	bz	痄	zhà	cauk	落	luò*	cbfk	辖	xiá
bux	恙	yàng	bz	疰	zhù	caxib	薸	piáo*	cbfu	徼	jiǎo*
buz	遑	huáng	bzb	疵	cī	cb	共	gòng	cbi	苎	zhù
bx	悉	xī	bzbor	癫	diān	cb	苏	sū	cbi	苤	piě
bxe	宛	wǎn	bzji	瘢	bān	cb	芭	bā	cbi	菅	jiān
bxed	剜	wān	bzrb	瘪	biě*	cb	苄	biàn	cbi	蝤	qiú*
bxi	甯	nìng	bzs	宏	hóng	cb	苯	běn	cbi	𬨎	yóu
bxidb	瘭	biāo	bzsgc	皭	jiào	cb	苾	bì	cbiri	萱	xuān
bxim	粲	càn	bzy	宥	yòu	cb	茯	fú	cbiu	莞	wǎn*
bxirl	餐	cān	cabt	藩	fān	cb	卧	wò	cbiui	蔻	kòu
bxu	晄	huàng	cadk	菏	hé	cb	蚆	bā	cbk	苟	gǒu
bxxra	寥	liáo	cado	蒎	pài	cb	蛃	bǐng	cbk	苫	shān*
bxxra	瘳	chōu	cae	范	fàn	cbb	蛇	shé*	cbk	荓	píng
bxy	宵	xiāo	caf	蒲	pú	cbb	蚍	pí	cbke	蜕	tuì
by	宇	yǔ	cafc	薄	bó*	cbb	茓	xué	cbkr	赪	chēng
by	宝	bǎo	cag	茳	jiāng	cbb	葩	pā	cbku	敬	jìng
by	寓	yù	caid	衍	yǎn	cbb	芘	bǐ*	cbkuk	警	jǐng
by	瘐	yǔ	caidx	愆	qiān	cbbb	藠	jiào	cbkum	檠	qíng
bybo	癣	xuǎn	cajm	蕖	qú	cbbb	蒈	kǎi	cbkus	擎	qíng
byi	痛	tòng	cakkm	藻	zǎo	cbbl	䓖	qióng	cbm	菊	jú
byoib	察	chá	cal	莨	làng	cbbq	葖	tū	cbo	徉	yáng
byoib	瘵	zhài	cao	荡	dàng	cbbrk	蓉	róng	cbo	蛘	yáng
byt	癗	lěi	cap	萍	píng	cbbs	荜	bì	cbo	蜣	qiāng
bz	字	zì	cap	菠	bō	cbd	芬	fēn	cbo	蝉	chán
bz	定	dìng	caq	菹	zū	cbd	苧	níng	cbo	蒹	jiān

cbobu	蔽	bì
cbock	蟮	shàn
cboj	蕲	qí
cbooe	蔸	dōu
cbor	蘋	pín
cbr	荀	xún
cbr	徇	xùn
cbrb	蓿	xu
cbrs	䓬	zhuó
cbs	苞	bāo
cbs	菂	dì
cbs	菪	dàng
cbs	蒺	jí
cbs	轳	lu*
cbs	蚣	gōng
cbsxx	蓊	wěng
cbsyp	薿	nǐ
cbsz	𬭼	suì
cbt	蕃	fān*
cbt	蟠	pán
cbu	徨	huáng
cbu	蝗	huáng
cbx	原	yuán
cbx	蟋	xī
cbxe	菀	wǎn
cbxe	蜿	wān
cbxx	愿	yuàn
cbz	莛	dìng
cc	茁	zhuó
cc	茧	jiǎn
cc	苌	cháng
cc	厍	shè
cc	蚤	zǎo
cc	棘	jí
cc	赫	hè
ccbx	螈	yuán
ccccr	蕨	jué
cccdd	劂	jué
cccdr	厥	jué
cccy	蒴	shuò
ccd	莿	cì
ccdtd	蘅	héng
cce	苊	è
cce	荩	jìn
cce	轭	è
cch	蓁	zhēn
ccib	蟥	huáng
ccid	荇	xìng
ccioc	蓐	rù
ccl	苈	lì
ccl	螨	mǎn
ccpis	蠓	měng
ccpm	蝾	róng
ccqn	蟒	mǎng
ccr	厝	cuò
ccr	葧	bó
ccr	蜡	là*
ccr	蝽	chūn
ccrd	蟆	ma*
ccrdi	蠖	huò
ccs	蟏	xiāo
ccsiu	薇	wēi
cct	辏	còu
ccu	蛎	lì
ccx	葱	cōng
ccy	葎	lǜ
ccy	朔	shuò
ccym	槊	shuò
ccypb	蟏	xiāo
ccyt	塑	sù
ccz	逆	nì
ccz	莲	lián
cczz	蓰	xǐ
cd	厅	tīng
cd	茋	dǐ*
cd	刺	cì*
cd	删	shān
cd	轪	dài
cd	蝀	dōng
cdbn	葬	zàng
cdcbk	蟾	chán
cddk	徛	jì
cddk	䓫	qí
cdidb	萘	nài
cdidn	薢	xiè
cdj	萏	dàn
cdj	薤	xiè
cdk	苛	kē
cdk	苕	sháo*
cdk	轲	kē
cdk	轺	yáo
cdld	芛	wěi
cdls	薛	xuē
cdlsm	蘖	niè
cdlsm	蘗	niè
cdlsz	孽	niè
cdod	菟	tù*
cdr	芡	qiàn
cdr	软	ruǎn
cdsm	循	xún
cdt	葵	kuí
cdtdd	衡	héng
cdtt	蝰	kuí
cdz	荙	dá
ce	厄	è
ce	节	jié*
ce	茸	róng
ce	兰	lán
ce	尽	jìn*
ce	枣	zǎo
ce	郝	hǎo
ce	䢺	chū
cedr	茨	cí
ceg	辄	zhé
cegm	蓝	lán
cei	赧	nǎn

ceor	顾	gù
ces	芸	yún
ces	蚪	dǒu
ceubc	萨	sà
cey	荫	yīn*
cez	蛳	sī
cf	芙	fú
cf	芳	fāng
cf	菲	fēi*
cf	芾	fú*
cf	茀	fú
cf	莆	pú
cf	芃	péng
cf	辅	fǔ
cf	彷	páng*
cf	徘	pái
cf	蚌	bàng*
cf	蚨	fú
cf	蚄	fāng
cfd	茵	yīn
cfdd	葜	qiā
cfdx	蒽	ēn
cfh	菌	jūn*
cfk	茴	huí
cfk	徊	huái
cfk	蛔	huí
cfms	蔟	cù
cfmz	蝣	yóu
cfy	蝈	guō
cg	很	hěn
cg	轧	yà*
cg	轩	xuān
cg	芎	xiōng
cg	苷	gān
cg	茛	gèn
cg	虬	qiú
cg	虹	hóng*
cg	虷	hán*
cg	蚶	hān
cg	蜾	guǒ
cgbo	蠊	lián
cged	荬	mǎi
cgege	蒻	ruò
cgg	蓏	luǒ
cgid	衎	kàn
cgj	厩	jiù
cgkc	蔃	qiáng
cgkt	蜮	yù
cgmmf	蘼	mí*
cgmms	蘑	mó
cgmms	藦	mó
cgns	蔗	zhè
cgobb	辘	lù
cgobs	藨	biāo
cgs	蚓	yǐn
cgsis	蒸	zhēng
cgsk	菡	hàn
cgyk	螗	táng
ch	芦	lú*
ch	秦	qín
ch	轷	hū
chc	蝙	biān
chc	萹	biān
chd	莉	lì
chd	蜊	li*
ches	蝌	kē
chh	菼	tǎn
chh	萩	qiū
chn	莠	yǒu
chn	萎	wěi
chors	藜	lí
chrg	蔊	hàn*
chsz	蘧	qú
ci	艺	yì
ci	艾	ài*
ci	芽	yá
ci	英	yīng
ci	苡	yǐ
ci	荑	yí*
ci	茝	chǎi
ci	轴	zhóu*
ci	蚰	yóu
ci	蚁	yǐ
ci	蚜	yá
ci	蚓	yǐn
cib	黄	huáng
cibbk	黇	tiān
cid	行	xíng*
cidb	祟	suì
cidbb	蒜	suàn
cidn	鸻	héng
cie	荞	qiáo
cie	轿	jiào
cig	轼	shì
cii	轰	hōng
cii	兹	zī*
ciiii	辍	chuò
ciin	鹚	cí
ciix	慈	cí
ciiz	孳	zī
cik	莙	jūn
cikcc	厨	chú
cikkn	虉	yì
cikt	辐	fú
cikt	蝠	fú
cil	蚴	yòu
cio	辰	chén
cioc	辱	rǔ
cioc	蜃	shèn
ciok	唇	chún
cirbz	蔼	ǎi
cirds	蘸	zhàn
ciri	荁	huán
cit	蛏	chēng
ciu	芫	yuán*
cixbn	葬	zàng

cj	艽	jiāo	cjxc	蒋	jiǎng	cl	辆	liàng	cm	苠	mín
cj	芨	jī	ckb	咫	zhǐ	cl	轹	lì	cm	蚂	mǎ*
cj	芑	qǐ	ckb	轵	zhǐ	cl	徕	lái*	cm	蚝	háo
cj	苣	jù*	ckb	[illegible]	zhī	cl	茏	lóng	cm	蛊	gǔ
cj	芹	qín	ckcu	辋	wǎng	cl	莱	lái	cm	盛	shèng*
cj	芩	qín	ckd	荆	jīng	cl	莨	làng	cm	粜	tiào
cj	荚	jiá	ckd	蝇	yíng	cl	[illegible]	liǎng	cm	厖	máng
cj	轨	guǐ	cke	蚬	xiǎn	clb	荖	lǎo	cmbs	菘	sōng
cj	斩	zhǎn	cke	辑	jí	clbk	蒟	jǔ	cmi	虼	gè
cj	虮	jǐ	cke	葺	qì	clbr	蓍	shī	cmj	菥	xī
cj	蛱	jiá	cke	苋	xiàn	clcr	藉	jí*	cmj	蜥	xī
cj	舂	chōng	cke	芘	pǐ	cle	螂	láng	cmk	蔄	màn
cjbk	萜	tiē	ckik	茼	tóng	clk	茄	qié*	cmm	莓	méi
cjc	葤	zhòu	ckjit	墼	jī	clk	菩	pú	cmm	葙	xiāng
cje	蜷	quán	ckk	苘	qǐng	clke	蔀	bù	cmm	厢	xiāng
cje	𫐐	ní	ckk	莒	jǔ	clll	荔	lì	cmmrd	衢	qú
cjg	荭	hóng	ckkio	萼	è	clmj	薪	xīn	cmmri	蠼	qú
cji	役	yì	ckkrn	鹳	guàn	clor	颟	mān	cmmux	蘩	fán
cji	芟	shān	ckkrr	颧	quán	clr	著	zhù*	cmn	蒌	lóu
cjid	衔	xián	ckn	莴	wō	clr	赭	zhě	cmn	蝼	lóu
cjjk	辔	pèi	ckn	蜗	wō	clrs	蟑	zhāng	cmnu	薮	sǒu
cjm	椠	qiàn	ckod	蕺	jí	clrx	薏	yì	cmpp	菑	zī
cjr	暂	zàn	ckrd	厕	cè	cls	莘	shēn*	cmrdo	蔺	lìn
cjrm	蕴	yùn	ckrn	蝘	yǎn	cls	菉	lù	cmru	蝮	fù
cjrub	錾	zàn	ckt	蜈	wú	cly	藕	ǒu	cmxo	辚	lín
cjs	药	yào	cktk	蜩	tiáo	cly	蓢	lǎng	cn	艿	nǎi
cjt	莼	chún	cky	蜎	yuān	cm	茉	mò	cn	芮	ruì
cjt	堑	qiàn	cl	历	lì	cm	苜	mù	cn	茑	niǎo
cjx	苶	nié	cl	厘	lí	cm	芼	mào	cn	蚋	ruì

cncic	薅	hāo	cos	萆	bì	cpn	莺	yīng	cr	昔	xī
cnk	茹	rú	cos	蜱	pí	cprl	蓂	míng*	cr	春	chūn
cnsk	菇	gū	coscb	葓	hóng*	cprl	螟	míng	cr	苒	rǎn
co	奉	fèng	cot	茬	chá	cprub	蓥	yíng	cr	蚺	rán
cob	舆	yú	cot	轾	zhì	cps	荥	xíng*	cr	轫	rèn
cob	萁	qí	cot	蛭	zhì	cpt	茔	yíng	cra	轸	zhěn
cob	葚	shèn*	cou	厦	shà*	cpusc	蔬	shū	crb	花	huā
cob	蜞	qí	cou	荛	ráo	cpy	莹	yíng	crb	轮	lún
cobj	厮	sī	cou	蛲	náo	cq	厌	yàn	crbb	辊	gǔn
coboe	蔸	dōu	cox	蕙	huì	cq	芊	qiān	crbrz	葛	gě*
cocd	藏	cáng*	cox	蟪	huì	cq	苴	jū	crbrz	蝎	xiē
coe	御	yù	coy	蓇	gū	cq	徂	cú	crc	苻	fú
coe	茚	yìn	coz	荐	jiàn	cq	蛆	qū	crc	莳	shì*
coe	茆	máo	cp	苹	píng	cq	蚯	qiū	crcc	蠢	chǔn
coe	𦰡	nà*	cp	彼	bǐ	cq	蛐	qū	crd	莫	mò
cog	茎	jīng	cp	蚲	píng	cqd	彻	chè	crde	鄚	mào
cog	径	jìng	cpc	荤	hūn	cqh	荻	dí	mrdj	幕	mù
cog	轻	qīng	cpc	萤	yíng	cqi	莸	yóu	crdk	荷	hé*
coi	螋	sōu	cpf	䓨	yīng	cqj	厣	yǎn	crdl	募	mù
coibb	蓖	bì	cph	荧	yíng	cqk	蛞	kuò	crdm	蓦	mò
coj	蜒	yán	cpis	茕	qióng	cqm	靥	yè	crdo	萑	huán
cokr	蒉	kuì	cpis	蒙	méng*	cqn	莽	mǎng	crdod	劐	huō
comd	薁	ào*	cpisn	鹲	méng	cqos	魇	yǎn	crdos	蕉	jiāo
con	萋	qī	cpiuc	蒄	guān	cqos	黡	yǎn	crdr	暮	mù
cooi	葭	jiā	cpix	萦	yíng	cqq	获	huò	crds	摹	mó
cor	顺	shùn	cpkk	营	yíng	cqrl	餍	yàn	crdt	墓	mù
cor	螬	cáo	cpl	劳	láo	cqy	菁	jīng	crdx	慕	mù
cos	薰	xūn	cpm	荣	róng	cqy	蜻	qīng	crdy	蛉	líng
cos	蒐	sōu	cpn	荦	luò	cr	仄	zè	crdy	苓	líng

crdz	芩	qín	crrdo	雁	yàn	csiiu	徽	huī	css	蕤	ruí
crdzx	苶	niè	crrdr	赝	yàn	csiju	微	wēi	cssix	德	dé
cre	苍	cāng	crrt	莝	cuò	csiuu	徵	zhǐ	csx	萝	luó
cre	芥	jiè*	crs	草	cǎo	csk	苦	kǔ	csxi	菽	shū
cre	蚧	jiè	crs	茌	chí	csk	苔	tāi*	ct	芏	dù
crei	蕞	zuì	crsbu	葰	jùn*	csk	轱	gū	ct	苗	miáo
cres	荟	huì	crsi	蔓	màn*	csk	蛄	gū*	ct	奏	zòu
crh	徐	xú	crsu	莜	yóu	csk	蜘	zhī	ctbfk	蔷	qiáng
crh	蜍	chú	crsuy	蟏	xiū	cskbg	蝻	nǎn	ctbts	爇	ruò
crh	荼	tú	cru	荃	quán	cskbg	南	nán	ctbu	菱	líng
cri	昼	zhòu	cru	辁	quán	cskca	蟛	péng	ctc	待	dài*
criai	莶	xiān	cru	蜴	yì	cskls	薜	bì	ctd	压	yā*
criau	蔹	liǎn	crx	苶	nié	cskpt	薹	tái	ctdr	莰	kǎn
crik	蛤	há*	cry	萌	méng	csky	葫	hú	ctdr	苡	yǐ
criyd	输	shū	cryd	得	dé*	csky	蝴	hú	ctf	蒲	pú
criyd	蝓	yú	crz	厚	hòu	cslr	薯	shǔ	ctio	萚	tuò
crj	莛	tíng	crz	茽	zhòng	csm	蝶	dié	ctix	螺	luó
crj	蜓	tíng	cs	芍	sháo	csm	螠	yì	ctko	辕	yuán
crkm	葆	bǎo	cs	芪	qí	csn	葬	zàng	ctkoz	薳	wěi
crl	莅	lì	cs	萧	xiāo	csn	蛑	móu	ctn	鹋	miáo
crlk	蓓	bèi	cs	轶	yì	cso	辗	zhǎn	ctsl	蜐	jié
crm	荼	chá	cs	軝	qí	cspdb	薨	hōng	ctt	蛙	wā
crm	辒	wēn	cs	泰	tài	cspib	薨	hōng	cttc	葑	fēng*
crn	鹊	què	csbc	蠋	zhú	cspj	蝃	dì	cttid	街	jiē
crq	茯	fú	csc	蕖	qū	cspm	瞢	méng	cttt	藟	lěi
crqy	蒨	qiàn	csd	蝲	là	csps	薨	hōng	ctx	葸	xǐ
crr	苁	cōng	csdr	蔌	sù	cspu	甍	méng	ctz	徒	tú
crr	荏	rěn	csi	芰	jì	cspz	荸	bí	ctzid	菝	bá
crr	菖	chāng	csidc	蔚	wèi*	css	蔑	miè	cu	厉	lì

cu	芒	máng
cu	芜	wú
cu	苇	wěi
cu	茂	mào
cu	芴	wù
cu	芄	wán
cu	莪	é
cu	𫇭	wěi
cu	芠	wén
cu	虻	méng
cu	蚊	wén
cu	蛾	é
cu	赦	shè
cu	𫐄	yuè
cub	苄	biàn
cubi	较	jiào
cubi	蛟	jiāo
cubi	茭	jiāo
cubpf	蒡	bàng
cubpf	螃	páng
cubpj	蒂	dì
cuc	荒	huāng
cuc	螫	shì*
cue	荠	qi*
cue	蛴	qí
cueis	蟀	shuài
cuek	䓂	yán
cuf	蜂	fēng
cufz	蓬	péng
cuies	蟀	shuài
cuiid	衒	xuàn
cuik	葴	zhēn
cuiko	蓠	lí
cuiko	螭	chī
cuin	葳	wēi
cuit	蓄	xù
cuk	辂	lù
cukid	衙	yá
cukkk	蒿	hāo
cukkm	藁	gǎo
cukko	蘘	ráng
cukpd	葶	tíng
cukr	蒇	chǎn
cukx	辌	liáng
cul	励	lì
cuoo	蓑	suō
cuor	荄	gāi
currs	萃	cuì
cuse	茺	chōng
cusyu	辙	zhé
cuxro	蕹	wèng
cx	芗	xiāng
cx	芯	xīn*
cx	茜	qiàn*
cx	虾	xiā*
cx	患	huàn
cxc	荨	xún*
cxe	苑	yuàn
cxidb	螵	piáo
cxidb	蔈	piào
cxk	茗	míng
cxkk	徜	cháng
cxpkt	螳	táng
cxrs	蕈	xùn
cxrs	蟫	yín
cxu	𫐐	guāng
cxxra	蓼	liǎo
cxxx	蕊	ruǐ
cxy	蛸	xiāo*
cy	芋	yù
cy	萸	yú
cy	律	lǜ
cybo	藓	xiǎn
cyd	前	qián
cyd	蓟	jì
cydd	剪	jiǎn
cyds	煎	jiān
cydxx	翦	jiǎn
cye	薷	rú
cye	蠕	rú
cyei	菔	fú
cyi	蛹	yǒng
cyjs	藤	téng
cyo	茅	máo
cyoib	蔡	cài
cyom	𫐓	róu
cyoor	蓣	yù
cypsb	萧	xiāo
cyrdo	藿	huò
cyt	蕾	lěi
cyu	散	sǎn*
cyyd	蒯	kuǎi
cz	芝	zhī
cz	芷	zhǐ
cz	茱	zhū
cz	董	dǒng
cz	过	guò*
cz	迟	chí
cz	连	lián
cz	征	zhēng
cz	往	wǎng
cz	徒	tú
cz	转	zhuàn*
cz	辀	zhōu
cz	蚱	zhà
cz	蛀	zhù
cz	蛛	zhū
cz	虸	zǐ
czb	茈	cí*
czbe	藐	miǎo
czbid	衠	zhūn
czf	徭	yáo
czg	菰	gū
czg	芤	kōu
czk	若	ruò
czke	鄀	ruò

czkx	惹	rě	dd	刃	rèn	didnc	蟹	xiè	dk	可	kě*
czm	菜	cài	dd	犬	quǎn	didnz	邂	xiè	dk	召	zhào*
czm	蜢	měng	dd	奄	yǎn	didpi	立	lì	dkdk	哥	gē
czn	荽	suī	dd	列	liè	die	卮	zhī	dkdkr	歌	gē
czod	厖	máng	ddi	裂	liè*	dies	斛	hú	dke	邵	shào
czos	蔫	niān	ddk	奇	qí*	dig	觖	jué	dki	奁	lián
czrj	蝏	tíng	ddkd	剞	jī	dig	觚	gū	dkkr	殒	yǔn
czspr	蘋	pín	ddkdr	欹	qī*	diiii	爽	shuǎng	dkl	劭	shào
czuk	蕗	lù	ddn	鹌	ān	dik	后	hòu	dkr	负	fù
czx	荪	sūn	ddn	䴕	liè	dikc	登	dēng	dkrmu	敻	xiòng
czx	惩	chéng	dds	烈	liè	dikcj	凳	dèng	dkz	迢	tiáo
czx	螅	xī	dduo	裂	liè*	dike	郈	hòu	dl	夯	hāng*
czz	徙	xǐ	de	邸	dǐ	dikt	垕	hòu	dld	为	wèi*
czz	莩	fú*	de	耷	dā	dikz	逅	hòu	dlkii	殛	jí
czz	蜉	fú	dg	良	liáng	dimo	觞	shāng	dlr	奢	shē
czzsu	夔	kuí	dgdd	心	xīn	dio	夸	kuā	dmo	殇	shāng
da	彤	tóng	dgpo	永	yǒng	diobs	匏	páo	dn	鸫	dōng
db	色	sè*	dgptn	农	nóng	diod	刳	kū	dn	鸱	chī
db	死	sǐ	dhj	虒	sī	diog	瓠	hù	do	之	zhī
dbb	奭	shì	dhjn	䴘	tī	dipd	六	liù*	do	亡	wáng
dbo	殚	dān	di	乂	yì	dis	觫	sù	do	衣	yī
dbqb	殡	bìn	di	反	fǎn	disrk	觽	xī	do	龟	guī*
dbr	殉	xùn	di	角	jiǎo*	ditt	觟	huà	do	奂	huàn
dc	广	guǎng	di	殃	yāng	dixu	觥	gōng	do	免	miǎn
dc	夺	duó	dibo	觯	zhì	diz	返	fǎn	do	争	zhēng
dc	夼	kuǎng	dic	触	chù	dj	残	cán	do	象	xiàng
dcbuk	詹	zhān	didb	奈	nài	dj	殣	jìn	dob	亦	yì
dce	危	wēi	diddk	觭	jī	dji	殁	mò	dod	兔	tù
dceor	𬱟	wěi	didn	解	jiě*	djn	鹐	qiān	dodd	必	bì

dodz	逸	yì	dtt	奎	kuí	ebm	骘	zhì	ee	陑	ér
dol	勉	miǎn	du	方	fāng	ebsyp	凝	níng	eee	兆	zhào
dor	顶	dǐng	du	主	zhǔ	ebsz	隧	suì	eeeor	頫	fǔ
dos	套	tào	dx	尔	ěr	ebt	联	lián	eeesi	鼗	táo
dpdss	州	zhōu	dx	刍	chú	ebu	隍	huáng	eeez	逃	táo
dph	女	nǚ	dx	卞	biàn	ebz	陋	lòu	eei	陬	zōu
dpiii	兰	lán	dxe	邹	zōu	ec	阵	zhèn	eery	脊	jǐ
dpn	牵	qiān	dxp	皱	zhòu	ec	陲	chuí	eeryn	鹡	jí
dps	丫	yā	dxrdo	雏	chú	ec	耐	nài	ef	防	fáng
dq	歼	jiān	dxus	煞	shà*	ect	凑	còu	eg	决	jué
dq	殂	cú	dxx	急	jí	ed	头	tóu	eg	江	gāng
dr	欠	qiàn	dxx	奓	zhà*	ed	冻	dòng	eg	限	xiàn
dra	殄	tiǎn	dxy	玺	xǐ	ed	陈	chén	egke	览	lǎn
drarl	餮	tiè	dxz	迩	ěr	ed	耵	dīng	egm	监	jiān*
driai	殓	liàn	dz	达	dá	edd	冽	liè	ego	临	lín
ds	户	hù	dz	追	zhuī	edi	阪	bǎn	egrub	鉴	jiàn
ds	阜	fù	dz	殊	shū	edj	陷	xiàn	eh	冱	hù
dsg	门	mén	dz	殖	zhí*	edk	阿	ā*	eh	耿	gěng
dsk	殆	dài	dzz	殍	piǎo	edo	净	jìng	ei	取	qǔ
dskr	质	zhì	ea	耏	ér*	edr	次	cì	ei	耽	dān
dsm	盾	dùn	eb	陌	mò	edrk	咨	zī	eidb	际	jì
dsmz	遁	dùn	eb	陟	zhì	edrkr	资	zī	eii	聂	niè
dsn	奔	bēn*	ebb	陀	tuó	edrm	盗	dào	eiior	颞	niè
dspic	殪	yì	ebbt	陛	bì	edrm	粢	zī	eiix	紧	jǐn
dt	奋	fèn	ebd	聍	níng	edrn	姿	zī	eikkd	隔	gé
dt	癸	guǐ	ebf	陶	táo*	edru	瓷	cí	eikr	贤	xián
dtg	戣	kuí	ebiu	院	yuàn	edrx	恣	zì	eil	竖	shù
dti	鱼	yú	ebk	阽	diàn*	edxx	隐	yǐn	ein	娶	qǔ
dtir	鲁	lǔ	ebkx	聪	cōng	ee	耶	yē*	eio	聘	pìn

eips	聚	jù	eos	陴	pí	esm	隘	ài	ezgyx	隳	huī
eipse	鄹	zōu	eos	隗	kuí*	esos	魂	hún	ezspm	骘	zhì
eit	坚	jiān	ep	陂	pí*	est	陞	shēng	ezspp	陟	zhì
eiu	阮	ruǎn	eq	阡	qiān	esz	运	yùn	ezyt	堕	duò
eiy	肾	shèn	eq	阻	zǔ	eszpi	叆	ài	ezyz	随	suí
ej	帅	shuài	eqk	聒	guō	etbu	凌	líng	fb	夹	jiá*
ej	阱	jǐng	er	队	duì	etbu	陵	líng	fbm	圙	lüè
ej	陆	lù*	er	阳	yáng	eto	隈	wēi	fc	团	tuán
ej	陕	shǎn	er	聃	dān	etz	陡	dǒu	fc	寿	shòu
eje	陧	nì	erc	附	fù	eue	跻	jī	fc	辈	bèi
ekb	职	zhí	erdo	准	zhǔn	eufkb	凛	lǐn	fc	蜚	fēi*
eke	况	kuàng	erdy	冷	lěng	euik	减	jiǎn	fckko	罐	guàn
ekkr	陨	yǔn	erdy	聆	líng	euis	隆	lóng	fcs	焘	tāo*
ektk	凋	diāo	ere	阶	jiē	eukx	凉	liáng*	fd	因	yīn
el	陇	lǒng	erey	脊	jǐ	euo	降	jiàng*	fd	剕	fèi
elk	陪	péi	ereyn	鹡	jí	euor	陔	gāi	fdb	艳	yàn
elrs	障	zhàng	erh	除	chú	ex	归	guī	fdb	艴	fú
em	冯	féng*	eriai	险	xiǎn	ex	恧	nù	fdd	契	qì*
embs	凇	sōng	eriis	隰	xí	exm	溧	lì	fdix	絜	xié*
en	耍	shuǎ	eriyd	隃	shù	exrx	隙	xì	fdn	娶	jié
en	鸸	ér	ert	坠	zhuì	ey	阴	yīn	fds	挈	qiè
ene	冼	xiǎn	ert	陧	niè	ey	隅	yǔ	fds	锊	lüè
eobj	凘	sī	es	云	yún	ez	师	shī	fdx	恝	jiá
eoe	聊	liáo	es	斗	dòu*	ez	冲	chōng*	fdx	恩	ēn
eog	陉	xíng	es	冰	bīng	ez	阼	zuò	fe	邦	bāng
eokr	聩	kuì	esj	隑	gài	ez	陡	dǒu	fe	邡	fāng
eokr	隤	tuí	esk	冶	yě	ez	陎	shū	fej	帮	bāng
eomd	隩	yù	esl	动	dòng	ez	耻	chǐ	ff	圃	pǔ
eon	凄	qī	eslz	逮	dài	ezgy	隋	suí	ffc	辇	niǎn

ffr	替	tì	fms	族	zú	fy	国	guó	gd	庆	qìng
fft	堃	kūn	fms	旌	jīng	fz	逋	bū	gd	底	dǐ*
ffu	敷	fū	fmsb	旎	nǐ	fzy	囿	yòu	gdcbk	韂	chàn
ffx	彗	huì	fmsn	鷟	zhuó	g	乙	yǐ	gdd	庵	ān
ffxx	慧	huì	fmusc	旒	liú	gai	应	yīng*	gdidn	廨	xiè
fg	缸	gāng	fmz	旐	zhào	gb	小	xiǎo	gdk	弨	chāo
fg	缺	quē	fn	囡	nān	gb	平	píng	gdo	鞔	mán
fh	囷	qūn	fn	鵏	bǔ	gb	靶	bǎ	gdx	弥	mí
fhh	罅	xià	fqy	圊	qīng	gb	靽	bàn	gdz	靼	dá
fi	裴	péi	fr	囚	qiú	gbb	庇	bì	ge	习	xí
fiu	园	yuán	frb	囵	lún	gbg	弼	bì	ge	邗	hán
fje	圈	quān*	frdy	囹	líng	gbi	鞧	qiū	ge	邛	qióng
fk	回	huí	fre	於	yú*	gbk	店	diàn	ge	邝	kuàng
fke	规	guī	fs	砉	huā*	gbm	鞠	jū	ge	邯	hán
fkeid	鬶	guī	fse	圌	chuí	gbn	鞍	ān	ge	即	jí
fkkr	圆	yuán	fsf	圐	kū	gbo	弹	tán*	ge	弭	mǐ
fkr	费	fèi	fsiko	圜	yuán*	gbo	廉	lián	ged	买	mǎi
fm	困	kùn	fsk	固	gù	gbo	庠	xiáng	gege	弱	ruò
fm	棐	fěi	ft	囤	tún*	gbor	庼	qǐng	get	塈	jí
fmd	旃	zhān	ftbg	圉	yǔ	gbs	庖	páo	gf	巩	gǒng
fmddk	旖	yǐ	fu	围	wéi	gbuek	鞫	jū	gfc	蛩	qióng
fmeee	旐	zhào	fu	囫	hú	gc	库	kù	gfrub	銎	qióng
fmf	旆	pèi	fu	放	fàng	gc	张	zhāng	gfx	恐	kǒng
fmi	施	shī	fu	斐	fěi	gci	弢	tāo	gg	了	le*
fmm	旄	máo	fue	图	tú	gcl	鞴	bèi	gg	乜	miē*
fmo	旅	lǚ	fuk	圄	yǔ	gcoz	鞯	jiān	gg	竹	zhú
fmob	旗	qí	fuo	裴	péi	gcrik	鞳	tà	gg	弧	hú
fmoy	膂	lǚ	fx	悲	bēi	gd	刊	kān	gg	靬	qián
fmp	旋	xuán*	fxx	翡	fěi	gd	划	huà*	ggh	子	zǐ

ggn	孓	jué	gm	某	mǒu	gobbe	鄜	fū	grbrz	鞨	hé
ggt	孑	jié	gm	靺	mò	gobbe	麑	ní	grc	府	fǔ
gh	庐	lú	gmg	粥	zhōu	gobbh	麇	qún*	grcnr	腐	fǔ
gi	弛	chí	gmgid	鬻	yù	gobbj	麂	jǐ	grg	鞭	biān
gi	庙	miào	gmm	麻	má*	gobbm	麋	mí	gri	靼	dá
gi	鞅	yāng*	gmmf	靡	mí*	gobbo	麟	lín	grj	庭	tíng
gie	鞒	qiáo	gmmix	縻	mí	gobbx	麖	jīng	grm	庥	xiū
gik	司	sī	gmmm	麽	mó*	gobbz	麈	zhǔ	grr	巫	wū
gil	鞫	yào	gmmm	麾	huī	goe	鄘	yōng	grrdn	鹰	yīng
gj	既	jì	gmmm	糜	mí*	goi	廋	sōu	grrdy	膺	yīng
gj	靸	sǎ	gmmos	魔	mó	goid	废	fèi	grrke	觋	xí
gj	靳	jìn	gmms	磨	mó*	gokr	赓	gēng	grrn	鹀	wú
gj	廑	jǐn	gmms	摩	mó*	gon	鹒	gēng	grrt	座	zuò
gjdti	鳖	jì	gn	戒	jiè	gor	项	xiàng	grz	鞮	dī
gjri	暨	jì	gnc	庹	tuǒ	gor	顸	hān	gs	引	yǐn
gkc	强	qiáng*	gni	度	dù*	gor	颗	kē	gs	弘	hóng
gkcn	犟	jiàng	gnj	席	xí	gor	鞲	gōu	gs	戎	róng
gki	弨	kōu	gns	庶	shù	gos	庳	bì*	gs	汞	gǒng
gkr	贡	gòng	gnsc	蟅	zhè	gos	庋	guī*	gs	巷	xiàng*
gkr	贯	guàn	gnsn	鹧	zhè	gou	廒	áo	gs	瓞	dié
gkt	或	huò	gnsz	遮	zhē	gp	乃	nǎi	gs	甦	sū
gktx	惑	huò	go	巧	qiǎo	gp	刀	dāo	gsg	也	yě
gl	功	gōng	go	庚	gēng	gp	力	lì	gsh	卫	wèi
gl	庞	páng	go	庸	yōng	gp	鞁	bèi	gsi	丞	chéng
gl	康	kāng	gobb	鹿	lù	gpc	臧	zāng	gsi	庋	guǐ
gl	勒	lēi*	gobbb	麒	qí	gpd	小	xiǎo	gsie	晋	jìn
glbt	廛	chán	gobbb	麈	áo	gpo	水	shuǐ	gsis	烝	zhēng
gle	廊	láng	gobbb	麀	yōu	gpspn	皮	pí	gsk	函	hán
gm	床	chuáng	gobbc	麝	shè	grb	靴	xuē	gt	刁	diāo

gt	庄	zhuāng	hb	炳	bǐng	hdk	炣	kě	hhe	郯	tán
gt	垦	kěn	hb	秘	mì*	hdm	梨	lí	hhg	于	yú
gtbu	庱	chěng	hbb	秕	bǐ	hdn	犁	lí	hhgd	专	zhuān
gtc	庤	zhì	hbbrk	熔	róng	hdo	焕	huàn	hhgs	韦	wéi
gtcb	廙	yì	hbiri	煊	xuān	hdr	炊	chuī	hhh	扊	yǎn
gtiti	疆	jiāng	hbiu	烷	wán	hdtt	烓	kuǐ	hhh	焱	yàn
gtl	鞡	la	hbk	店	diàn	hdx	称	chēng*	hhhh	燚	yì
gtt	鞋	xié	hbke	税	shuì	hdxx	稳	wěn	hhhm	燊	shēn
gu	攻	gōng	hbo	烊	yáng*	hes	科	kē	hhhs	丰	fēng
gu	庑	wǔ	hbo	燀	chǎn	hes	戽	hù	hhhsn	耒	lěi
gu	靰	wù	hbrs	焯	chāo*	hf	房	fáng	hhn	鹙	qiū
gufkb	廪	lǐn	hbs	炮	pào*	hf	扉	fēi	hhpd	专	zhuān
gui	弦	xián	hbs	稼	jià	hfd	烟	yān	hhpg	无	wú*
gukx	弶	jiàng	hbsz	燧	suì	hg	丁	dīng*	hhpn	夫	fū*
gukze	廓	kuò	hbsz	穟	suì	hg	七	qī	hhpn	天	tiān
gx	恳	kěn	hbt	燔	fán	hg	秆	gǎn	hhps	开	kāi
gx	恭	gōng	hbu	煌	huáng	hg	稞	kē	hhps	井	jǐng
gxx	夥	huǒ	hbuod	爔	xī	hg	炔	quē	hhs	干	gān*
gxxra	廖	liào	hbxa	穆	mù	hgm	煤	méi	hhsh	王	wáng*
gxy	鞘	qiào*	hc	扁	biǎn*	hgp	才	cái	hhshn	表	biǎo
gy	庾	yǔ	hc	烛	zhú	hgp	万	wàn*	hhspn	末	mò
gyj	鞬	jiān	hcb	烘	hōng	hgz	煺	tuì	hhspn	未	wèi
gyk	唐	táng	hce	烬	jìn	hh	炎	yán	hhszs	击	jī
gyke	鄌	táng	hckko	爟	guàn	hh	秋	qiū	hhx	愁	chóu
gyo	序	xù	hcxx	翩	piān	hh	炉	lú	hhxx	煽	shān
gyom	鞣	róu	hcz	遍	biàn	hh	烀	hū	hi	虚	xū
gyy	弸	péng	hd	灯	dēng	hhc	煸	biān	hi	秧	yāng
gz	退	tuì	hd	利	lì	hhd	剡	yǎn*	hi	㶲	yòng
h	一	yī	hdj	焰	yàn	hhdr	欻	chuā*	hi	扆	yǐ

hibo	樸	pú
hibr	稽	jī*
hike	觑	qù*
hikku	甗	yǎn
hiri	烜	xuǎn
his	嵇	jī
hizj	稀	xī
hizj	烯	xī
hj	秃	tū
hj	虎	hǔ
hj	炬	jù
hj	炘	xīn
hj	秬	jù
hja	彪	biāo
hjhj	虤	yán
hjk	焓	hán
hjor	颓	tuí
hjx	稔	rěn
hk	启	qǐ
hk	和	hé*
hkb	炽	chì
hkb	积	jī
hkb	扈	hù
hki	𬉼	ǒu
hkik	烔	tóng
hkk	炯	jiǒng
hkk	稆	lǚ
hkk	扃	jiōng
hkkkm	燥	zào
hkt	虞	yú
hktk	稠	chóu
hku	程	chéng
hky	焆	juān
hl	虏	lǔ
hl	烂	làn
hl	烁	shuò
hl	烺	lǎng
hl	稂	láng
hlk	焙	bèi
hll	穜	tóng
hlo	烤	kǎo
hm	秣	mò
hm	盉	hé
hmx	焖	mèn
hn	秀	xiù
hn	委	wěi*
hn	秾	nóng
hnkf	㸆	kào
hnos	魏	wèi
hnz	透	tòu
hnz	逶	wēi
ho	虐	nüè
ho	炀	yáng
ho	秭	zǐ
hob	炼	liàn
hob	煁	chén
hob	乘	chéng*
hobd	剩	shèng
hodt	熘	liū
hog	烃	tīng
hoj	烻	yàn*
hoji	煅	duàn
homd	燠	yù
hoos	黧	lí
hor	烦	fán
hors	黎	lí
horx	燎	liáo*
hos	稗	bài
hou	烧	shāo
houx	熜	cōng
hox	穗	suì
hp	厂	chǎng*
hp	秤	chèng
hpg	兀	wù
hpgpn	豕	shǐ
hpgz	匹	pǐ
hpn	丈	zhàng
hpn	大	dà*
hpnd	太	tài
hppd	歹	dǎi
hppdg	死	sǐ
hpsd	不	bù
hpsgs	而	ér
hpss	卅	sà
hpszh	石	shí*
hpszh	百	bǎi
hpszh	面	miàn
hq	租	zū
hq	戾	lì
hr	香	xiāng
hrb	馝	bì
hrbb	焜	kūn
hrbs	烨	yè
hrdo	雇	gù
hrdo	稚	zhì
hrdos	焦	jiāo
hrdzk	焓	hán
hrdzx	稔	rěn
hre	炝	qiàng
hre	炌	kài
hres	烩	huì
hrg	焊	hàn
hrgs	爆	bào
hrh	稌	tú
hri	炟	dá
hrikc	爚	yuè
hrikx	熻	xī
hrj	烶	tǐng
hrl	煜	yù
hrm	煴	yūn
hrmru	馥	fù
hros	爆	bào
hrrm	馧	yūn
hrs	黍	shǔ
hrs	煋	xīng
hrsbk	黏	nián

hrspz	馞	bó	hsshh	耳	ěr	huf	烽	fēng	hz	炸	zhà*
hs	十	shí	hsshh	堇	jǐn	hui	炫	xuàn	hz	炷	zhù
hs	私	sī	hsshs	革	gé*	huix	綮	qǐ*	hz	稙	zhī
hs	秒	miǎo	hsshz	世	shì	huj	炕	kàng	hzb	稹	zhěn
hs	秩	zhì	hsszh	直	zhí	huk	烙	lào*	hzgp	牙	yá
hs	秫	shú	hsx	秽	huì	huk	焐	wù	hzhgn	夷	yí
hs	灿	càn	hsz	遽	jù	hukkk	稿	gǎo	hzhs	车	chē*
hs	灼	zhuó	hszdn	柬	jiǎn	hukkk	熇	hè	hzhz	巨	jù
hs	炒	chǎo	hszg	丏	miǎn	hukko	穰	ráng	hzj	稻	dào
hs	炻	shí	hszh	五	wǔ	hukz	焞	tūn	hzsg	屯	tún*
hsbu	焌	jùn*	hszhg	事	shì	hum	棨	qǐ	hzsgc	爝	jué*
hsd	下	xià	hszhn	更	gèng*	huo	扆	yǐ	hzx	熄	xī
hsda	穇	cǎn	hszhn	束	shù	huy	肇	zhào	hzy	烠	huí
hse	煓	tuān	hszhn	吏	lì	hx	虑	lǜ	hzz	稃	fū
hsghh	再	zài	hszhz	臣	chén	hxc	焊	xún	hzzh	互	hù
hsgpd	丙	bǐng	hszph	西	xī	hxidb	熛	biāo	ia	衫	shān
hsgpd	两	liǎng	hszph	酉	yǒu	hxx	扇	shàn*	ib	讣	fù
hsgsh	再	zài	ht	灶	zào	hxx	扅	yí	ib	补	bǔ
hsh	士	shì	ht	炖	dùn	hxx	移	yí	ib	袢	pàn
hsh	土	tǔ	htbfk	穑	sè	hxxb	熠	yì	ib	裱	biǎo
hsh	工	gōng	htbt	稑	lù	hxy	稍	shāo*	ibb	酡	tuó
hshg	丐	gài	htbu	稷	jì	hy	肩	jiān	ibbb	谐	xié
hshsh	正	zhèng*	hto	煨	wēi	hyiz	熥	tēng	ibd	酚	fēn
hsk	秸	jiē	hty	熭	wèi	hyoib	穄	jì	ibgk	凿	záo*
hsky	煳	hú	hu	炜	wěi	hyokk	燏	yù	ibi	讫	zhǔ
hspn	木	mù	hu	炆	wén	hyqs	燃	rán	ibir	谱	pǔ
hspnh	本	běn	hu	虔	qián	hyrdo	爟	huò	ibke	说	shuō*
hssh	廿	niàn	hubkk	熵	shāng	hz	季	jì	ibm	谧	mì
hsshh	甘	gān	hueki	爕	xiè	hz	种	zhòng*	ibo	详	xiáng

ibo	谦	qiān	icx	怼	duì	ie	乔	qiáo	igik	词	cí
ibob	黹	zhǐ	icydd	谫	jiǎn	ie	邓	dèng	igkc	襁	qiǎng
ibobd	黻	fú	icz	裢	lian*	ie	邪	xié*	igm	谋	móu
ibobf	黼	fǔ	iczk	诺	nuò	ie	邺	yè	igmmm	醾	mí
ibq	谊	yì	id	亍	chù	ie	邮	yóu	ign	诫	jiè
ibr	询	xún	id	叉	chā*	iegm	尴	gān	ignj	褯	jiè
ibr	诣	yì	id	尤	yóu	iegm	褴	lán	igrr	诬	wū
ibr	酯	zhǐ	id	刈	yì	iei	诹	zōu	igz	褪	tuì*
ibrk	裕	yù	id	订	dìng	iekr	贰	èr	ih	灭	miè
ibs	讼	sòng	id	诋	dǐ	ies	酝	yùn	ih	酥	sū
ibs	袍	páo	id	初	chū	if	访	fǎng	ihc	谝	piǎn
ibsz	襚	suì	id	奕	yì	if	诽	fěi	ihc	褊	biǎn
ibt	诧	chà	id	酊	dīng*	if	酺	pú	ihh	谈	tán
ic	讨	tǎo	idb	示	shì	ig	幻	huàn	ihn	诱	yòu
ic	训	xùn	idbb	襫	shì	ig	讦	jié	ihn	诿	wěi
ic	诉	sù	idcbk	谵	zhān	ig	讧	hòng	iho	谑	xuè
ic	诎	qū	idcbk	襜	chān	ig	诀	jué	ihs	醵	jù
ic	诚	chéng	idce	诡	guǐ	ig	课	kè	ii	二	èr
ic	对	duì	idddb	鬯	chàng	ig	𫍣	hěn	ii	爻	yáo
ic	衬	chèn	idhj	褫	chǐ	ig	式	shì	ii	双	shuāng
ic	衩	chǎ*	idik	诟	gòu	ig	戏	xì*	ii	议	yì
ic	酎	zhòu	idj	谄	chǎn	ig	艰	jiān	ii	讶	yà
ic	蛮	mán	idk	诃	kē	ig	弯	wān	ii	变	biàn
icioc	褥	rù	idk	诏	zhào	ig	袂	mèi	ii	袄	ǎo
icr	醋	cù	ido	诤	zhèng	ig	裉	kèn	ii	袖	xiù
icrd	谟	mó	idoe	谗	chán	ig	裸	luǒ	ii	酏	yǐ
icrik	褡	dā	idr	欢	huān	ig	酐	gān	ii	酽	yàn
icru	醛	quán	idx	诌	zhōu	ig	酣	hān	iibo	醭	bú
icuc	谎	huǎng	ie	飞	fēi	igc	裤	kù	iig	试	shì

iigt	畿	jī	ijjr	谮	zèn	ikor	𫖳	yūn	imm	酶	méi
iii	三	sān	ijx	谂	shěn	ikt	误	wù	immib	襟	jīn
iiii	叕	zhuó	ik	凶	xiōng	iktd	副	fù	imn	褛	lǚ
iiiid	剟	duō	ik	君	jūn	iktk	调	diào*	imr	裥	jiǎn
iiiii	裰	duō	ikb	识	shí*	iktz	逼	bī	imz	谜	mí*
iiim	桑	sāng	ikbk	裔	yì	iku	诓	kuāng	imz	醚	mí
iiimr	颡	sǎng	ikbo	群	qún	iku	裎	chéng*	in	讷	nè
iiipq	叠	dié	ikc	豆	dòu	iku	酲	chéng	in	衲	nà
iik	裙	qún	ikcbe	豌	wān	il	劝	quàn	in	鸡	jī
iik	酗	xù	ikcd	剅	lóu	il	幼	yòu	in	鸦	yā
iik	讻	xiōng	ikcg	豇	jiāng	il	诔	lěi	in	鸩	zhèn
iikdd	酾	shī*	ikcsi	豉	chǐ	il	酿	niàng	in	𬪩	nóng
iio	译	yì	ikcz	逗	dòu	ilk	醅	pēi	in	鸢	yuān
iis	讯	xùn	ikdkd	丽	lì*	ilr	诸	zhū	in	鸯	yāng
iiz	武	wǔ	ikdke	郦	lì	ilr	谙	ān	in	鸾	luán
iizn	鹉	wǔ	ikdkn	鹂	lí	ilr	褚	chǔ*	in	弈	yì
ij	亓	qí	ikdkz	逦	lǐ	ilz	酵	jiào	in	娈	luán
ij	讥	jī	ike	观	guān*	im	杀	shā	ine	诜	shēn
ij	记	jì	ike	郡	jùn	im	栾	luán	ine	酰	xiān
ij	讲	jiǎng	iki	讴	ōu	im	盎	àng	ink	诰	gào
ij	讵	jù	ikik	酮	tóng	im	袜	wà	ink	酷	kù
ij	谏	jiàn	ikik	𫍣	tóng	im	乸	nǎ	inr	脔	luán
ij	谨	jǐn	ikk	诇	xiòng	imd	刹	shā*	io	亏	kuī
ij	𫍐	jiàn	ikkbc	融	róng	imi	讫	qì	io	虱	shī
ij	䜣	xīn	ikkbd	鬲	gé*	imig	弑	shì	io	诼	zhuó
ij	衿	jīn	ikkbn	鹝	yì	imiis	襻	pàn	iob	谌	chén
ij	配	pèi	ikkbu	鬷	zōng	imj	谰	lán	ioby	褙	bèi
iji	讽	fěng	ikkbx	翮	hé	imj	襕	lán	ioed	读	dú*
iji	设	shè	ikkio	谔	è	imm	诲	huì	ioi	𫍲	xiǎo

ioid	袯	bó
ioid	酦	pō*
ioiz	谴	qiǎn
ioj	诞	dàn
ior	颐	yí
ior	頔	dí
ios	裨	bì*
ios	醺	xūn
iox	譓	huì
ip	评	píng
ip	诐	bì
ip	被	bèi
ipc	诨	hùn
ipc	裈	kūn
ipy	醑	xǔ
ipy	谞	xū
iq	诅	zǔ
iqikc	醴	lǐ
iqk	话	huà
iqkr	赜	zé
iqkr	襀	jī
iqo	裱	biǎo
iqu	诳	kuáng
iqy	请	qǐng
ir	认	rèn
ir	讱	rèn
ir	衽	rèn
ir	昶	chǎng
ir	晋	jìn
ira	诊	zhěn
ira	袗	zhěn
irb	论	lùn*
irb	讹	é
irbb	醌	kūn
irbrz	谒	yè
irbrz	褐	hè
irdo	谁	shuí*
irdo	难	nán*
irdo	雅	yǎ
irdos	谯	qiáo
irdos	醮	jiào
irdz	衿	jīn
irdzx	谂	shěn
ire	尬	gà
ire	鄑	zī
irg	戬	jiǎn
irh	酴	tú
iri	亘	gèn
iri	袒	tǎn
iriai	裣	liǎn
irik	袷	qiā
irik	貉	hé
iriyd	谕	yù
iriyd	褕	yú
irkm	褓	bǎo
irq	袱	fú
irrgj	谶	chèn
irs	醒	xǐng
irsi	谩	màn*
iru	诠	quán
iru	裼	xī*
irub	銮	luán
irxx	褟	tā
irz	醍	tí
irz	諟	shì
is	计	jì
is	让	ràng
is	讪	shàn
is	尥	liào
is	岙	ào
is	峦	luán
is	孪	luán
is	酌	zhuó
isbu	酸	suān
isc	谢	xiè
isiko	譞	xuān
isk	诂	gǔ
isk	诒	yí
isk	诘	jié*
isk	酤	gū
iskbq	谳	yàn
isky	醐	hú
ism	谍	dié
ism	谥	shì
iss	熙	xī
issk	裾	jū
isz	迅	xùn
it	圣	shèng
it	垩	è
it	酞	tài
itbu	谡	sù
itc	诗	shī
itk	画	huà
its	厾	dū
its	祛	qū
itt	诖	guà
ittb	褂	guà
ity	谓	wèi
iu	元	yuán
iu	许	xǔ
iu	讳	huì
iu	袆	huī
iu	尪	wāng
iubca	谚	yàn
iubkk	谪	zhé
iubpf	谤	bàng
iubpj	谛	dì
iuik	諴	xián
iuiko	醨	lí
iuk	语	yǔ*
iuk	袼	gē
iuk	酪	lào
iukd	鼋	yuán
iukx	谅	liàng
iukz	谆	zhūn
iukz	醇	chún

iuor	该	gāi	iz	证	zhèng	jb	帕	pà	jbo	缣	jiān
iuor	顽	wán	iz	诈	zhà	jb	绊	bàn	jbob	缜	yǎn
iurrs	谇	suì	iz	诛	zhū	jbb	纰	pī	jbobu	镦	piě
iurrs	醉	zuì	iz	孪	luán	jbb	铊	tā	jbock	缮	shàn
iuscm	醯	xī	iz	酢	zuò*	jbbb	锴	kǎi	jbor	缯	zèng*
iuz	远	yuǎn	iz	酬	chóu	jbbc	镩	cuān	jbqb	缤	bīn
ix	恶	è*	izc	酹	lèi	jbbrk	镕	róng	jbqb	镔	bīn
ix	恋	liàn	izf	谣	yáo	jbd	纷	fēn	jbr	绚	xuàn
ix	忒	tuī*	izh	诙	huī	jbe	钧	jūn	jbrb	缩	suō*
ixb	死	sǐ	izj	希	xī	jbf	绹	táo	jbrk	绤	xì
ixk	酩	mǐng	izje	郗	xī	jbfu	缴	jiǎo*	jbrs	绰	chuò*
ixpke	谠	dǎng	izju	絺	chī	jbi	纻	zhù	jbs	钩	gōu
ixrs	谭	tán	izkm	醢	hǎi	jbi	绾	wǎn	jbs	镓	jiā
ixt	禋	yīn	izoi	谖	xuān	jbic	镈	zūn	jbs	铲	lú
ixx	诩	xǔ	izse	郄	qiè	jbidb	综	zōng*	jbs	线	xiàn
ixx	裆	dāng	izy	肴	yáo	jbir	镨	pǔ	jbs	舄	xì
ixxb	褶	zhě	ja	钐	shān*	jbiu	缳	huán	jbsxx	鎓	wēng
ixxra	谬	miù	jafig	镴	là	jbj	绵	mián	jbsz	鐩	suì
ixxra	醪	láo	jag	缫	sāo	jbj	锦	jǐn	jbt	幡	fān
ixy	诮	qiào	jao	铴	tāng	jbk	帖	tiē*	jbt	镭	fán
iy	胄	zhòu	jap	铍	bō	jbk	帡	píng	jbu	凰	huáng
iy	谀	yú	jat	缁	zī	jbk	钻	zuān*	jbu	锽	huáng
iy	讦	xū	jat	锱	zī	jbke	锐	ruì	jbud	镁	měi
iye	襦	rú	jb	钋	pō	jbke	帨	shuì	jbyob	镲	chǎ
iyi	诵	sòng	jb	钚	bù	jbkr	帧	zhēn	jbz	绽	zhàn
iyokk	谲	jué	jb	钯	bǎ*	jbn	铵	ǎn	jbz	锭	dìng
iz	迪	dí	jb	钵	bō	jbo	绨	tí*	jbzs	铉	hóng
iz	迓	yà	jb	铋	bì	jbo	锑	tī	jc	帐	zhàng
iz	迹	jì	jb	铂	bó	jbo	馗	kuí	jc	纣	zhòu

jc 纽 niǔ	jd 券 quàn*	jeee 铫 yáo*	jg 钳 qián
jc 绌 chù	jd 钉 dīng*	jegke 缆 lǎn	jg 银 yín
jc 驯 xún	jd 钊 zhāo	jeii 镊 niè	jg 锞 kè
jc 钏 chuàn	jd 刬 chàn*	jeit 铿 kēng	jg 红 hóng*
jc 钗 chāi	jdb 绝 jué	jes 纭 yún	jg 纩 kuàng
jc 钮 niǔ	jdb 铯 sè	jes 钭 dǒu*	jg 绀 gàn
jc 锤 chuí	jddk 绮 qǐ	jf 帆 fān	jg 绠 gěng
jc 铖 chéng	jddk 锜 qí	jf 纺 fǎng	jg 缂 kè
jc 锠 chǎng	jdi 钣 bǎn	jf 绋 fú	jgbo 镰 lián
jcb 铁 hóng	jdikc 镫 dēng*	jf 绯 fēi	jgji 毁 huǐ
jcccr 镢 jué	jdio 绔 kù	jf 钒 fán	jgkc 镪 qiāng*
jci 锳 yīng	jdk 绍 shào	jf 钫 fāng	jgl 缠 chán
jcib 锽 huáng	jdk 钊 zhāo	jf 铺 pù*	jgni 镀 dù
jcid 绗 háng	jdkbd 镵 chán	jf 铁 fū	jgo 镛 yōng
jcii 镃 zī	jdo 铮 zhēng*	jfc 帱 chóu*	jgobs 镳 biāo
jcioc 缛 rù	jdr 欣 xīn	jfc 铸 zhù	jgs 绒 róng
jcjk 辔 pèi	jdr 钦 qīn	jfc 镈 bó	jgs 纼 zhèn
jclr 镯 zhuō	jdskr 锧 zhì	jfc 缚 fù	jh 灸 jiǔ
jcpis 幪 méng	jdsn 锛 bēn	jfd 铟 yīn	jh 钬 huǒ
jcpl 铹 láo	jdti 鲞 xiǎng	jfd 细 yīn	jhc 编 biān
jcr 错 cuò	jdtir 镥 lǔ	jfdd 锲 qiè	jhh 锹 qiāo
jcrd 镆 mò	jdx 绉 zhòu	jfe 绑 bǎng	jhh 锬 tán
jcrdi 镬 huò	jdz 缒 zhuì	jffx 错 wèi*	jhj 虓 xiāo
jcrik 铬 dā	jdz 铋 dá	jfkr 镄 fèi	jhn 绣 xiù
jct 锚 máo	je 卷 juǎn*	jfms 镞 zú	jhn 锈 xiù
jcz 链 liàn	je 铒 ěr	jfsk 锢 gù	ji 风 fēng
jczk 锘 nuò	je 郏 jiá	jfy 帼 guó	ji 凤 fèng
jd 凡 fán	je 鄞 yín	jg 钆 gá	ji 殳 shū
jd 夙 sù	jedk 锕 ā	jg 钙 gài	ji 钇 yǐ

ji	铀	yóu	jj	线	xiàn	jkn	锅	guō	jm	杂	zá
ji	铱	yī	jj	钱	qián	jkor	颔	hàn	jm	钔	mén
ji	钇	yì	jj	钤	qián	jkr	贪	tān	jm	钼	mù
ji	𬘘	dǎn	jj	钾	jiǎ	jkr	钡	bèi	jm	鉧	mǔ
ji	纼	zhèn	jj	铗	jiá	jkrd	铡	zhá	jm	盏	zhǎn
ji	衾	qīn	jj	釿	jīn	jkrkn	缨	yīng	jm	桊	juàn
jibk	飐	zhǎn	jj	钜	jù	jktk	绸	chóu	jm	眷	juàn
jibo	幞	fú	jjdr	锨	xiān	jku	锃	zèng	jm	缅	miǎn
jibo	镤	pú	jje	绻	quǎn	jky	绢	juàn	jmd	剁	duò
jibs	飑	biāo	jje	锩	juǎn	jky	鋗	xuān	jmi	纥	gē*
jie	铘	yé	jjk	铅	qiān*	jl	钌	liǎo*	jmj	镧	lán
jiiii	缀	zhuì	jjxc	锵	qiāng	jl	铄	shuò	jmk	锎	kāi
jikkd	镉	gé	jk	钘	xíng	jl	铼	lái	jmm	帽	mào
jikt	幅	fú	jk	含	hán	jl	锂	lǐ	jmm	缃	xiāng
jim	铩	shā	jkb	帜	zhì	jl	锒	láng	jmm	綝	lín*
jim	盦	ān	jkb	织	zhī	jl	勤	qín	jmn	缕	lǚ
jio	绎	yì	jkd	绳	shéng	jlb	铑	lǎo	jmn	镂	lòu
jio	铎	duó	jkd	铏	xíng	jlk	锫	péi	jmr	锏	jiǎn*
jio	飏	yáng	jke	缉	jī*	jll	幢	zhuàng*	jmr	缗	mín
jiob	飓	jù	jke	觐	jìn	jlo	铐	kào	jms	缈	miǎo
jiodt	飗	liú	jki	纲	gāng	jlr	绪	xù	jmt	钅杜	dù
jioi	飕	sōu	jki	钢	gāng*	jlr	锗	zhě	jmxo	𬭸	lín
jir	缙	jìn	jkik	铜	tóng	jlre	镜	jìng	jmz	继	jì
jitii	缰	jiāng	jkj	铞	diào	jlrs	幛	zhàng	jn	妆	zhuāng
jitx	飔	sī	jkk	钷	pǒ	jlrx	镱	yì	jn	鸠	jiū
jix	铽	tè	jkk	铝	lǚ	jlrx	繶	yì	jn	纳	nà
jizj	𫄨	chī	jkk	䌹	jiǒng	jls	绿	lǜ*	jn	钕	nǚ
jj	纪	jì*	jkkio	锷	è	jls	锌	xīn	jn	钠	nà
jj	级	jí	jkkkm	缲	qiāo*	jm	朵	duǒ	jn	鸭	yā

jn	舁	yú
jne	铣	xǐ*
jnenr	缵	zuǎn
jnk	铷	rú
jnk	锆	gào
jo	纠	jiū
jo	钖	yáng
job	练	liàn
job	𫓹	jī
jodt	镏	liú*
joe	铆	mǎo
joed	续	xù
jog	经	jīng*
joi	锼	sōu
joid	钹	pō
joiz	缱	qiǎn
joj	𫄧	yán
joji	缎	duàn
joji	锻	duàn
jok	锔	jú*
jom	镅	méi
jor	颀	qí
jor	颊	jiá
jorx	缭	liáo
jorx	镣	liào
jos	铥	diū
jos	𬭶	hēi
jos	𫄸	xūn
jost	𫄙	mò
jot	铚	zhì
jot	绖	dié
jou	绕	rào
jou	铙	náo
jp	帔	pèi
jp	铍	pí
jq	钎	qiān
jq	𨱇	qiú
jq	纤	xiān*
jq	组	zǔ
jq	状	zhuàng
jqj	锸	chā
jqk	铦	xiān
jqkr	绩	jì
jqkr	帻	zé
jql	锄	chú
jqu	𨰾	mài
jqy	锖	qiāng
jqy	𫄥	qiàn
jr	旭	xù
jr	旮	gā
jr	纫	rèn
jr	纴	rèn
jrb	纶	lún*
jrb	𬬭	lún
jrbb	绲	gǔn
jrbb	锟	kūn
jrbs	铧	huá
jrdo	帷	wéi
jrdo	维	wéi
jrdo	锥	zhuī
jrdon	镌	juān
jrdy	铃	líng
jrdz	钤	qián
jres	绘	huì
jri	钽	tǎn
jrik	给	gěi*
jrik	铪	hā
jriks	镎	ná
jrj	铤	tǐng*
jrj	𫄩	tīng
jrm	缊	yùn*
jros	缑	gōu
jros	𫔍	hóu
jrr	纵	zòng
jrrt	锉	cuò
jrsi	幔	màn
jrsi	缦	màn
jrsi	镘	màn
jru	铨	quán
jru	锡	xī
jrxu	幌	huǎng
jryd	锝	dé
jrz	缇	tí
js	壮	zhuàng
js	约	yuē*
js	纱	shā
js	纸	zhǐ
js	绁	xiè
js	绅	shēn
js	针	zhēn
js	钓	diào
js	钞	chāo
js	铁	tiě
js	𬬹	shén
js	𬬻	shù
js	帙	zhì
js	拳	quán
js	豢	huàn
jsb	铌	ní
jsbc	镯	zhuó
jsbc	𢅱	chù
jsi	装	zhuāng
jsiko	缳	huán
jsiko	镮	huán
jsj	铠	kǎi
jsk	结	jié*
jsk	绐	dài
jsk	钴	gǔ
jskck	𫓶	xǐ
jskor	缬	xié
jsm	缢	yì
jsm	镒	yì
jsot	幄	wò
jssk	锯	jù*
jsx	锣	luó
jsyy	镚	bèng

jt	纯	chún	ju	锇	é	jukzu	镦	dūn*	jxxra	缪	móu
jt	细	xì	jubc	铲	chǎn	jum	绦	tāo	jxxra	镠	liú
jt	缘	yuán	jubi	铰	jiǎo	juo	绛	jiàng	jxy	销	xiāo
jt	钍	tǔ	jubi	绞	jiǎo	juo	铱	yī	jxy	绡	xiāo
jt	钛	tài	jubk	绺	liǔ	juo	衾	qīn	jy	纡	yū
jt	钝	dùn	jubkk	镝	dí*	juoo	缞	cuī	jy	钥	yào*
jt	钿	diàn*	jubpf	镑	bàng	jusc	锍	liǔ	jy	钰	yù
jtbu	绫	líng	jubpj	缔	dì	juse	铳	chòng	jy	钺	yuè
jtddg	鼠	shǔ	jue	终	zhōng	juse	统	tǒng	jye	繻	xū
jtetd	鼢	fén	juek	誊	téng	jux	锪	huō	jyj	键	jiàn
jtetd	鼷	xī	juek	朹	qiú	jx	忌	jì	jyo	纾	shū
jtetg	鼠	shǔ	juf	锋	fēng	jx	念	niàn	jyokk	镢	jué
jteti	鼬	yòu	jufz	缝	fèng*	jxc	将	jiàng*	jyt	镭	léi
jtetk	鼩	qú	jui	铉	xuàn	jxd	奖	jiǎng	jyy	绷	bēng*
jtetk	鼯	wú	juik	缄	jiān	jxi	酱	jiàng	jz	进	jìn
jtetn	鼹	yǎn	juiko	缡	lí	jxidb	缥	piāo*	jz	近	jìn
jtets	鼫	shí	juj	钪	kàng	jxidb	镖	biāo	jz	帐	zhàng
jtety	鼱	jīng	juj	铈	shì	jxidb	幖	biāo	jz	钟	zhōng
jtix	缧	léi	juk	络	luò*	jxk	铭	míng	jz	钲	zhēng*
jtl	舅	jiù	juk	铬	gè	jxkk	绱	shàng	jz	铢	zhū
jtt	[illegible]	jī	juk	铻	wú	jxkr	锁	suǒ	jz	铫	yáo*
jtx	缌	sī	jukkk	镐	gǎo*	jxm	桨	jiǎng	jz	锺	zhōng
jtx	锶	sī	jukkk	缟	gǎo	jxpi	锓	qǐn	jzb	镇	zhèn
ju	纨	wán	jukko	缃	xiāng	jxpke	镋	tǎng	jzb	缜	zhěn
ju	纹	wén*	jukko	镶	xiāng	jxpkt	镗	táng*	jzc	锊	lüè
ju	纬	wěi	juko	锿	āi	jxrs	镡	tán*	jzid	绂	fú
ju	帏	wéi	jukx	综	liáng	jxs	浆	jiāng*	jzid	钹	bó
ju	改	gǎi	jukz	綧	zhǔn	jxx	铛	dāng*	jzm	锰	měng
ju	钨	wū	jukz	錞	chún*	jxx	翈	xiá	jzm	镍	niè

jzn	绥	suí
jzoi	缓	huǎn
jzoi	锾	huán
jzpi	绶	shòu
jzs	纮	hóng
jzy	铕	yǒu
ka	形	xíng
kamm	嗨	hāi*
kap	啵	bo
kb	只	zhī*
kb	邑	yì
kb	卟	bǔ
kb	叭	bā
kb	叱	chì
kb	吧	bā*
kb	咇	bì
kbb	吡	bǐ*
kbbb	喈	jiē
kbbs	哔	bì
kbbs	嘧	mì
kbd	吩	fēn
kbd	咛	níng
kbds	嗥	háo
kbf	啕	táo
kbfk	嗐	hài
kbi	呸	pēi
kbi	咬	fǔ
kbic	噂	zǔn
kbiri	喧	xuān
kbixx	嗲	diǎ
kbk	冏	jiǒng
kbo	咩	miē
kbo	啴	chǎn*
kbog	嗟	jiē
kbor	噌	cēng*
kbot	噻	sāi
kbq	唣	zào
kbs	咆	páo
kbsxx	嗡	wēng
kbt	咤	zhà
kbu	喤	huáng
kbuk	喀	kā
kbyob	嚓	chā*
kbz	啶	dìng
kc	虽	suī
kc	咄	duo
kc	哧	chī
kc	唾	tuò
kcb	哄	hōng*
kcccr	噘	juē
kccy	嗍	suō
kce	呃	è
kcgik	嗣	sì
kch	嗪	qín
kci	哎	āi
kci	呓	yì
kcii	嗞	zī
kcj	匦	guǐ
kcl	呖	lì
kcl	喱	lí
kco	唪	fěng
kcpl	唠	láo*
kcrbz	噶	gá
kcrdi	嚄	huō*
kcrdk	嗬	hē
kcrik	嗒	dā*
kcryd	嘚	dē
kct	喵	miāo
kcu	罔	wǎng
kcukk	嚆	hāo
kcz	啭	zhuàn
kczk	喏	nuò*
kczk	匿	nì
kczkx	慝	tè
kd	黾	mǐn*
kd	叮	dīng
kd	叼	diāo
kd	叨	dāo*
kd	刑	xíng
kdd	咧	liě*
kdd	唵	ǎn
kde	鄳	méng
kdikc	噔	dēng
kdk	呵	hē*
kdo	唤	huàn
kdo	哌	pài
kdr	吹	chuī
kdt	型	xíng
kdtir	噜	lū
kdtt	喹	kuí
ke	匹	pǐ
ke	见	jiàn*
ke	兄	xiōng
ke	叩	kòu
ke	咡	èr
ke	邢	xíng
kedk	啊	ā*
keii	嗫	niè
kez	赝	yàn
kf	呋	fū
kf	哺	bǔ
kf	啡	fēi
kf	匪	fěi
kfd	咽	yàn*
kfdx	嗯	ng*
kfe	啷	bāng
jfms	嗾	sǒu
kg	呱	guā*
kg	哏	gén
kg	哽	gěng
kge	唧	jī
kgkr	唝	gòng
kgl	嘞	lei*
kgmm	嘛	ma*
kgs	吲	yǐn
kh	呼	hū

khc	匾	biǎn	kin	鸥	ōu	kkork	嚣	xiāo	km	吗	ma*
khh	啖	dàn	kiri	咺	xuǎn	kkpes	斝	jiǎ	km	咪	mī
khh	啾	jiū	kiu	瓯	ōu	kkq	哭	kū	km	呣	ḿ*
khi	嘘	xū*	kix	噁	è	kkqkk	器	qì	kmi	吃	chī
khj	唬	hǔ*	kizj	唏	xī	kkr	呗	bēi	kmm	啉	lín
khq	唳	lì	kj	匝	zā	kkr	员	yuán*	kmmib	噤	jìn
khs	噱	xué*	kj	匠	jiàng	kkre	郧	yún	kmn	喽	lou*
ki	冈	gāng	kj	匣	xiá	kkrkn	嘤	yīng	kmou	阚	hǎn
ki	区	qū*	kj	吊	diào	kkrl	勋	xūn	kmri	喳	zhā*
ki	匜	yí	kj	叽	jī	kktid	橐	tuó	kn	呙	guō
ki	叹	tàn	kj	吸	xī	kktk	啁	zhōu*	kn	呐	nà
ki	吆	yāo	kj	听	tīng	kku	哐	kuāng	kn	鸣	míng
ki	呀	ya*	kj	吟	yín	kkz	迥	jiǒng	kn	哝	nóng
ki	吲	yǐn	kj	呷	xiā*	kl	另	lìng	kn	吽	hōng
ki	咏	yǒng	kjm	哚	duǒ	kl	叻	lè	knd	剐	guǎ
ki	哑	yǎ*	kjs	哟	yo*	kl	咙	lóng	kni	呶	náo
ki	咦	yí	kk	叵	pǒ	kl	哩	lī*	ko	号	hào*
ki	映	yāng*	kk	吕	lǚ	klbr	嗜	shì	ko	叫	jiào
ki	吖	ā	kkckk	嚚	yín	kld	别	bié*	ko	啄	zhuó
kibo	噗	pū	kki	呕	ǒu	kle	啷	lāng	kobj	嘶	sī
kid	刚	gāng	kkik	哃	tóng	klk	咖	kā*	kod	戢	jí
kidr	欧	ōu	kkioe	鄂	è	kll	噇	chuáng	koe	哪	nǎ*
kii	网	wǎng	kkion	鹗	è	kln	唼	shà	kog	嘎	gā*
kiiii	啜	chuò	kkior	颚	è	klr	喑	yīn	kohjl	饕	tāo
kiiim	嗓	sǎng	kkj	咂	zā	klr	啫	zhě	koi	嗖	sōu
kiji	殴	ōu	kkj	咒	zhòu	klre	嘟	dū	kok	响	xiǎng
kik	同	tóng*	kkk	品	pǐn	klrx	噫	yī	kokko	囔	nāng
kikkd	嗝	gé	kkkkm	噪	zào	klz	哮	xiào	kokr	匮	kuì
kil	呦	yōu	kkm	骂	mà	km	呆	dāi*	komd	噢	ō

kon	鸮	xiāo	krdck	赡	shàn	krmm	赗	fèng	kse	喘	chuǎn
kooi	噝	sī	krdi	贩	fàn	krne	郾	yǎn	ksfke	鄙	bǐ
kor	嘈	cáo	krdo	唯	wéi	krnn	鼹	yǎn	ksi	吱	zhī*
korx	嘹	liáo	krdos	噍	jiào	kroed	赎	shú	ksjd	唰	shuā
kos	啤	pí	krdy	呤	lìng	kros	喉	hóu	ksjix	翳	yì
kos	嘿	hēi*	krdz	吟	yín	krq	赇	qiú	ksjix	繄	yī
kot	咥	dié*	kre	呛	qiāng*	krr	唱	chàng	ksk	咕	gū
kou	哓	xiāo	krei	嘬	zuō*	krrib	赊	shē	ksk	咍	hāi
kou	嗷	áo	kres	哙	kuài	krrt	唑	zuò	kskbg	喃	nán
kou	嗄	shà*	krf	贬	biǎn	krru	赐	cì	kskca	嘭	pēng
kq	吠	fèi	krfc	赙	fù	krsk	贻	yí	kskck	嘻	xī
kq	咀	jǔ*	krgk	啥	shá	kru	败	bài	kskls	噼	pī
kqix	嗉	sù	krgs	贼	zéi	kruio	噙	qín	ksm	喋	dié*
kqkr	啧	zé	krgt	赃	zāng	kruk	赂	lù	ksm	嗌	ài*
kqu	唛	mài	krhh	赕	dǎn	kruor	赅	gāi	ksn	哞	mōu
kr	贝	bèi	kri	咿	yī	krz	账	zhàng	ksot	喔	wō
krbi	贮	zhù	kriiz	赋	fù	krzy	贿	huì	kspic	噎	yē
krbk	贴	tiē	krik	哈	hā*	ks	叶	yè*	kspix	嗦	suo*
krbo	赚	zhuàn*	krik	匼	kē	ks	吵	chǎo*	ksptp	嚏	tì
krbor	赠	zèng	kriyd	喻	yù	ks	呻	shēn	kspz	啵	bō
krbrz	喝	hē*	krj	贱	jiàn	ks	啸	xiào	ksrsy	嘲	cháo*
krbs	购	gòu	krke	贶	kuàng	ks	医	yī	kss	唉	āi*
krbs	哗	huá*	krkrf	罂	yīng	ksb	呢	ne*	ksscb	噀	xùn
krc	财	cái	krkrn	婴	yīng	ksb	咔	kā*	ksx	哕	huì*
krc	账	zhàng	krkrn	鹦	yīng	ksbu	唆	suō	ksx	啰	luō*
krc	咐	fù*	krkrr	赑	bì	ksckr	喷	pēn*	ksy	嘱	zhǔ
krce	赆	jìn	krlk	赔	péi	ksd	喇	lǎ*	ksyy	嘣	bēng
krcio	赈	zhèn	krlr	赌	dǔ	ksdr	嗽	sòu	kt	吴	wú
krd	则	zé	krm	咻	xiū	kse	吮	shǔn	kt	吐	tù*

kt	呔	dāi*	kukko	嚷	rǎng*	kzb	呲	cī	leek	函	hán
kt	吨	dūn	kukl	哼	hēng	kzb	嗔	chēn	les	耘	yún
kt	喙	huì	kukps	嚎	háo	kzbdi	嘴	zuǐ	lgmms	耱	mò
ktb	啪	pā	kun	哢	lòng	kzc	嗤	chī	li	袭	xí
ktj	哳	zhā	kuor	咳	ké*	kzg	吼	hǒu	li	耜	sì
ktk	周	zhōu	kurrs	啐	cuì	kzgrr	噬	shì	lj	耕	gēng
ktkro	雕	diāo	kusx	嘁	qī	kzh	咴	huī	lji	飒	sà
ktl	啦	lā*	kusy	唷	yō	kzpzi	嗳	ài*	lk	加	jiā
kto	喂	wèi	kux	唿	hū	kzq	嗅	xiù	lk	𠙺	ǒu
ktsm	嗑	kè*	kuz	逞	chěng	kzrk	啮	niè	lkd	剖	pōu
ktt	哇	wā*	kx	吓	xià*	kzsgc	嚼	jiáo*	lkdk	哿	gě
kty	喟	kuì	kx	吣	qìn	kzy	啃	kěn	lke	竞	jìng
ku	匡	kuāng	kx	哂	shěn	lb	办	bàn	lke	部	bù
ku	呈	chéng	kxidb	嘌	piào	lb	老	lǎo	lki	袈	jiā
ku	吻	wěn	kxkr	唢	suǒ	lb	耙	pá*	lkii	亟	jí*
ku	呜	wū	kxpkt	嘡	tāng	lbk	站	zhàn	lkkr	贺	hè
ku	味	wèi	kxu	咣	guāng	lbk	竘	qǔ	lkm	驾	jià
ku	哦	ò*	kxx	哆	duō*	lbk	耇	gǒu	lkm	架	jià
ku	呒	ḿ	kxy	哨	shào	lbm	耄	mào	lkr	赉	lài
kubi	咬	yǎo	ky	吁	xū*	lbot	耋	dié	lku	瓿	bù
kubkk	嘀	dí*	ky	喁	yóng	lbr	耆	qí	lkuo	袈	jiā
kubpj	啼	tí	kye	嚅	rú	lcb	龚	gōng	lkz	迦	jiā
kue	咚	dōng	kyiz	嗵	tōng	lcioc	耨	nòu	ll	童	tóng
kue	郢	yǐng	kyn	鹃	juān	lcpl	耢	lào	llltx	勰	xié
kuek	唁	yàn	kypsb	啸	xiào	lcr	耤	jí	llxx	𦒍	tóng
kuik	喊	hǎn	kyrdo	嚯	huò	ldd	办	bàn	lm	亲	qīn*
kuj	吭	kēng*	kz	足	zú	ldo	竫	jìng	lm	耗	hào
kuk	咯	kǎ*	kz	咋	zé*	le	郎	láng*	lmj	新	xīn
kuk	唔	wú*	kz	咱	zán*	le	聋	lóng	lmn	耧	lóu

ln	妾	qiè	lsd	剥	bō*	maoo	榉	jǔ	mbic	樽	zūn
lo	考	kǎo	lse	端	duān	maqk	阔	kuò	mbidb	棕	zōng
lor	耩	jiǎng	lsels	辨	biàn	mas	桫	suō	mbidb	粽	zòng
loxu	耰	yōu	lsgls	瓣	bàn	mb	朴	pǔ*	mbir	氆	pǔ
lqx	慭	yìn	lsils	辩	biàn	mb	杯	bēi	mbiri	楦	xuàn
lqy	靖	jìng	lsjls	辫	biàn	mb	杷	pá	mbj	棉	mián
lr	者	zhě	lss	辣	là	mb	柄	bǐng	mbk	驹	jū
lr	音	yīn	lsz	逯	lù	mb	柏	bǎi*	mbk	骈	pián
lrbe	韵	yùn	lt	垄	lǒng	mb	柈	bàn	mbk	枸	gǒu*
lrbrz	竭	jié	lt	龑	yǎn	mb	朳	bā	mbk	栟	bīng*
lrdk	韶	sháo	lubpf	耪	pǎng	mb	粑	bā	mbk	毡	zhān
lrdr	歆	xīn	luek	詟	zhé	mb	粕	pò	mbk	粘	nián
lre	都	dōu*	luo	袭	xí	mbb	枇	pí	mbke	阅	yuè
lre	竟	jìng	lxkk	耥	tāng*	mbb	柁	tuó*	mbke	棁	zhuō
lrik	耠	huō	lxx	翊	yì	mbb	驼	tuó	mbkr	桢	zhēn
lrs	章	zhāng	ly	耦	ǒu	mbbb	楷	kǎi*	mbn	桉	ān
lrs	煮	zhǔ	ly	朗	lǎng	mbbrk	榕	róng	mbo	样	yàng
lrsa	彰	zhāng	lym	㮾	lǎng	mbbz	榨	zhà	mbo	梯	tī
lrse	鄣	zhāng	lyo	野	yě	mbd	柠	níng	mbo	枍	yì
lrsur	赣	gàn	lyot	墅	shù	mbd	盼	pàn	mbo	睇	dì
lrsux	戆	gàng*	lyt	塱	lǎng	mbd	粉	fěn	mbo	阐	chǎn
lrx	意	yì	lz	辽	liáo	mbds	槔	gāo	mbog	槎	chá
lrxx	翥	zhù	lz	边	biān	mbe	畋	tián	mbqb	槟	bīn*
ls	辛	xīn	lz	逮	dǎi*	mbf	騊	táo	mbr	栒	xún
ls	录	lù	lz	孝	xiào	mbfk	瞎	xiā	mbrs	棹	zhào
ls	砻	lóng	lz	耔	zǐ	mbfu	檄	xí	mbs	松	sōng
ls	耖	chào	lzs	竑	hóng	mbi	棺	guān	mbs	构	gòu
ls	竦	sǒng	lzu	教	jiào*	mbi	椪	pèng	mbs	枹	bāo*
lsbu	竣	jùn	ma	杉	shān*	mbi	駓	pī	mbs	栌	lú

mbus	糕	gāo
mbxe	椀	wǎn
mbyob	檫	chá
mc	闭	bì
mc	闽	mǐn
mc	驯	xùn
mc	材	cái
mc	村	cūn
mc	杈	chà*
mc	枨	chéng
mc	杻	niǔ*
mc	柝	tuò
mc	栅	shān*
mc	柮	duò
mc	棰	chuí
mc	睡	shuì
mcafc	欂	bó
mcb	粪	fèn
mcbx	𫘪	yuán
mcc	骚	sāo
mcccr	橛	jué
mccdr	阙	quē*
mce	栉	zhì
mch	榛	zhēn
mcib	横	héng*
mcid	桁	héng
mcii	糍	cí
mcikc	橱	chú
mcl	瞒	mán
mcl	枥	lì
mcl	糒	bèi
mco	棒	bàng
mcpis	檬	méng
mcr	椿	chūn
mcr	棤	cuò
mcrd	模	mó*
mct	瞄	miáo
mctt	睚	yá
mcu	粝	lì
mcz	梿	lián
md	术	shù*
md	类	lèi
md	盯	dīng
md	驮	tuó*
md	杕	dì*
md	栋	dòng
md	柢	dǐ
mdcbk	檐	yán
mdcbk	瞻	zhān
mdce	桅	wéi
mdd	阉	yān
mddk	骑	qí
mddk	椅	yǐ*
mdi	板	bǎn
mdi	桷	jué
mdidn	檞	jiě
mdie	栀	zhī
mdies	槲	hú
mdikc	橙	chéng
mdikc	瞪	dèng
mdj	阎	yán
mdk	柯	kē
mdk	柖	sháo
mdo	睁	zhēng
mdo	橡	xiàng
mdo	冕	miǎn
mdo	阄	jiū
mdskr	𬃊	zhì
mdsm	楯	dùn*
mdt	阕	què
mdt	骙	kuí
mdt	睽	kuí
mdtir	橹	lǔ
mdtir	氇	lu
mdx	驺	zōu
mdz	闼	tà
mdz	槌	chuí
me	闻	wén
mee	椰	yē
meee	桃	táo
meee	眺	tiào
megke	榄	lǎn
megm	槛	kǎn*
meips	骤	zhòu
mes	料	liào
mezy	椭	tuǒ
mf	枋	fāng
mf	眨	zhǎ
mf	𬳶	fēi
mfc	榑	fú
mfc	梼	táo
mfd	骃	yīn
mfdd	楔	xiē
mfe	梆	bāng
mfm	阃	kǔn
mfmi	椸	yí
mfre	阏	yān*
mfs	𬳽	huō
mg	札	zhá
mg	杆	gān*
mg	杠	gàng*
mg	柑	gān
mg	根	gēn
mg	梗	gěng
mg	棵	kē
mg	眼	yǎn
mg	粳	jīng
mg	粿	guǒ
mg	骒	kè
mg	𫘝	jué
mgj	概	gài
mgkc	糨	jiàng
mgkt	阈	yù
mgkt	棫	yù
mgl	糠	kāng
mgn	械	xiè

mgt	桩	zhuāng	miibd	氛	fēn	miz	迤	yǐ*	mke	睍	xiàn
mgyk	糖	táng	miibn	氨	ān	mizj	晞	xī	mkf	榧	fěi
mh	驴	lǘ	miibo	氧	yǎng	mj	机	jī	mki	驱	qū
mhc	骗	piàn	miic	氚	chuān	mj	极	jí	mki	枢	shū
mhh	毯	tǎn	miie	氘	dāo	mj	杞	qǐ	mki	㭎	gāng
mhh	棪	yǎn	miif	氟	fú	mj	柜	guì*	mki	眍	kōu
mhh	楸	qiū	miifd	氤	yīn	mj	析	xī	mkik	桐	tóng
mhh	瞅	chǒu	miihh	氮	dàn	mj	栈	zhàn	mkj	柩	jiù
mhors	檬	lí	miii	氩	yà	mj	柙	xiá	mkk	闾	lǘ
mhxx	骟	shàn	miils	氯	lǜ	mj	桕	jiù	mkk	梠	lǚ
mi	乞	qǐ	miimd	樊	fán	mj	楝	liàn	mkk	駉	jiōng
mi	闩	shuān	miims	攀	pān	mj	槿	jǐn	mko	枵	xiāo
mi	驭	yù	miin	氖	nǎi	mj	梜	jiā	mkrkn	樱	yīng
mi	驰	chí	miiog	氢	qīng	mj	闸	zhá	mktk	椆	chóu
mi	权	quán	miip	氕	piē	mj	阑	lán	mku	桯	tīng
mi	枕	zhěn	miiqy	氰	qíng	mj	睫	jié	mku	框	kuàng
mi	柚	yòu*	miirm	氲	yūn	mjb	皙	xī	mku	眶	kuàng
mi	桠	yā	miis	氙	xiān	mje	阋	xì	mky	昫	xǔ
mi	栐	yǒng	miise	氪	kè	mje	睨	nì	ml	栏	lán
mi	杙	yì	miiue	氡	dōng	mje	棬	quān	ml	栊	lóng
mi	眈	dān	miiur	氦	hài	mji	枫	fēng	ml	栎	lì*
mic	树	shù	mikdd	骊	lí	mjt	橼	yuán	ml	梾	lái
midb	标	biāo	milr	槠	zhū	mk	问	wèn	ml	棣	dì
midb	柰	nài	mio	驿	yì	mk	杏	xìng	ml	桹	láng
mie	骄	jiāo	mio	骋	chěng	mk	枅	jī	ml	朸	lì
mie	桥	qiáo	miri	桓	huán	mkb	枳	zhǐ	ml	昽	lóng
mig	栻	shì	mis	槱	yǒu	mke	枧	jiǎn	ml	睐	lài
mii	气	qì	mit	柽	chēng	mke	楫	jí	ml	粒	lì
mii	驳	bó	miz	迄	qì	mke	柷	zhù*	ml	粮	liáng

ml	阆	làng*	mma	彬	bīn	mmt	橝	tán	moj	梴	chān
ml	勔	miǎn	mmbd	棼	fén	mmu	敏	mǐn*	moji	椴	duàn
mlb	栳	lǎo	mmd	栴	zhān	mmudi	鳘	mǐn	mom	楣	méi
mlbr	榰	zhī	mme	郴	chēn	mmuix	繁	fán	mor	槽	cáo
mle	榔	láng	mmf	梵	fàn	mmusc	毓	yù	mor	糟	zāo
mlk	枷	jiā	mmgob	麓	lù	mmx	梦	mèng	morx	瞭	liào
mlk	棓	bèi	mmh	焚	fén	mmx	想	xiǎng	morx	橑	liáo
mll	橦	tóng	mmidb	禁	jìn*	mmxo	瞵	lín	mos	槐	huái
mll	瞳	tóng	mmj	棽	shēn*	mmxo	驎	lín	mos	椑	bēi*
mlm	榇	chèn	mmkk	榈	lǘ	mn	枘	ruì	mos	睥	pì*
mlo	栲	kǎo	mml	勖	xù	mn	娄	lóu	moses	櫆	kuí
mlr	睹	dǔ	mmm	森	sēn	mne	𬳵	shēn	mot	桎	zhì
mlr	楮	chǔ	mmm	毳	cuì	mnim	楹	yíng	mou	桡	ráo
mlr	阇	dū*	mmm	骉	biāo	mnk	梏	gù	mou	橄	gǎn
mlrs	樟	zhāng	mmm	梅	méi	mnkz	糙	cāo	mou	瞰	kàn
mls	梓	zǐ	mmmm	橇	qiāo	mnu	数	shù*	mou	阚	kàn*
mls	骍	xīng	mmn	楼	lóu	mo	朽	xiǔ	mou	骁	xiāo
mls	𫘧	lù	mmn	婪	lán	mo	杨	yáng	moux	骢	cōng
mm	闯	chuǎng	mmn	鹇	xián	mo	椓	zhuó	mox	橞	huì
mm	闲	xián	mmn	瞜	lōu	mob	棋	qí	moxo	舞	wǔ
mm	每	měi	mmp	楚	chǔ	mob	椹	shèn*	mp	枰	píng
mm	林	lín	mmq	阒	qù	mob	骐	qí	mpp	鼎	dǐng
mm	相	xiàng*	mmrde	𨟠	quān	mobtb	骥	jì	mprl	瞑	míng
mm	杩	mà	mmrdi	矍	jué	modo	榷	què	mpy	糈	xǔ
mm	眠	mián	mmrdm	氍	qú	modt	榴	liú	mq	粗	cū
mm	眯	mī*	mmrdo	瞿	qú	modt	骝	liú	mq	驵	zǎng
mm	眊	mào	mmrdz	棽	shēn*	moe	柳	liǔ	mq	杄	qiān
mm	眄	miàn*	mmri	楂	zhā*	moed	椟	dú	mqk	栝	guā
mm	冒	mào*	mmri	䊬	chá	moi	瞍	sǒu	mqn	䴗	jú

mqy	睛	jīng	mrj	梃	tǐng*	msj	闿	kǎi	mtix	骡	luó
mqy	精	jīng	mrm	榅	wēn	msj	桤	qī	mts	柭	qū
mr	闪	shǎn	mros	糇	hóu	msj	梣	chén*	mtsm	阖	hé
mr	间	jiān*	mrr	枞	cōng*	msk	枯	kū	mtsm	瞌	kē
mr	杳	yǎo	mrr	阊	chāng	msk	桔	jié*	mtt	闺	guī
mr	驲	rì	mru	复	fù	msk	骀	tái*	mtt	桂	guì
mrbb	棍	gùn	mru	栓	shuān	msk	眙	yí	mtt	眭	suī
mrbs	桦	huà	mruio	檎	qín	mskbg	楠	nán	mtx	楒	sī
mrbs	骅	huá	mrxx	阘	tà*	msky	槲	hú*	mu	杧	máng
mrc	驸	fù	mrxx	榻	tà	msm	楪	dié	mu	杌	wù
mrdo	椎	zhuī*	mrz	𫘨	tí	msn	毪	mú	mu	枉	wǎng
mrdo	骓	zhuī	ms	杰	jié	msn	眸	móu	mu	杵	chǔ
mrdo	睢	suī	ms	杓	sháo*	mspz	桲	bó*	mu	枚	méi
mrdon	槜	zuì	ms	杪	miǎo	msr	阍	hūn	mu	闰	rùn
mrdos	瞧	qiáo	ms	柘	zhè	msrdz	梣	chén*	mu	闱	wéi
mrdos	樵	qiáo	ms	驶	shǐ	mssk	椐	jū	mu	闵	mǐn
mrdos	榫	sǔn	ms	驷	sì	mssn	樨	xī	mu	敉	mǐ
mrdy	柃	líng	ms	骕	sù	msx	桎	zhì	mu	𫘜	wén
mre	枪	qiāng	ms	眇	miǎo	msx	椤	luó	mubi	校	xiào*
mres	桧	huì*	ms	籼	xiān	msxi	椒	jiāo	mubpf	榜	bǎng
mrg	阀	fá	ms	闫	yán	msxy	榍	xiè	mubr	糌	zān
mrg	楩	pián	msbu	骏	jùn	msy	瞩	zhǔ	mue	柊	zhōng
mrh	梌	tú	msbu	梭	suō	mszzz	骣	chǎn	muek	訚	yín
mrh	駼	tú	msbu	睃	suō	mt	杜	dù	mufkb	檩	lǐn
mri	查	chá*	msc	榭	xiè	mt	椽	chuán	mufki	檀	tán
mriai	检	jiǎn	msda	骖	cān	mt	盹	dǔn	mui	眩	xuàn
mriai	睑	jiǎn	msda	糁	shēn*	mtbfk	樯	qiáng	mui	𬳶	xuán
mriai	验	yàn	msf	楞	léng	mtbt	睦	mù	muj	闹	nào
mriyd	榆	yú	msi	枝	zhī	mtbu	棱	líng*	muj	闶	kàng*

muj	杭	háng	mxpke	𣗋	dǎng	mz	柱	zhù	nbo	娣	dì
muj	柿	shì	mxpkt	樘	táng	mz	株	zhū	nbqb	嫔	pín
muk	阁	gé	mxpkt	瞠	chēng	mz	桃	táo	nbs	婶	shěn
muk	骆	luò	mxrs	瞫	shěn	mz	植	zhí	nbs	嫉	jí
muk	格	gé*	mxt	闉	yīn	mz	驻	zhù	nbs	嫁	jià
muk	梧	wú	mxu	桄	guāng*	mz	迷	mí	nbt	姹	chà
mukkk	槁	gǎo	mxx	档	dàng	mz	籽	zǐ	nbu	媓	huáng
mukko	骧	xiāng	mxx	栩	xǔ	mz	眺	tiào	nbud	媄	měi
mukx	椋	liáng	mxx	眵	chī	mzb	眦	zì	nbxe	婉	wǎn
mukz	椁	guǒ	mxy	梢	shāo	mzb	瞋	chēn	nc	妞	niū
muoo	榱	cuī	mxy	睄	shào	mzb	阗	tián	nc	姗	shān
muor	核	hé*	my	盱	xū	mzid	𫘬	xí	ncbx	嫄	yuán
muor	骇	hài	mye	糯	nuò	mzj	断	duàn	nci	媖	yīng
muor	阂	hé	myi	桶	tǒng	mzm	睬	cǎi	ncio	娠	shēn
murrs	粹	cuì	myio	樗	chū	mzm	闑	niè	ncrd	嫫	mó
musc	梳	shū	myj	楗	jiàn	mzpi	阌	wén	ncrdi	鹱	hù
musx	槭	qì	myj	毽	jiàn	mzpxo	瞬	shùn	nczk	婼	ruò
mux	愍	mǐn	mymm	骦	shuāng	mzq	糗	qiǔ	ndce	姽	guǐ
mx	闷	mēn*	myo	杼	zhù	mzs	闳	hóng	nddk	犄	jī
mx	栖	qī*	myokk	橘	jú	mzy	樾	yuè	nddk	婍	qǐ
mx	粞	xī	myom	糅	róu	mzz	桴	fú	ndik	姤	gòu
mxh	棂	líng	myom	楙	mào	nb	牝	pìn	ndio	姱	kuā
mxidb	骠	piào*	myomx	懋	mào	nb	婊	biǎo	ndld	妫	guī
mxidb	瞟	piǎo	mypsb	骕	sù	nbb	妣	bǐ	ndo	娩	miǎn
mxkr	槚	jiǎ	myt	檑	léi	nbb	鸵	tuó	ne	先	xiān
mxoe	粼	lín	myy	棚	péng	nbi	婠	wān	ned	媆	ruǎn*
mxoxx	翷	lín	mz	李	lǐ	nbk	姘	pīn	nedk	婀	ē
mxoz	遴	lín	mz	杖	zhàng	nbo	嫌	xián	neee	姚	yáo
mxpi	骎	qīn	mz	柞	zuò*	nbo	婵	chán	nei	娵	jū

nenee	酂	cuó*	ninr	胬	nǔ	nl	娌	lǐ	nqo	婊	biǎo
nener	赞	zàn	nio	娉	pīng	nlb	姥	lǎo*	nqy	婧	jìng
nes	妘	yún	niri	姮	héng	nlrs	嫜	zhāng	nr	肉	ròu
nez	选	xuǎn	nis	砮	nǔ	nm	妈	mā	nr	妊	rèn
nf	妨	fáng	nitk	婳	huà	nm	姆	mǔ*	nrbb	婫	kūn
nf	牥	fāng	niu	妧	wàn*	nm	牦	máo	nrdy	姈	líng
nfd	姻	yīn	nix	怒	nù	nm	牻	máng	nrdz	妗	jìn
ng	奸	jiān	niz	孥	nú	nmm	娴	xián	nrg	媥	pián
ngm	媒	méi	nj	妃	fēi	nmpp	鼐	nài	nri	妲	dá
ngmmm	嬷	mó	nj	妗	jìn	nn	奶	nǎi	nrik	姶	è
ngs	娀	sōng	nj	婕	jié	nnk	牿	gù	nrm	媪	ǎo
nh	妒	dù	nje	婘	quán	nnkos	嬿	yàn	nrr	娼	chāng
nhc	犏	piān	nk	如	rú	nnn	犇	bēn	nrrgj	孅	xiān
nhh	嫭	hù	nk	妍	yán	nnoks	嬿	yàn	nrsi	嫚	màn*
ni	她	tā	nk	告	gào	no	姊	zǐ	nrz	媞	shì
ni	奴	nú	nke	郜	gào	nob	犋	jù	ns	妁	shuò
ni	妖	yāo	nkf	靠	kào	noe	娜	nuó*	ns	妙	miào
ni	姒	sì	nki	妪	yù	noed	犊	dú	ns	姓	xìng
ni	妯	zhóu	nkix	絮	xù	nog	娙	xíng	ns	牲	shēng
ni	娅	yà	nkn	娲	wā	noi	嫂	sǎo	nsb	妮	nī
ni	姨	yí	nkn	鹄	hú*	noibb	媲	pì	nsi	妓	jì
ni	姬	jī	nkobs	燕	yàn*	nokbs	燕	yàn*	nsiko	嬛	huán
nie	娇	jiāo	nksx	嫕	yì	nom	媚	mèi	nsk	姑	gū
nig	弩	nǔ	nkt	娱	yú	nor	媾	gòu	nsk	始	shǐ
nij	帑	tǎng	nktk	婤	zhōu	norx	嫽	liáo	nsk	姞	jí
nil	努	nǔ	nkx	恕	shù	nos	婢	bì	nsk	牯	gǔ
nim	驽	nú	nky	娟	juān	nou	娆	ráo*	nskbg	婻	nàn
nim	盈	yíng	nkz	造	zào	npy	婿	xù	nskck	嬉	xī
nimg	戤	gài	nl	娘	niáng	nq	姐	jiě	nsm	娓	wěi

nsr	婚	hūn	nxxra	嫪	lào	ob	丧	sàng*	od	甫	fǔ
nsu	嫩	nèn	nxxro	嬥	tiǎo	ob	甚	shèn*	od	制	zhì
nsxi	婌	shú	nye	嬬	rú	obdr	欺	qī	odd	舟	zhōu
nt	牡	mǔ	nyi	㛚	tǒng	obe	邶	bèi	odd	母	mǔ
ntbfk	嫱	qiáng	nyj	犍	jiān*	obes	斟	zhēn	ode	奡	ào
ntbg	婞	xìng	nymm	孀	shuāng	obg	戡	kān	oded	卵	luǎn
ntc	特	tè	nyo	妤	yú	obj	斯	sī	odedz	孵	fū
ntdr	姒	sì	nz	孕	yùn	obl	勘	kān	odi	鸟	niǎo
ntix	嫘	léi	nz	好	hǎo*	obo	芈	mǐ	odi	袅	niǎo
ntt	娃	wá	nz	姝	shū	oboe	兜	dōu	odj	凫	fú
nu	妩	wǔ	nz	姚	yáo	obsb	彘	zhì	odkr	贸	mào
nu	妫	guī	nzc	媸	chī	obtcb	冀	jì	odm	枭	xiāo
nu	妹	mèi	nzf	媱	yáo	oby	背	bèi*	odo	隺	hè
nu	娥	é	nzod	牻	máng	oby	期	qī	odon	鹤	hè
nu	牤	māng	nzoi	媛	yuán*	ocb	舆	yú	ods	岛	dǎo
nu	牧	mù	nzos	嫣	yān	ocd	臧	zāng	ods	掣	chè
nu	物	wù	nzpzi	嫒	ài	od	寸	cùn	odt	留	liú
nubi	姣	jiāo	nzx	媳	xí	od	弋	yì	odtn	鹠	liú
nubkk	嫡	dí	ob	北	běi	od	戈	gē	odtz	遛	liù*
nubpj	娣	dì	ob	乎	hū	od	戋	jiān	oduo	裊	niǎo
nufki	嬗	shàn	ob	乐	lè*	od	瓦	wǎ*	oe	那	nà*
nuk	牾	wǔ	ob	东	dōng	od	丹	dān	oe	卬	áng*
nukkk	犒	kào	ob	业	yè	od	戊	wù	oe	卯	mǎo
nukpd	婷	tíng	ob	亚	yà	od	戌	xū	oe	印	yìn
nx	尕	gǎ	ob	严	yán	od	成	chéng	oe	卸	xiè
nx	妇	fù	ob	其	qí	od	龙	long	oed	卖	mài
nx	牺	xī	ob	具	jù	od	龙	máng*	oedke	觌	dí
nxidb	嫖	piáo	ob	典	diǎn	od	我	wǒ	oee	雨	yǔ*
nxpkj	嫦	cháng	ob	赤	chì	od	书	shū	oeod	求	qiú

oez	迎	yíng	om	眉	méi	osabb	鬓	bìn	osrdo	魋	tuí
og	戛	jiá	omd	奥	ào	osadk	髫	tiáo	osrdz	黔	qián
ogd	刭	jǐng	ome	郿	méi	osahh	鬏	jiū	ossbu	黢	qū
oge	卿	qīng	omixn	彝	yí	osai	髢	dí	ossda	黪	cǎn
ogl	劲	jìn*	omn	鹛	méi	osaje	鬈	quán	ossk	黠	xiá
ogor	颈	jǐng*	omo	粤	yuè	osam	髦	máo	ost	墨	mò
ogusc	巯	qiú	on	妻	qī*	osar	髯	rán	osu	魅	mèi
ogz	迳	jìng	one	郪	qī	osari	鬘	mán	osuio	魑	chī
oi	与	yǔ*	oo	非	fēi	osarm	髹	xiū	osukx	黥	qíng
oi	马	mǎ	ooi	丝	sī	osart	髽	zhuā	osxx	黟	yī
oi	乌	wū*	ooi	叚	xiá	osask	髻	jì	osxy	魈	xiāo
oi	叟	sǒu	ooin	鸶	sī	osaso	鬟	huán	osy	肆	sì
oi	囟	xìn	ooiz	遐	xiá	osau	髡	kūn	osy	魆	xū
oid	发	fā*	opo	承	chéng	osazb	髭	zī	oszid	魃	bá
oikmh	爨	cuàn	or	页	yè	osazb	鬒	zhěn	ot	在	zài
oiky	璺	wèn	or	曹	cáo	osc	黜	chù	ot	至	zhì
oix	綦	qí	ores	斠	jiào	oscc	蠹	dù	ot	基	jī
oiz	遣	qiǎn	orke	觏	gòu	ose	郫	pí	otbg	睾	gāo
oj	所	suǒ	orxn	鹩	liáo	oses	魁	kuí	otch	臻	zhēn
oj	延	yán	orz	遭	zāo	osil	黝	yǒu	otd	到	dào
oji	段	duàn	orz	遘	gòu	osj	黔	qián	ote	郅	zhì
oji	殷	yīn*	os	丢	diū	oskcu	魍	wǎng	otu	致	zhì
ojit	墼	jī	os	巷	xiàng*	osl	魉	liǎng	ou	收	shōu
ok	向	xiàng	os	卑	bēi	oslr	黯	àn	ou	敢	gǎn
ok	局	jú	os	鬼	guǐ	osm	橐	tuó	ou	夏	xià
okkoo	囊	náng*	os	黑	hēi	osn	鹎	bēi	ou	尧	yáo
okr	贵	guì	os	熏	xūn*	osoed	黩	dú	ou	囱	cōng
okrz	遗	yí*	osaag	鬣	liè	osom	盥	guàn	ou	敖	áo
oktd	彧	yù	osabb	鬃	zōng	osq	默	mò	ouc	鳌	áo

oudti	鳌	áo	oyuor	骸	hái	pgpp	勿	wù	pn	人	rén
oue	聱	áo	oyxxa	髎	liáo	pgppd	匆	cōng	pn	入	rù
oukr	赘	zhuì	oyy	髃	yú	phf	牖	yǒu	pn	乂	yì
oum	骜	ào	oyzgz	髓	suǐ	phhg	手	shǒu	pn	又	yòu
ouq	獒	áo	oz	存	cún	phhg	毛	máo	po	冢	zhǒng
ourub	鏊	ào	pbg	罕	hǎn	phhpn	失	shī	poed	牍	dú
ous	熬	áo*	pbo	牂	zāng	phhpn	矢	shǐ	por	颇	pō
ous	嶅	áo	pc	军	jūn	phhs	午	wǔ	pos	牌	pái
oux	憨	hān	pc	蛋	dàn	phhs	牛	niú	ppd	夕	xī
ouxx	翘	qiào*	pce	郓	yùn	phhsh	生	shēng	ppghs	甪	lù
ouz	遨	áo	pcp	皲	jūn	phhsn	朱	zhū	pphs	斤	jīn
ox	惠	huì	pddpp	豸	zhì	phhss	年	nián	pphsd	斥	chì
ox	恭	gōng	pdi	版	bǎn	phhss	缶	fǒu	ppn	久	jiǔ
ox	惎	jì	pdk	牁	kē	phpn	夭	yāo	ppn	及	jí
oy	骨	gǔ*	pdod	冤	yuān	phps	升	shēng	ppsn	爪	zhuǎ*
oybce	髋	kuān	pe	邳	pī	phs	千	qiān	pptdn	瓜	guā
oybqb	髌	bìn	pege	兆	zhào	phsh	壬	rén	ppzdn	瓜	guā
oybuk	髂	qià	peo	豸	zhì	phshh	乍	zhà	pr	彳	chì
oyd	骶	dǐ	pg	儿	ér	phshh	垂	chuí	prdj	幂	mì
oydik	骺	hóu	pg	几	jǐ	phshs	年	nián	pri	疍	dàn
oyg	髁	kē	pg	九	jiǔ	phspn	禾	hé	prl	冥	míng
oyji	骰	tóu	pg	匕	bǐ	phszh	重	zhòng*	ps	么	me*
oymn	髅	lóu	pg	戕	qiāng	phtn	长	cháng*	psd	奘	zhuǎng*
oyn	鹘	hú*	pgc	臧	zāng	phzhn	秉	bǐng	psghp	身	shēn
oyos	髀	bì	pgd	丸	wán	piuc	冠	guān*	psgs	币	bì
oyre	骱	jiè	pghh	月	yuè	pix	系	xì*	pshsh	丘	qiū
oysbc	髑	dú	pghhg	甩	shuǎi	piyg	胤	yìn	pshz	片	piàn*
oysk	骷	kū	pghhs	用	yòng	pj	冗	rǒng	pshzh	臼	jiù
oyuk	骼	gé	pgpgh	册	cè	pn	八	bā	pshzn	臾	yú

psm	牒	dié	qdidn	獬	xiè	qk	舌	shé	qos	獯	xūn
pss	川	chuān	qdo	狰	zhēng	qkd	刮	guā	qoy	猾	huá
pszhd	禹	yǔ	qdx	狝	xiǎn	qkg	乱	luàn	qp	乒	pīng
pszhh	白	bái	qe	犯	fàn	qkg	甜	tián	qq	狙	jū
pszhh	自	zì	qe	邱	qiū	qkls	辞	cí	qqqji	飙	biāo
pszsh	血	xuè*	qez	狮	shī	qkn	鸹	guā	qqy	猜	cāi
pthg	氏	shì*	qf	狒	fèi	qkr	狈	bèi	qrdo	雎	jū
pusc	疏	shū	qfdd	猰	yà	qkr	责	zé	qres	狯	kuài
py	写	xiě	qg	犴	àn*	qks	舐	shì	qrgk	猞	shē
py	胥	xū	qg	犷	guǎng	qktx	舔	tiǎn	qrh	狳	yú
pz	乏	fá	qg	狐	hú	qku	敌	dí	qriai	猃	xiǎn
qb	兵	bīng	qg	狠	hěn	qky	狷	juàn	qriyd	貐	yǔ
qbbt	狴	bì	qgdx	猕	mí	qkz	适	shì*	qros	猴	hóu
qbc	狩	shòu	qgs	狨	róng	qkzx	憩	qì	qrr	猖	chāng
qbd	狞	níng	qh	狄	dí	ql	助	zhù	qrs	猩	xīng
qbi	狉	pī	qhd	猁	lì	ql	狸	lí	qs	县	xiàn
qbk	狗	gǒu	qhj	猇	xiāo	ql	狼	láng	qs	岳	yuè
qbs	狍	páo	qhz	逖	tì	qlr	猪	zhū	qsbu	狻	suān
qc	独	dú	qi	犹	yóu	qlre	獍	jìng	qsdkr	獭	tǎ
qc	狃	niǔ	qi	裘	qiú	qlrm	豬	zhū	qse	狁	yǔn
qcccr	獗	jué	qiq	狱	yù	qlrs	獐	zhāng	qse	猯	tuān
qckko	獾	huān	qiqn	鸑	yuè	qm	犸	mǎ	qsky	猢	hú
qcpis	獴	měng	qix	素	sù	qm	毒	dú	qsx	悬	xuán
qcr	猎	liè	qix	綦	qí	qmmri	玃	jué	qsx	猡	luó
qcs	猱	náo	qj	犰	qiú	qmoxx	纛	dào	qt	基	jī
qct	猫	māo*	qj	狎	xiá	qmri	猹	chá	qtko	猿	yuán
qd	切	qiè*	qj	狭	xiá	qo	表	biǎo	qto	猥	wěi
qd	乓	pāng	qjdr	歃	shà	qob	乖	guāi	qty	猬	wèi
qddk	猗	yī	qje	猊	ní	qorx	獠	liáo	qu	麦	mài

qu	狂	kuáng	rb	佰	bǎi	rbrk	俗	sú	rdcbk	儋	dān
qu	救	jiù	rb	俵	biào	rbrs	倬	zhuō	rdd	例	lì
qubi	狡	jiǎo	rb	佖	bì	rbrs	晫	zhuó	rdd	俺	ǎn
qubm	麹	qū	rb	昺	bǐng	rbrz	曷	hé	rddk	倚	yǐ
quek	狺	yín	rbb	仳	pí	rbrzn	鶡	hé	rdi	昄	bǎn
quf	麸	fū	rbb	佗	tuó	rbrzr	歇	xiē	rdio	侉	kuǎ
qukx	猄	jīng	rbb	昆	kūn	rbrzz	遏	è	rdk	何	hé
qun	鵟	kuáng	rbbb	偕	xié	rbs	华	huá*	rdk	昭	zhāo
quo	裘	qiú	rbbg	倥	kǒng*	rbs	伞	sǎn	rdkbd	儳	chán
qurrs	猝	cù	rbbn	鵾	kūn	rbt	侘	chà	rdks	照	zhào
quz	逛	guàng	rbd	份	fèn	rbuod	曦	xī	rdld	伪	wěi
qx	惎	jì	rbe	昀	yún	rby	佾	yì	rdo	晚	wǎn
qy	青	qīng	rbi	伫	zhù	rc	付	fù	rdo	像	xiàng
qybz	靛	diàn	rbi	伾	pī	rc	伥	chāng	rdo	隹	zhuī
qydo	静	jìng	rbi	倌	guān	rc	倕	chuí	rdoio	雠	chóu
qyke	靓	liàng*	rbic	僔	zǔn	rc	时	shí	rdok	售	shòu
qyn	鶄	jīng	rbidb	倧	zōng	rc	晟	shèng	rdom	集	jí
qyom	猱	náo	rbiri	暄	xuān	rcb	供	gōng*	rdon	隽	juàn*
qz	迁	qiān	rbk	佝	gōu	rcbku	儆	jǐng	rdorn	犨	chōu
qz	逑	qiú	rbk	昫	xù	rcio	晨	chén	rdos	隼	sǔn
qzf	猺	yáo	rbkr	侦	zhēn	rcioc	傉	nù	rdos	焦	jiāo
qzm	猛	měng	rbkr	货	huò	rco	俸	fèng	rdosd	劁	qiāo
qzx	狲	sūn	rbks	煦	xù	rcr	昃	zè	rdosn	鷦	jiāo
rb	仑	lún	rbn	晏	yàn	rcr	借	jiè	rdsn	倴	bèn
rb	仆	pú*	rbo	佯	yáng	rcs	傣	dǎi	rdt	暌	kuí
rb	化	huà*	rbo	僤	dàn	rcx	偬	zǒng	rdx	你	nǐ
rb	体	tǐ*	rbor	倾	qīng	rczk	偌	ruò	rdx	伷	zhòu
rb	伯	bó*	rbor	僧	sēng	rd	仃	dīng	rdxx	您	nín
rb	伴	bàn	rbqb	傧	bīn	rd	低	dī	rdy	令	lìng*

rdye	邻	lín	rese	郐	kuài	rhc	偏	piān	ridb	佘	shé
rdyn	鸰	líng	rf	仿	fǎng	rhd	俐	lì	ridbt	畲	shē
rdyor	领	lǐng	rf	佛	fó*	rhes	斜	xié	rie	侨	qiáo
rdyu	瓴	líng	rf	俳	pái	rhest	斘	xié	rii	袋	dài
rdyxx	翎	líng	rf	昉	fǎng	rhh	倓	tán	riis	㬎	xiǎn
rdz	今	jīn	rf	晡	bū	rhh	睒	shǎn	rik	合	hé*
rdzi	衾	qīn	rfc	俦	chóu	rhi	叙	xù	rikdd	俪	lì
rdzim	盦	ān	rfc	傅	fù	rhn	倭	wō	rike	命	mìng
rdzk	含	hán	rfdd	偰	xiè	rhx	悆	yù	rike	郃	hé
rdzkr	贪	tān	rfmp	暶	xuán	rhz	途	tú	rikkc	龠	yuè
rdzkr	颔	hàn	rg	仝	tóng	ri	亿	yì	rikkh	龢	hé
rdzuo	衾	qīn	rg	旱	hàn	ri	仅	jǐn*	rikl	龛	kān
rdzx	念	niàn	rg	伐	fá	ri	代	dài	rikm	盒	hé
re	介	jiè	rg	便	biàn*	ri	仪	yí	rikn	弇	yǎn
re	仓	cāng	rg	倮	luǒ	ri	他	tā	rikn	鸽	gē
re	仁	rén	rg	旷	kuàng	ri	优	yōu	rikor	颌	hé*
re	佴	èr*	rg	旰	gàn	ri	伢	yá	rikr	贷	dài
red	创	chuàng*	rgik	伺	sì*	ri	伊	yī	riks	拿	ná
redr	佽	cì	rgk	舍	shě*	ri	似	sì*	rikxr	歙	shè*
ree	倻	yē	rgkyo	舒	shū	ri	佣	yōng*	rikxx	翕	xī
reee	佻	tiāo	rgobs	儦	biāo	ri	依	yī	ril	量	liàng*
reee	晁	cháo	rgrc	俯	fǔ	ri	俨	yǎn	rilr	储	chǔ
reg	戗	qiāng*	rgs	暴	bào*	ri	佡	yì	rin	华	jiàn
rei	最	zuì	rgt	垡	fá	ri	旦	dàn	rio	俜	pīng
ren	佞	nìng	rgt	侂	tuō	ri	显	xiǎn	rios	黛	dài
ren	鸧	cāng	rh	伙	huǒ	ri	映	yìng	rirdo	傩	nuó
res	会	huì*	rh	余	yú	riai	佥	qiān	riri	晅	xuǎn
res	昙	tán	rh	炅	jiǒng*	riatd	剑	jiàn	ris	岱	dài
resd	刽	guì	rh	昈	hù	riatu	敛	liǎn	rit	垈	dài

ritii	僵	jiāng	rkk	侣	lǚ	rm	仫	mù	rorx	僚	liáo
riuo	袋	dài	rkm	保	bǎo	rm	休	xiū	ros	侯	hóu*
riyd	俞	yú	rkmh	煲	bāo	rm	偭	miǎn	ros	俾	bǐ
riyde	觎	yú	rkmt	堡	bǎo*	rm	杲	gǎo	ros	傀	kuǐ
riyde	鄃	shū	rkrd	侧	cè*	rm	籴	dí	ros	暴	bào*
riydm	毹	shū	rkrn	偃	yǎn	rmi	仡	gē*	ros	曛	xūn
riydx	愈	yù	rkt	俣	yǔ	rmj	晰	xī	rot	晊	zhì
riydz	逾	yú	rktk	倜	tì	rml	伤	shāng	rot	侄	zhí
rizj	晞	xī	rkz	促	cù	rmm	侮	wǔ	rotd	倒	dǎo*
rizj	俙	xī	rl	仂	lè	rmm	晦	huì	rou	晓	xiǎo
rj	仇	chóu*	rl	位	wèi	rmn	鸺	xiū	rou	侥	jiǎo*
rj	仉	zhǎng	rl	使	shǐ	rmn	偻	lóu*	rou	傲	ào
rj	伋	jí	rl	俩	liǎ*	rn	仍	réng	rpc	晖	huī
rj	侠	xiá	rl	俚	lǐ	rn	件	jiàn	rpc	晕	yūn*
rj	廷	tíng	rl	俍	liáng	rn	侬	nóng	rprl	暝	míng
rj	旯	lá	rl	俫	lái	rne	侁	shēn	rq	仟	qiān
rj	昕	xīn	rl	食	shí*	ro	旸	yáng	rq	伏	fú
rj	暕	jiǎn	rl	昱	yù	ro	暵	hàn	rq	俅	qiú
rje	倪	ní	rl	昽	lóng	rob	俱	jù	rqix	傃	sù
rje	倦	juàn	rl	㫰	làng	rob	偡	zhàn	rqk	佸	huó
rjjr	僭	jiàn	rlb	佬	lǎo	rob	晪	tiǎn	rqkr	债	zhài
rjk	晗	hán	rlk	倍	bèi	rodo	傕	jué	rqo	俵	biào
rjor	颋	tǐng	rlk	伽	jiā*	roe	仰	yǎng	rqy	倩	qiàn
rjz	佩	pèi	rll	僮	tóng*	roe	昂	áng	rqy	晴	qíng
rkc	侃	kǎn	rll	曈	tóng	roe	昴	mǎo	rr	从	cóng
rke	伣	qiàn	rlr	暑	shǔ	roibu	傻	shǎ	rr	仞	rèn
rke	晛	xiàn	rlr	暗	àn	rok	晌	shǎng	rr	任	rèn*
rki	伛	yǔ	rlrs	暲	zhāng	rooi	暇	xiá	rr	昌	chāng
rkik	侗	dòng*	rm	们	men	rooi	假	jiǎ*	rra	昣	zhěn

rrb	伦	lún	rs	个	gè*	rsku	做	zuò	ru	仵	wǔ
rrbrz	偈	jié*	rs	氽	cuān	rslr	曙	shǔ	ru	伪	wěi
rrbs	晔	yè	rs	什	shén*	rsn	侔	móu	ru	俄	é
rrdos	僬	jiāo	rs	仨	sā	rsn	昪	biàn	ru	旺	wàng
rrdoz	暹	xiān	rs	仕	shì	rsos	候	hòu	ru	昧	mèi
rrdy	伶	líng	rs	仙	xiān	rsot	偓	wò	ru	昒	hū
rrdy	昤	líng	rs	伸	shēn	rsrdo	催	cuī	ru	旿	wǔ
rrdzk	晗	hán	rs	佚	yì	rss	俟	sì*	ru	暐	wěi
rre	价	jià*	rs	早	zǎo	rsscb	僎	zhuàn	ru	易	yì
rre	伧	cāng*	rs	星	xīng	rssk	倨	jù	ru	旻	mín
rre	耸	sǒng	rs	昇	shēng	rsu	攸	yōu	rub	金	jīn
rres	侩	kuài	rs	㫮	chǎn	rsua	修	xiū	rubi	佼	jiǎo
rrgs	曝	pù*	rs	昳	yì*	rsuq	倏	shū	rubk	晷	guǐ
rri	从	cóng	rsb	昵	nì	rsux	悠	yōu	rubpf	傍	bàng
rri	但	dàn	rsb	伲	ní*	rsuxx	翛	xiāo	rubrb	鑫	xīn
rriai	俭	jiǎn	rsbu	俊	jùn	rsuy	脩	xiū	rud	剔	tī
rriyd	偷	tōu	rsbu	晙	jùn	rsxi	俶	chù*	rue	佟	tóng
rrj	凭	píng	rsc	倔	juè*	rt	佃	diàn*	rue	侪	chái
rrj	侹	tǐng	rsckr	偾	fèn	rt	昊	hào	ruek	信	xìn
rrkr	赁	lìn	rsg	戥	děng	rtc	侍	shì	rui	伭	xián*
rros	曝	pù*	rsi	伎	jì	rtdr	似	sì*	rui	昡	xuàn
rrq	俎	zǔ	rsi	曼	màn	rto	偎	wēi	ruiko	禽	qín
rrr	倡	chàng*	rsiko	儇	xuān	rtt	佳	jiā	ruj	伉	kàng
rrr	晶	jīng	rsk	估	gū*	rttt	儡	lěi	ruk	晤	wù
rrr	众	zhòng	rsk	佶	jí	rtx	偲	sī*	rukko	曩	nǎng
rrt	坐	zuò	rsk	佁	yǐ	ru	全	quán	rukko	儴	ráng
rru	佺	quán	rskck	僖	xī	ru	伟	wěi	rukpd	停	tíng
rrx	怂	sǒng	rskck	暿	xī	ru	伍	wǔ	rukx	倞	jìng*
rrx	恁	nèn	rskls	僻	pì	ru	佤	wǎ	rukx	晾	liàng

rukx	景	jǐng
rukxa	影	yǐng
rukxi	僦	jiù
rukxr	颢	hào
rukzu	暾	tūn
ruo	依	yī
ruor	晐	gāi
rusyu	瞮	chè
rx	忍	rěn
rx	晒	shài
rx	伈	xǐn
rxiri	暅	gèng
rxkk	倘	tǎng*
rxm	傈	lì
rxm	僳	sù
rxpes	偿	cháng
rxpi	侵	qīn
rxpke	傥	tǎng
rxu	晃	huàng*
rxx	侈	chǐ
rxx	䎃	rǎn
rxxra	僇	lù
rxxro	曜	yào
rxxz	遢	ta*
rxy	俏	qiào
ry	旴	xū
ry	明	míng
ry	偶	ǒu
rybbg	曌	zhào
rye	儒	rú
ryi	俑	yǒng
ryj	健	jiàn
rym	盟	méng
ryoib	傺	chì
rz	仗	zhàng
rz	仔	zǐ*
rz	传	chuán*
rz	仲	zhòng
rz	作	zuò*
rz	住	zhù
rz	侏	zhū
rz	佻	tiāo
rz	促	cù
rz	值	zhí
rz	昨	zuó
rz	企	qǐ
rz	是	shì
rz	晁	cháo
rzb	匙	chí
rzg	佐	zuǒ
rzid	傒	xī
rzk	佑	yòu
rzoi	暖	nuǎn
rzor	题	tí
rzpzi	暧	ài
rzr	偁	chēng
rzu	韪	wěi
rzy	侑	yòu
rzz	俘	fú
sajm	磲	qú
sb	卡	kǎ*
sb	尼	ní
sb	柬	jiǎn
sb	罘	fú
sb	岜	bā
sb	协	xié
sb	砵	bō
sb	祕	mì
sbb	屁	pì
sbb	砒	pī
sbb	砣	tuó
sbbg	硿	kōng*
sbbg	崆	kōng
sbc	蜀	shǔ
sbd	鼢	fén
sbds	掰	bāi
sbi	馆	guǎn
sbi	碰	pèng
sbic	嶟	zūn
sbidb	崇	chóng
sbiri	碹	xuàn
sbk	屏	píng*
sbk	饼	bǐng
sbk	砧	zhēn
sbk	岣	gǒu
sbk	鼩	qú
sbkr	祯	zhēn
sbo	祥	xiáng
sbo	禅	chán*
sbo	碑	dī
sbo	磏	qiān*
sbo	丧	sàng*
sbobo	羼	chàn
sboc	馐	xiū
sbog	嵯	cuó
sbog	磋	cuō
sbor	罾	zēng
sbor	矰	zēng
sbor	嶒	céng
sbr	峋	xún
sbrk	峪	yù
sbrs	罩	zhào
sbs	饱	bǎo
sbsyp	嶷	yí
sbt	嶓	bō
sbt	磻	pán
sbup	皴	cūn
sbus	禚	zhuó
sbuz	逡	qūn
sbxe	碗	wǎn
sbz	碇	dìng
sc	导	dǎo
sc	屈	qū
sc	蚀	shí
sc	饳	duò
sc	础	chǔ

sc	砗	chē	sd	氐	dǐ*	sdt	畚	běn	sg	祼	guàn
sc	射	shè	sd	剌	là*	sdx	祢	mí	sg	馃	guǒ
scafc	礴	bó	sd	祗	zhī	sdxx	碜	zhà	sg	矿	kuàng
scb	硔	gǒng	sd	砥	dǐ	sdz	𬒔	dá*	sg	矸	gān
scbji	殿	diàn	sd	饤	dìng	se	允	yǔn	sg	矼	gāng
scbjy	臀	tún	sd	岽	dōng	se	祁	qí	sg	砄	jué
scg	岸	àn	sda	参	cān*	se	饵	ěr	sg	硍	yín
schhd	罽	jì	sdam	毵	sān	se	耑	duān	sg	硬	yìng
sci	砹	ài	sdc	畲	shē	sedk	屙	ē	sg	躬	gōng
scii	磁	cí	sdcbk	嶦	shàn	seee	祧	tiāo	sgdr	嵌	qiàn
scii	嵫	zī	sdce	峗	wéi	seery	嵴	jí	sghsh	冉	rǎn
scj	崭	zhǎn	sdce	硊	huì	segke	礛	lán	sgik	饲	sì
sckr	贲	bēn*	sdd	崦	yān	seor	颛	zhuān	sgik	祠	cí
scl	㟐	lì	sdd	罨	yǎn	serey	嵴	jí	sgik	㟃	sī
scmn	屦	jù	sdd	峛	liè	ses	层	céng	sgm	羁	jī
scmru	履	lǚ	sddk	崎	qí	sex	岿	kuī	sgpd	内	nèi
scpis	礞	méng	sdi	饭	fàn	sez	遄	chuán	sgs	巾	jīn
scpis	幪	méng	sdi	确	què	sf	罪	zuì	sgs	矧	shěn
scpl	崂	láo	sdikc	嶝	dèng	sf	矾	fán	sgshh	冉	rǎn
scpm	嵘	róng	sdikc	磴	dèng	sf	砭	biān	sgsk	崡	hán
scr	碏	què	sdj	馅	xiàn	sf	砆	fū	shc	碥	biǎn
scrd	馍	mó	sdk	岢	kě	sf	祊	bēng	shh	上	shàng*
scsi	屐	jī	sdkbd	巉	chán	sfc	祷	dǎo	shhhh	韭	jiǔ
sctt	崖	yá	sdkr	赖	lài	sfc	博	bó	shikg	巇	xī
scu	砺	lì	sdo	峥	zhēng	sfdd	禊	xì	shn	矮	ǎi
scu	硭	máng	sdoe	馋	chán	sfdd	碶	qì	shnos	巍	wēi
scyu	馓	sǎn	sdr	饮	yǐn*	sffie	酆	fēng	shob	嵊	shèng
sczz	屣	xǐ	sdr	砍	kǎn	sfsk	崮	gù	shsh	止	zhǐ
sd	卜	bǔ*	sds	叁	sān	sg	礼	lǐ	shszh	凸	tū

shszh	卣	yǒu	sixx	翅	chì	sk	古	gǔ	skh	炱	tái
si	支	zhī	sizj	豨	xī	sk	台	tái*	ski	岖	qū
si	届	jiè	sizy	崤	xiáo	sk	吉	jí	ski	岗	gǎng*
si	砑	yà	sj	饥	jī	sk	杏	mèn*	ski	躯	qū
si	岈	yá	sj	饯	jiàn	sk	凼	dàng	skik	峒	dòng*
si	岫	xiù	sj	馑	jǐn	sk	知	zhī	skik	硐	dòng
si	饫	yù	sj	尻	kāo	sk	研	yán	skj	砸	zá
si	饻	xī	sj	岌	jí	sk	岍	qiān	skkio	崿	è
si	鼬	yòu	sj	岑	cén	skbg	南	nán*	skkio	𥔲	è
sid	罚	fá	sj	岂	qǐ	skbgq	献	xiàn	skkkm	𥗋	zào
sidbc	尉	wèi*	sj	屺	qǐ	skca	彭	péng	skl	劼	jié
sidbc	螱	wèi	sj	岬	jiǎ	skcau	鬔	bèng	skls	辜	gū
sidbh	熨	yùn*	sj	峡	xiá	skck	喜	xǐ	skls	辟	pì
sidbr	款	kuǎn	sj	岠	jù	skckk	嚭	pǐ	sklsb	鐾	bèi
sidbx	慰	wèi	sj	矶	jī	skcks	熹	xī	sklsd	劈	pī*
sie	峤	qiáo*	sj	斫	zhuó	skckx	憙	xǐ	sklsi	襞	bì
sie	硚	qiáo	sj	硖	xiá	skclk	嘉	jiā	sklsk	譬	pì
sie	矫	jiǎo*	sj	祈	qí	skcsi	鼓	gǔ	sklsm	檗	bò
sie	祁	qí	sj	矩	jǔ	skcsm	瞽	gǔ	sklsn	嬖	bì
sii	幽	yōu	sjd	剀	kǎi	skcss	鼙	pí	sklsn	鸊	pì
siiim	磉	sǎng	sjd	刷	shuā*	skd	硎	xíng	sklso	襞	bì
sikc	短	duǎn	sjdr	嵚	qīn	ske	视	shì	sklss	擘	bò*
sikon	鹮	huán	sji	岚	lán	ske	祝	zhù	sklst	壁	bì
sikox	翾	xuān	sji	砜	fēng	ske	邰	tái	sklsu	甓	pì
sikt	福	fú	sji	祋	duì	ske	岘	xiàn	sklsy	臂	bì*
sio	峄	yì	sjj	凯	kǎi	ske	砚	yàn	sklsy	璧	bì
sior	𫖯	kuǐ	sjke	觊	jì	ske	克	kè	sklsz	避	bì
siri	峘	huán	sjm	躲	duǒ	sked	剋	kēi	skm	枲	xǐ
sitii	礓	jiāng	sjor	𫖮	yǐ	skese	兢	jīng	skn	祸	huò

skn	鸪	gū	sm	岷	mín	so	饧	xíng*	sou	硗	qiāo
skooi	嘏	gǔ	sm	省	shěng*	so	畅	chàng	soy	馉	gǔ
skor	颉	xié*	sm	看	kàn*	so	砀	dàng	sp	破	pò
skr	屃	xì	sm	眚	shěng	so	拜	bài	sp	砰	pēng
skr	贳	shì	sm	益	yì	sob	碘	diǎn	spcji	毂	gǔ*
skr	智	zhì	smbs	崧	sōng	sob	祺	qí	spdp	少	shǎo*
skrl	勚	yì	smi	屹	yì	sob	嵁	kān	spi	壶	hú
sksk	喆	zhé	smi	矻	kū	sobl	磡	kàn	spi	壸	kǔn
sktk	碉	diāo	smii	饩	xì	sodt	馏	liú*	spidi	瀫	hú
sku	故	gù	smj	饰	shì	sodt	罶	liǔ	spigi	彀	gòu
skx	怠	dài	sml	饬	chì	soe	峁	mǎo	spiii	縠	hú
sky	胡	hú	smn	屡	lǚ	sog	硁	kēng	spikc	壹	yī
skyn	鹕	hú	smn	嵝	lǒu	soi	馊	sōu	spikx	懿	yì
skz	迨	dài	smn	鹢	yì	soi	硇	náo	spimi	縠	gǔ
sl	劣	liè	smri	嵖	chá	sojif	罄	qìng	spix	索	suǒ
sl	砾	lì	smri	馇	chā*	sojir	馨	xīn	spj	壳	ké*
sl	砬	lá	smri	碴	chá*	sojis	磬	qìng	spj	带	dài
sl	崃	lái	smsbc	蠲	juān	sok	饷	xiǎng	spjx	悫	què
sl	莨	làng	smxo	嶙	lín	sokko	馕	náng*	sptp	疐	zhì
slk	碚	bèi	smxo	磷	lín	sokr	馈	kuì	spz	孛	bèi*
slr	屠	tú	sn	卉	huì	som	嵋	méi	spzl	勃	bó
slr	署	shǔ	sn	弁	biàn	soom	盥	guàn	spzn	鹁	bó
slrs	嶂	zhàng	sn	异	yì	sor	硕	shuò	sq	祖	zǔ
sls	禄	lù	sn	牟	móu*	sor	磳	cáo	sq	砠	jū
sls	碌	lù*	sn	鸤	shī	sos	碑	bēi	sq	岨	jū*
sm	码	mǎ	sn	鹔	sù	sos	嵬	wéi	sq	岫	qū
sm	祃	mà	sne	郁	biàn	sot	屋	wū	sqd	砌	qì*
sm	尾	wěi*	so	声	shēng	sou	饶	ráo	sqkr	碛	qì
sm	屎	shǐ	so	展	zhǎn	sou	峣	yáo	sqm	砖	zhóu*

sqy	碃	qìng	srsy	朝	cháo*	ssk	饴	yí	stc	峙	zhì*
sqy	鶄	jīng	srub	崟	yín	ssk	祜	hù	stdr	崁	kàn
sr	旧	jiù	sryd	碍	ài	ssk	居	jū	stl	甥	shēng
sr	饪	rèn	srz	禔	zhī	ssk	罟	gǔ	sto	碨	wèi
sr	沓	tà*	ss	尿	niào*	sskbg	罱	lǎn	sts	祛	qū
sr	昏	hūn	ss	屉	tì	sskbq	巘	yǎn	sts	砝	fǎ
srbb	馄	hún	ss	矣	yǐ	sskck	禧	xǐ	sts	罢	bà
srbn	鼹	yǎn	ss	岩	yán	sskd	剧	jù	stsm	馌	yè
srbrz	碣	jié	ss	泵	bèng	ssm	碟	dié	stsm	磕	kē
srdo	崔	cuī	ss	祀	sì	ssn	犀	xī	stss	罴	pí
srdo	雉	zhì	ss	神	shén	sso	碾	niǎn	stt	硅	guī
srdo	碓	duì	ss	祏	shí	sspj	嵽	dié	sttc	崶	fēng
srdoe	鸂	xī	ss	祇	qí	sspz	饽	bō	stx	崽	zǎi
srdoo	嶲	xī	ss	砂	shā	ssr	碈	hūn	su	饿	è
srdos	礁	jiāo	ss	砷	shēn	sss	磊	lěi	su	硪	wò
srdy	岭	lǐng	ss	餗	sù	sss	淼	miǎo	su	峨	é
srdz	岑	cén	ss	甡	shēn	sss	豳	bīn	su	屼	wù
srg	砼	tóng	ss	屾	shēn	ssscb	馔	zhuàn	su	敕	chì
sriai	崄	xiǎn	ss	鼫	shí	sssk	崌	jū	su	祎	yī
srik	饸	hé	ssbu	峻	jùn	ssst	垒	lěi	su	毐	ǎi
sriyd	嵛	yú	ssc	崛	jué	ssxx	禤	xuān	subi	饺	jiǎo
srrpr	赍	jī	sscb	巽	xùn	sszh	碳	tàn	subi	峧	jiāo
srrt	矬	cuó	ssckr	豮	fén	st	社	shè	subpf	磅	páng*
srsg	戟	jǐ	ssda	碜	chěn	st	祆	xiān	subpj	碲	dì
srsi	馒	mán	ssdr	欸	ǎi*	st	禒	xiǎn	subpj	禘	dì
srsmi	乾	qián*	ssh	燹	xiǎn	st	饨	tún	subso	磙	gǔn
srsrs	斡	wò	ssi	岐	qí	st	砘	dùn	sue	峂	tóng
srsrx	翰	hàn	ssj	硙	wéi*	stbu	祾	líng	suek	詈	lì
srsu	韩	hán	ssk	岵	hù	stbu	崚	léng*	suf	峰	fēng

sufki	饘	zhān	sxpi	祲	jìn	sz	砟	zhǎ	szid	祓	fú
suik	碱	jiǎn	sxrdo	罹	lí	sz	砫	zhù	szid	鼷	xī
suik	崴	hán*	sxrs	磹	tán	sz	岞	zuò	szk	祐	yòu
suin	嵗	wēi*	sxt	禋	yīn	sz	罡	gāng	szm	嵲	niè
suk	饹	le*	sxxb	嶍	xí	sz	置	zhì	szn	馁	něi
suk	硌	gè*	sxxx	翙	huì	szb	禛	zhēn	szpzh	四	sì
suk	峿	wú	sxy	屑	xiè	szbor	巅	diān	szs	山	shān
suk	鼯	wú	sxy	峭	qiào	szh	口	kǒu	szssh	皿	mǐn
sukkk	嵩	sōng	sxy	硝	xiāo	szh	炭	tàn	szszh	凹	āo*
sukko	禳	ráng	sxz	逻	luó	szhh	日	rì	szy	硝	gěng
sukxi	嵞	jiù	sy	属	shǔ*	szhh	曰	yuē	szzz	孱	chán*
sukz	崞	guō	sy	屿	yǔ	szhhd	禺	yú	tadbm	樑	liáng
sukzu	礅	dūn	sy	嵎	yú	szhhg	电	diàn	tak	扻	kuǎi
suo	饻	xī	sybb	能	néng	szhhh	目	mù	tapke	搅	jiǎo
surrs	碎	suì	sybbs	熊	xióng	szhhh	且	qiě*	tax	拶	zā*
surrs	崒	zú	symm	礵	shuāng	szhhh	里	lǐ	tb	扑	pū
susc	硫	liú	syoib	磜	qì	szhhn	果	guǒ	tb	扒	bā*
suz	整	zhěng	syt	礌	léi	szhhp	曳	yè	tb	抔	póu
sx	志	zhì	syy	崩	bēng	szhhs	甲	jiǎ	tb	抃	biàn
sx	忐	tǎn	syy	硼	péng	szhhs	申	shēn	tb	把	bǎ*
sx	岁	suì	sz	辿	chān	szhpn	央	yāng	tb	拍	pāi
sx	罗	luó	sz	述	shù	szhpn	史	shǐ	tb	拌	bàn
sx	硒	xī	sz	迭	dié	szhs	中	zhōng*	tb	坏	huài
sxd	刿	guì	sz	速	sù	szhsd	虫	chóng	tb	埗	bù
sxi	叔	shū	sz	逐	zhú	szhsh	田	tián	tb	畔	pàn
sxim	督	dū	sz	祉	zhǐ	szhsh	由	yóu	tbb	毗	pí
sxkk	躺	tǎng	sz	祚	zuò	szhsh	曲	qū*	tbb	批	pī
sxn	崾	yào	sz	祧	tiāo	szhsn	足	zú	tbb	坨	tuó
sxom	磔	zhé	sz	砖	zhuān	szhss	串	chuàn	tbbb	揩	kāi

tbbc	撺	cuān	tbog	搓	cuō	tccy	搠	shuò	tddk	埼	qí
tbbg	控	kòng	tbor	增	zēng	tce	扼	è	tddk	畸	jī
tbbg	埪	kōng	tbqb	摈	bìn	tce	邿	shī	tdhj	搋	chuāi
tbbi	挖	wā	tbr	指	zhǐ	tcio	振	zhèn	tdi	扳	bān
tbd	扮	bàn	tbrs	掉	diào	tcj	搐	chōng	tdi	坂	bǎn
tbd	拧	nǐng*	tbs	抱	bào	tcl	坜	lì	tdi	埆	què
tbd	坋	fèn	tbs	垆	lú	tco	捧	pěng	tdi	畈	fàn
tbe	均	jūn	tbt	垞	chá	tcpl	捞	lāo	tdidb	捺	nà
tberb	埝	yún	tbt	墦	fán	tcpl	塝	láo	tdik	垢	gòu
tbf	掏	tāo	tbt	播	bō	tcr	措	cuò	tdio	垮	kuǎ
tbfk	啬	sè	tbte	擲	zhì	tcr	堾	chūn	tdio	挎	kuà
tbg	幸	xìng	tbtz	逵	kuí	tcrd	摸	mō	tdj	掐	qiā
tbi	坯	pī	tbxe	畹	wǎn	tcrik	搭	dā	tdk	招	zhāo
tbic	撙	zǔn	tbyob	擦	cā	tcrik	塔	tǎ	tdk	坷	kē*
tbiu	垸	yuàn	tc	寺	sì	tcrm	搽	chá	tdld	拗	huī
tbk	坫	diàn	tc	圳	zhèn	tct	描	miáo	tdo	换	huàn
tbk	拈	niān	tc	坼	chè	tct	揍	zòu	tdo	挽	wǎn
tbk	拘	jū	tc	城	chéng	tctt	堐	yá	tdo	挣	zhēng*
tbk	拼	pīn	tc	埵	duǒ	tcyu	撒	sǎ*	tdod	堍	tù
tbm	盐	yán	tc	扭	niǔ	tcz	挝	wō	tdoe	搀	chān
tbm	掬	jū	tc	拆	chāi*	td	打	dǎ*	tdr	以	yǐ
tbn	按	àn	tc	拙	zhuō	td	抵	dǐ	tdr	坎	kǎn
tbn	垵	ān*	tc	捶	chuí	td	坻	dǐ*	tds	埠	bù
tbo	垟	yáng	tc	蚕	cán	td	坍	tān	tdt	揆	kuí
tbo	墠	shàn	tcb	拱	gǒng	td	圢	tǐng	tdtir	撸	lū
tbo	掸	dǎn*	tcbx	塬	yuán	td	町	dīng*	tdz	垯	da
tbo	搛	jiān	tcc	搔	sāo	tdd	掩	yǎn	tdz	挞	tà
tbobu	撇	piě*	tcc	蠡	lí*	tdd	埯	ǎn	te	邨	cūn
tbock	墡	shàn	tcccr	撅	juē	tddk	掎	jǐ	ted	堧	ruán

tee	揶	yé	tg	坩	gān	ti	抽	chōu	tjdr	掀	xiān
teee	挑	tiāo*	tg	垠	yín	ti	拥	yōng	tjdr	揿	qìn
tegke	揽	lǎn	tg	埂	gěng	ti	拽	zhuài*	tje	埚	nì
tei	报	bào	tg	坬	wā	tig	拭	shì	tji	投	tóu
teii	摄	shè	tg	呱	wā	tig	塆	wān	tjk	哲	zhé
tes	坛	tán	tgbk	掂	diān	tii	扨	sǒng	tjkz	踅	xué
tes	抖	dǒu	tgege	搦	nuò	tiiii	掇	duō	tjl	抛	pāo
tf	扶	fú	tgkr	掼	guàn	tiiii	埵	duō	tjm	垛	duò*
tf	拂	fú	tgkt	域	yù	tiiim	搡	sǎng	tjr	晢	zhé
tf	捕	bǔ	tgl	塿	kāng	tik	捃	jùn	tjuek	誓	shì
tf	排	pái*	tgns	摭	zhí	tikkd	塥	gé	tjx	捻	niǎn
tf	坊	fāng*	tgo	墉	yōng	til	坳	ào	tjx	埝	niàn
tf	埔	pǔ*	tgsi	拯	zhěng	til	拗	niù*	tjz	逝	shì
tfc	畴	chóu	tgyk	搪	táng	tio	择	zé*	tjz	踅	xué
tfc	搏	bó	tgyk	塘	táng	tio	圬	wū	tk	扣	kòu
tfdd	揳	xiē	tgyo	埒	xù	tirdo	摊	tān	tk	吞	tūn
tfdx	摁	èn	th	护	hù	tiri	垣	yuán	tkb	挹	yì
tffc	撵	niǎn	thc	煸	piǎn	tix	累	lèi*	tke	揖	yī
tfm	捆	kǔn	thh	揪	jiū	tj	折	zhé*	tki	抠	kōu
tfsk	堌	gù	thh	掞	shàn*	tj	拒	jù	tki	坵	qū
tfy	掴	guó*	thi	墟	xū	tj	押	yā	tkik	垌	dòng*
tg	扎	zhā*	thl	掳	lǔ	tj	挟	xié	tkk	坰	jiōng
tg	扛	káng*	thq	捩	liè	tj	捷	jié	tkkkm	操	cāo*
tg	扩	kuò	thx	摅	shū	tj	圾	jī	tkkr	损	sǔn
tg	找	zhǎo	thy	掮	qián	tj	圮	pǐ	tkkr	埙	xūn
tg	抉	jué	ti	地	dì*	tj	圻	qí	tkl	拐	guǎi
tg	扞	hàn	ti	垭	yā*	tj	墐	jìn	tkld	捌	bā
tg	圹	kuàng	ti	扰	rǎo	tj	畀	bì	tkn	埚	guō
tg	块	kuài	ti	拟	nǐ	tjc	蜇	zhē*	tko	袁	yuán

tkr	坝	bà
tkrkn	撄	yīng
tkrn	堰	yàn
tkrn	揠	yà
tku	埕	chéng
tky	捐	juān
tkz	捉	zhuō
tl	男	nán
tl	拉	lā*
tl	拦	lán
tl	拢	lǒng
tl	垃	lā
tl	埋	mái*
tl	埭	dài
tl	埌	làng
tlk	培	péi
tlk	掊	pǒu*
tll	撞	zhuàng
tll	疃	tuǎn
tln	接	jiē
tlo	拷	kǎo
tlr	堵	dǔ
tlre	境	jìng
tm	扪	mén
tm	抹	mǒ*
tm	抿	mǐn
tm	拇	mǔ
tmi	拖	tuō
tmi	圪	gē
tmmm	撬	qiào
tmmri	攫	jué
tmn	搂	lǒu*
tmn	塿	lóu
tmnu	擞	sǒu*
tmri	揸	zhā
tmuk	搁	gē*
tn	扔	rēng
tnenr	攒	zǎn*
to	扬	yáng
to	场	chǎng*
to	畏	wèi
tob	拣	jiǎn
tob	揕	zhèn
tob	堪	kān
tobj	撕	sī
tobl	墈	kàn
tods	捣	dǎo
toe	抑	yì
toe	挪	nuó
toi	搜	sōu
toid	拨	bō
toj	埏	shān*
toji	塅	duàn
tok	垧	shǎng
tokko	攮	nǎng
tor	顿	dùn
torx	撩	liāo*
tos	捭	bǎi
tos	埤	pí*
tot	垤	dié
totd	捯	dáo
tou	挠	náo
tou	撖	hàn
tp	抨	pēng
tp	披	pī
tp	坡	pō
tp	坪	píng
tpbm	探	tàn
tpc	挥	huī
tq	扦	qiān
tq	圱	qiān
tq	坥	qū
tq	畎	quǎn
tqj	插	chā
tqk	括	kuò*
tra	畛	zhěn
trb	抡	lūn*
trb	𫭢	lǔn
trbrz	揭	jiē
trbrz	堨	è
trc	拊	fǔ
trc	埘	shí
trdo	堆	duī
trdo	推	tuī
trdon	携	xié
trdy	拎	līn
trdy	坽	líng
trdzx	捻	niǎn
trdzx	埝	niàn
tre	抢	qiǎng*
tre	界	jiè
trei	撮	cuō*
trg	捍	hàn
trg	垾	hàn
tri	坦	tǎn
tri	担	dān*
triai	捡	jiǎn
trik	拾	shí*
triyd	揄	yú
trj	挺	tǐng
tros	堠	hòu
trrt	挫	cuò
trsi	墁	màn
trt	捏	niē
tru	拴	shuān
tru	埸	yì
truio	擒	qín
trxx	塌	tā
trz	堤	dī
trz	提	tí*
ts	去	qù
ts	抄	chāo
ts	抵	zhǐ
ts	拓	tuò*
ts	抻	chēn
ts	坤	kūn

ts	圯	yí	tssn	墀	chí	tu	坟	fén	tukzu	墩 dūn
tsb	拤	qiá	tsts	摆	bǎi	tu	畋	tián	tul	势 shì
tsb	坭	ní	tsz	堽	gāng	tub	抃	biàn	tun	鸷 zhì
tsbk	摒	bìng	tt	托	tuō	tubkk	摘	zhāi	tuo	垎 gàng
tsbu	畯	jùn	tt	掾	yuàn	tubkk	墒	shāng	tuor	垓 gāi
tsc	掘	jué	tt	乇	tuō	tubkz	擿	tī*	turrs	捽 zuó
tsda	掺	chān	tt	坉	tún	tubpf	搒	bàng*	tury	掖 yē*
tse	却	què	tt	圭	guī	tubpf	塝	bàng	rus	热 rè
tse	揣	chuāi*	ttb	卦	guà	tuc	蜇	zhé	tus	挚 zhì
tsf	塄	léng	ttbfk	墙	qiáng	tue	挤	jǐ	tusy	堉 yù
tsi	技	jì	ttbu	堎	lèng	tueis	摔	shuāi	tusyu	撤 chè
tsiko	擐	huàn	ttc	持	chí	tufki	擅	shàn	tut	垫 diàn
tsj	垲	kǎi	ttc	封	fēng	tuies	摔	shuāi	tx	扫 sǎo*
tsk	抬	tái	ttc	畤	zhì	tuik	垴	nǎo	tx	态 tài
tsk	拮	jié	ttct	堼	hèng	tuiko	摛	chī	tx	思 sī
tskor	撷	xié	ttdr	拟	nǐ	tuikx	撼	hàn	tx	忝 tiǎn
tsl	劫	jié	tte	邽	guī	tuit	搐	chù	txc	挦 xián
tsm	盍	hé	ttix	摞	luò	tuix	絷	zhí	txidb	摽 biào*
tsm	堞	dié	ttt	挂	guà	tuj	坑	kēng	txkk	埫 tǎng
tsn	弆	jǔ	ttt	畦	qí	tuj	抗	kàng	txn	墺 yāo
tso	搌	zhǎn	ttt	垚	yáo	tuk	捂	wǔ	txpj	埽 sào
tsot	握	wò	tttf	壘	léi	tuk	略	lüè	txpks	撑 chēng
tsrdo	摧	cuī	ttuk	撂	liào	tuk	垎	hè	txt	堙 yīn
tsrsg	擀	gǎn	ttx	恚	huì	tukkk	搞	gǎo	txu	垙 guāng
tsrsi	墘	qián	ttx	掭	tiàn	tukko	攘	rǎng	txx	垱 dàng
tss	挨	āi*	tu	执	zhí	tukko	壤	rǎng	txx	挡 dǎng*
tss	埃	āi	tu	抚	fǔ	tukps	壕	háo	txxra	墋 liào
tsscb	撰	zhuàn	tu	㧑	huī	tukr	贽	zhì	txxra	畱 liú
tssk	据	jù*	tu	坞	wù	tukx	掠	lüè	txxro	擢 zhuó

txy	捎	shāo	tzmdx	攥	zuàn	ubk	咎	jiù	uci	瑛	yīng
ty	圩	xū*	tzoi	援	yuán	ubk	玷	diàn	ucib	璜	huáng
ty	垏	lǜ	tzos	墕	yān*	ubkbk	商	shāng	ucid	珩	héng
ty	胃	wèi	tzpi	授	shòu	ubog	瑳	cuō	uckko	瓘	guàn
tyi	捅	tǒng	tzspp	埗	bù	ubpf	旁	páng	ucl	璊	mén
tyi	埇	yǒng	tztj	擤	xǐng	ubpj	帝	dì	uco	琫	běng
tyio	摴	chū	tzz	垺	fú	ubpjk	啻	chì	ucr	瑃	chūn
tyo	抒	shū	uaoi	瑙	nǎo	ubpjz	遆	tí	ucz	琏	liǎn
tyom	揉	róu	ub	六	liù*	ubr	昝	zǎn	ud	玉	yù
tyrdo	攉	huō	ub	卞	biàn	ubr	珣	xún	ud	玎	dīng
tyt	擂	léi*	ub	处	chù*	ubs	瑔	quán	ud	鸟	niǎo
tyy	堋	péng	ub	来	lái	ubs	碧	bì	ud	戍	shù
tz	扯	chě	ub	环	huán	ubse	兖	yǎn	ud	刎	wěn
tz	抓	zhuā	ub	珀	pò	ubsji	毅	yì	ud	刘	liú
tz	拄	zhǔ	ub	珌	bì	ubso	衮	gǔn	uddk	琦	qí
tz	挑	tiāo*	ubb	玭	pín	ubsz	璲	suì	udikc	璒	dēng
tz	捉	zhuō	ubbrk	瑢	róng	ubt	璠	fán	udk	珂	kē
tz	拃	zhǎ	ubc	产	chǎn	ubu	瑝	huáng	udk	玿	sháo
tz	抟	tuán	ubca	彦	yàn	ubxe	琬	wǎn	udo	琤	chēng
tz	址	zhǐ	ubcar	颜	yán	ubxim	璨	càn	ue	冬	dōng
tz	垍	jì	ubd	玢	fēn*	ubz	琔	diàn	ue	齐	qí
tz	埴	zhí	ubfu	璬	jiǎo	uc	立	lì	ue	斋	zhāi
tz	走	zǒu	ubi	交	jiāo	uc	珊	shān	ue	邙	máng
tzb	填	tián	ubi	琯	guǎn	uc	珹	chéng	ue	邬	wū
tzc	埒	liè	ubidb	琮	cóng	uc	虺	huǐ	ue	珥	ěr
tzc	捋	luō*	ubie	郊	jiāo	uc	虿	chài	ue	兕	sì
tzf	摇	yáo	ubin	䴔	jiāo	ucb	珙	gǒng	uecc	螽	zhōng
tzid	拔	bá	ubiri	瑄	xuān	ucbku	璥	jǐng	ued	剂	jì
tzji	搬	bān	ubiu	效	xiào	uch	瑧	zhēn	ueee	珧	yáo

ueies	率	shuài*	uiiz	珷	wǔ	uke	郚	wú	ukynf	赢	yíng
uek	言	yán	uiiz	斌	bīn	ukkk	高	gāo	ukz	享	xiǎng
ueu	班	bān	uiizb	鑋	bān	ukkke	鄗	hào	ukz	趸	dǔn
uf	琲	bèi	uiizr	赟	yūn	ukkki	敲	qiāo	ukzbo	亸	duǒ
uf	玤	bàng	uik	咸	xián	ukkkk	噩	è	ukze	郭	guō
uf	玞	fū	uik	珺	jùn	ukkkm	璪	zǎo	ukzn	鹑	chún
ufkib	禀	bǐng	uikdi	⿱辟鬲	bì	ukkog	瓤	ráng	ukzu	敦	dūn*
ufkri	亶	dǎn*	uiko	离	lí	ukkoo	襄	xiāng	ukzu	孰	shú
ufkrn	鹯	zhān	uikx	感	gǎn	ukl	亨	hēng	ukzus	熟	shú*
ufkrr	颤	chàn*	uin	威	wēi	ukls	烹	pēng	ukzut	塾	shú
ufmp	璇	xuán	uir	瑨	jìn	uko	哀	āi	ul	务	wù
ufz	逄	féng	uit	畜	chù*	ukpd	亭	tíng	ul	劢	mài
ug	玕	gān	uiu	玩	wán	ukpj	亮	liàng	ul	理	lǐ
ug	玒	hóng	uix	紊	wěn	ukpky	膏	gāo*	ul	珑	lóng
ug	玦	jué	uj	亢	kàng	ukpm	毫	háo	ul	琅	láng
ug	珢	yín	uj	市	shì	ukps	豪	háo	ul	⿰王乐	lì
ugo	裹	guǒ	uj	玑	jī	ukpt	亳	bó	ulk	珈	jiā
ugyk	瑭	táng	uj	玖	jiǔ	ukrdo	雒	luò	ulll	珕	lì
uhh	琰	yǎn	uj	玘	qǐ	ukrkn	璎	yīng	ulrs	璋	zhāng
uhj	琥	hǔ	uj	瑾	jǐn	uku	敔	yǔ	uls	琭	lù
uhn	琇	xiù	uj	琏	liàn	uku	珵	chéng	um	条	tiáo
uhs	璩	qú	ujk	琀	hán	ukx	京	jīng	um	盲	máng
uhuei	⿰王燮	xiè	ujo	裒	póu	ukxi	就	jiù	um	氓	máng*
ui	文	wén	ujor	颃	háng	ukxin	鹫	jiù	um	珉	mín
ui	玄	xuán	ujz	琎	jìn	ukxl	勍	qíng	um	玛	mǎ
ui	玡	yá	uk	各	gè*	uky	琄	xuàn	umj	⿰王阑	lán
uibo	璞	pú	uk	吝	lìn	ukybf	羸	léi	umm	琳	lín
uie	琊	yá	uk	吾	wú	ukycf	蠃	luǒ	umm	瑁	mào
uiees	率	shuài*	uke	现	xiàn*	ukykf	嬴	yíng	umxo	璘	lín

un	妄	wàng	upjs	齑	jī	ussk	琚	jū	uuk	珸	wú
un	弄	nòng*	uq	球	qiú	usx	戚	qī	uukko	瓖	xiāng
un	鹅	é	uq	珇	zǔ	usxi	琡	chù	uukx	琼	qióng
unenr	瓒	zàn	ur	轫	rèn	usxkz	蹙	cù	uurdz	琴	qín
uo	衣	yī	ura	珍	zhēn	usxz	蹙	cù	uusc	琉	liú
uo	琢	zhuó*	urbb	琨	kūn	usy	育	yù	uuse	珫	chōng
uo	玚	yáng	urdo	琟	wéi	ut	亩	mǔ	uuu	斑	bān
uob	琪	qí	urdy	玲	líng	ut	备	bèi	uuub	璱	sè
uoe	珋	liǔ	urdzk	琀	hán	ut	瑑	zhuàn	ux	忘	wàng
uoikq	亹	mén*	ure	玠	jiè	uts	珐	fà	ux	忽	hū
uoji	瑖	duàn	ure	玱	qiāng	utt	珪	guī	ux	忞	mín
uok	珦	xiàng	uri	玳	dài	utuo	亵	xiè	uxc	𬍤	xún
uokbk	裔	yì	uriyd	瑜	yú	utx	惫	bèi	uxkr	琐	suǒ
uom	瑂	méi	urj	珽	tǐng	utx	恵	xí	uxrdl	饔	yōng
uoo	衰	shuāi*	urkmo	褒	bāo	uu	玮	wěi	uxrdo	雍	yōng
uooi	瑕	xiá	urm	韫	yùn	uu	玫	méi	uxrdt	壅	yōng
uor	顼	xū	urrs	卒	zú*	uu	玟	wén*	uxu	珖	guāng
uor	亥	hài	urs	瑆	xīng	uub	琶	pá*	uxx	珰	dāng
uord	刻	kè	urukx	璟	jǐng	uub	瑟	sè	uxx	珝	xǔ
uorl	劾	hé	ury	夜	yè	uubb	琵	pí	uxxra	璆	qiú
uoror	颏	kē	urz	瑅	tí	uubpj	[illegible]	dì	uy	玗	yú
uos	瑰	guī	us	珅	shēn	uucl	釐	xī	uy	玥	yuè
uou	璈	áo	us	玓	dì	uucn	嫠	lí	uy	珏	jué
uoux	璁	cōng	use	充	chōng	uucs	漦	sī*	uy	瑀	yǔ
uoz	逄	páng	use	瑞	ruì	uufki	璮	tǎn	uy	珒	jīn
up	玻	bō	uskbq	瓛	huán	uui	玹	xuán*	uy	肓	huāng
up	玶	píng	usky	瑚	hú	uuiko	璃	lí*	uye	瑌	ruǎn
upbm	琛	chēn	usn	弃	qì	uuj	琴	qín	uyio	瑹	tū
upc	珲	huī*	usrdo	璀	cuǐ	uuk	珞	luò	uyoo	袤	mào

uyu	望	wàng
uz	迈	mài
uz	违	wéi
uz	迕	wǔ
uz	这	zhè*
uz	珠	zhū
uz	珧	yáo
uz	趸	dǔn
uzb	瑱	zhèn*
uzb	玼	cī*
uzf	瑶	yáo
uzid	韨	fú
uzj	韬	tāo
uzo	衷	zhōng
uzoi	瑗	yuàn
uzpzi	瑷	ài
uzuk	璐	lù
uzy	琇	xiù
uzz	琈	fú
xb	外	wài
xb	怀	huái
xb	怕	pà
xb	忭	biàn
xb	衅	xìn
xb	衃	pēi
xbidb	悰	cóng
xbiri	愃	xuān
xbke	悦	yuè
xbo	惮	dàn
xbo	悌	tì
xbo	慊	qiàn*
xbob	夤	yín
xbor	憎	zēng
xbr	恂	xún
xbrs	悼	dào
xbs	忪	sōng*
xbu	惶	huáng
xbxe	惋	wǎn
xc	寻	xún
xc	忖	cǔn
xc	怅	chàng
xc	忸	niǔ
xc	衄	nǜ
xccri	蒦	yuē
xce	郇	xún
xcj	惭	cán
xcmru	覆	fù
xcq	恹	yān
xcr	惜	xī
xcspm	懵	měng
xcuc	慌	huāng
xcz	懂	dǒng
xd	尖	jiān
xd	忉	dāo
xdcbk	憺	dàn
xdidn	懈	xiè
xdikc	憕	chéng
xdk	怊	chāo
xdr	忺	xiān
xdx	㤘	zhòu
xdx	尜	gá
xeii	慑	shè
xeit	悭	qiān
xem	智	yuān
xen	鸳	yuān
xesl	恸	tòng
xex	怨	yuàn
xf	怫	fú*
xf	悱	fěi
xfm	悃	kǔn
xg	快	kuài
xg	恨	hèn
xgbk	惦	diàn
xgj	慨	kǎi
xgkr	惯	guàn
xgl	慷	kāng
xgn	械	jiè
xgo	慵	yōng
xh	灵	líng
xhh	愀	qiǎo
xhh	惔	tán
xhz	悸	jì
xi	忆	yì
xi	忧	yōu
xi	忱	chén
xi	怏	yàng
xidb	票	piào
xidbd	剽	piāo
xidbg	瓢	piáo
xidbi	飘	piāo
xiiii	惙	chuò
xio	怿	yì
xiri	恒	héng
xit	怪	guài
xj	忻	xīn
xj	慬	qín
xk	名	míng
xkb	悒	yì
xkcu	惘	wǎng
xki	怄	òu
xkik	恫	dòng*
xkj	惬	qiè
xkk	尚	shàng
xkkio	愕	è
xkku	敞	chǎng
xkkum	氅	chǎng
xkr	贾	jiǎ*
xkrd	恻	cè
xktk	惆	chóu
xl	悝	kuī
xl	悢	liàng
xlbr	愭	qí
xll	憧	chōng
xlr	愔	yīn
xm	栗	lì
xm	粟	sù

xm	愐	miǎn	xpkuo	裳	shang*	xsdkr	懒	lǎn	xukx	惊	jīng
xmii	忾	kài	xq	忏	chàn	xse	惴	zhuì	xukz	惇	dūn
xmm	悔	huǐ	xqix	愫	sù	xsf	愣	lèng	xupc	辉	huī
xmmp	憷	chù	xqk	恬	tián	xsi	忮	zhì	xurrs	悴	cuì
xmru	愎	bì	xqy	情	qíng	xsj	恺	kǎi	xux	惚	hū
xmu	悯	mǐn	xrdo	雀	què*	xsk	怙	hù	xuxxo	耀	yào
xn	要	yào*	xrdo	惟	wéi	xsk	怡	yí	xx	当	dāng*
xnkz	慥	zào	xrdos	憔	qiáo	xspz	悖	bèi	xx	多	duō
xo	舛	chuǎn	xrdy	怜	lián	xsr	惛	hūn	xx	忑	tè
xob	惧	jù	xre	怆	chuàng	xt	尘	chén	xx	羽	yǔ
xokr	愦	kuì	xrg	悍	hàn	xt	忳	tún	xx	恤	xù
xom	桀	jié	xri	怛	dá	xtbg	悻	xìng	xx	恓	xī
xomd	懊	ào	xrik	恰	qià	xtbu	㥄	líng	xxbd	翂	fēn
xorx	憭	liǎo	xriyd	愉	yú	xtc	恃	shì	xxkk	惝	chǎng*
xos	愧	kuì	xrl	飧	sūn	xtdr	歅	yīn	xxl	翌	yì
xp	少	shǎo*	xrl	飨	xiǎng	xte	鄄	juàn	xxn	羿	yì
xp	怦	pēng	xrm	愠	yùn	xts	怯	qiè	xxpc	翚	huī
xpc	恽	yùn	xrs	覃	tán*	xtu	甄	zhēn	xxrag	戮	lù
xpes	尝	cháng	xrs	惺	xīng	xu	光	guāng	xxral	勠	lù
xpj	帚	zhǒu	xrsi	慢	màn	xu	忙	máng	xxran	鹨	liù
xpke	党	dǎng	xru	惕	tì	xu	怃	wǔ	xxrdg	戳	chuō
xpki	掌	chēng*	xrukx	憬	jǐng	xu	忤	wǔ	xxrdo	翟	zhái*
xpki	裳	shang*	xs	怵	chù	xub	忭	biàn	xxtcb	翼	yì
xpkj	常	cháng	xs	性	xìng	xubi	佼	jiǎo*	xxu	恍	huǎng
xpkkr	赏	shǎng	xs	悚	sǒng	xufkh	懔	lǐn	xxukk	翯	hè
xpkm	棠	táng	xsb	怩	ní	xuik	恼	nǎo	xxurs	翠	cuì
xpks	掌	zhǎng	xsbu	悛	quān	xuikx	憾	hàn	xxy	悄	qiāo*
xpkt	堂	táng	xsckr	愤	fèn	xuk	恪	kè	xxz	翀	chōng
xpkte	鄌	táng	xsda	惨	cǎn	xuk	悟	wù	xy	肖	xiāo*

xyd	削	xuē*	ybiu	鲩	huàn	yc	胀	zhàng	ye	鲕	ér
xye	懦	nuò	ybk	朐	qú	yc	朏	fěi	yeee	鮡	zhào
xyz	逍	xiāo	ybk	胼	pián	ycccr	鳜	guì	yeee	朓	tiǎo
xz	忡	chōng	ybk	鲇	nián	ycio	震	zhèn	yei	服	fú*
xz	怔	zhēng*	ybk	鲄	jū	ycl	雳	lì	yei	鲰	zōu
xz	怍	zuò	ybke	脱	tuō	ycpis	朦	méng	yeit	鲣	jiān
xz	迺	nǎi	ybn	胺	àn	ycr	腊	là*	yeo	隶	lì
xzb	慎	shèn	ybn	鮟	ān	ycr	鲭	chūn	yeor	颥	rú
xzgy	惰	duò	ybo	鲜	xiān*	ycrd	膜	mó	yez	鲥	shí
xzh	恢	huī	ybo	鳒	jiān	ycrdi	鳠	hù	yf	肤	fū
xzj	怖	bù	ybo	腣	tī	yct	腠	còu	yf	肺	fèi
xzj	慆	tāo	ybock	膳	shàn	ycyu	霰	xiàn	yf	肪	fáng
yaf	霈	pèi	ybock	鳝	shàn	ycz	鲢	lián	yf	脯	pú*
yafig	鬣	liè	ybqb	膑	bìn	yd	刖	yuè	yf	腓	féi
yat	鲻	zī	ybr	脂	zhī	yd	胨	dòng	yf	鲱	fēi
yazr	霪	yín	ybs	胪	lú	yd	胝	zhī	yf	鲂	fáng
yb	肥	féi	ybs	胞	bāo	yd	魛	dāo	yf	雱	pāng
yb	胁	xié	ybs	腺	xiàn	ydce	鲔	wéi	yf	霏	fēi
yb	胖	pàng*	ybs	肸	xī	ydce	脆	cuì	yfc	膊	bó
yb	膘	biǎo	ybs	鲈	lú	ydd	腌	yān*	yfd	胭	yān
yb	鲃	bā	ybs	鲍	bào	ydik	鲘	hòu	yfh	腘	jùn
yb	鲌	bó*	ybs	鳈	quán	ydio	胯	kuà	yfsk	鲴	gù
ybb	鮀	tuó	ybs	雹	báo	ydo	鮸	miǎn	yfy	腘	guó
ybbg	腔	qiāng	ybt	朕	zhèn	ydr	欤	yú	yg	肝	gān
ybi	胚	pēi	ybt	膰	fán	ydr	肷	qiǎn	yg	肛	gāng
ybic	鳟	zūn	ybu	鳇	huáng	ydsm	腯	tú	yg	胍	guā
ybidb	腙	zōng	ybxe	腕	wàn	ye	需	xū	yg	鲠	gěng
ybik	胸	xiōng	ybz	腚	dìng	ye	邘	yú	yge	鲫	jì
ybiu	脘	wǎn	yc	肘	zhǒu	ye	鄅	yǔ	ygkc	膙	jiǎng

ygl	鳓	lè	yix	恿	yǒng	yl	胧	lóng	yog	胫	jìng
ygl	鱇	kāng	yiz	通	tōng*	yl	鲤	lǐ	yoidb	祭	jì
ygo	鳙	yōng	yj	肌	jī	ylbr	鳍	qí	yoj	矜	jīn*
ygrc	腑	fǔ	yj	肼	jǐng	yln	霎	shà	yokbk	矞	yù
ygt	脏	zāng*	yj	胛	jiǎ	ylrx	臆	yì	yokbn	鹬	yù
ygy	霸	bà	yj	鱾	jǐ	ym	盂	yú	yokbz	遹	yù
ygz	腿	tuǐ	yj	鰊	liàn	ym	脒	mǐ	yom	柔	róu
yh	炙	zhì	yj	建	jiàn	ym	腼	miǎn	yooi	霞	xiá
yh	稣	sū	yjc	螣	téng	ymi	胣	chǐ	yoor	预	yù
yhc	鳊	biān	yjdti	䲢	téng	ymm	霉	méi	yor	颙	yóng
yhh	鳅	qiū	yje	霓	ní	ymm	霖	lín	yordz	矜	jīn*
yi	甬	yǒng	yje	鲵	ní	ymm	霜	shuāng	yos	脾	pí
yi	脉	mài*	yji	股	gǔ	ymmn	鹴	shuāng	youc	蝥	máo
yi	胰	yí	yjix	縢	téng	ymn	膢	lóu*	youm	骛	wù
yi	鱿	yóu	yjm	腾	téng	ymrs	膝	xī	youm	瞀	mào
yi	鲉	yóu	yjn	媵	yìng	ymru	腹	fù	youn	婺	wù
yidb	䏡	shì	yjs	滕	téng	ymxo	鳞	lín	youn	鹜	wù
yiekr	腻	nì	yjt	塍	chéng	ymxo	膦	lín	yourb	鍪	móu
yik	鲪	jūn	yjxc	鳉	jiāng	yn	肭	nà	yp	鲆	píng
yikdd	鲡	lí	ykik	鲖	tóng	yn	脓	nóng	yp	鲏	pí
yikkd	膈	gé*	ykik	胴	dòng	ynenr	臜	zā	ypix	鲧	gǔn
yikt	鲾	bī	ykkio	腭	è	yo	予	yǔ*	ypsb	肃	sù
yil	勇	yǒng	ykkio	鳄	è	yo	矛	máo	ypsbn	鹔	sù
yim	脎	sà	ykkke	酃	líng	yo	肠	cháng	yqikc	鳢	lǐ
yio	肟	wò	ykkkm	臊	sāo*	yob	腆	tiǎn	yqo	膘	biǎo
yio	鲺	shī	ykn	脶	luó	yob	鲯	qí	yqs	然	rán
yio	雩	yú	ykrd	鲗	zéi	yocc	蟊	máo	yqy	腈	jīng
yioe	鄠	hù	yktk	鲷	diāo	yodo	豫	yù	yqy	鲭	qīng*
yirbz	霭	ǎi	yl	肋	lèi*	yoe	䲟	yìn	yra	胗	zhēn

yrbb	鲲	kūn	ysidc	霨	wèi	yubi	胶	jiāo	yxy	霄	xiāo
yrc	鲋	fù	ysk	胎	tāi	yubpf	膀	bǎng*	yy	朋	péng
yrc	鲥	shí	ysk	胋	gǔ	yubpf	鳑	páng	yy	腴	yú
yrdo	霍	huò	ysk	鲐	tái	yue	脐	qí	yye	臑	nào
yrdy	零	líng	ysk	鲒	jié	yue	霁	jì	yyi	鲬	yǒng
yres	脍	kuài	yskbg	腩	nǎn	yue	鲚	jì	yyj	腱	jiàn
yres	鲙	kuài	yskca	膨	péng	yuek	霅	zhà	yyn	鹏	péng
yri	胆	dǎn	yskci	臌	gǔ	yufki	膻	shān	yyoib	鲚	jì
yriai	脸	liǎn	yskck	鳍	xǐ	yufki	鳣	zhān	yyx	鳕	xuě
yriyd	腧	shù	yskls	霹	pī	yuik	脑	nǎo	yz	迂	yū
yrj	霆	tíng	ysm	鲽	dié	yuikx	鳡	gǎn	yz	遇	yù
yrm	腽	wà	yspz	脖	bó	yuj	肮	āng	yz	肿	zhǒng
yrm	鳁	wēn	yss	脲	niào	yuk	胳	gē*	yz	胀	zhàng
yrr	鲳	chāng	yss	鳏	guān	yukx	鲸	jīng	yz	胙	zuò
yrrt	脞	cuǒ	yssk	腒	jū	yul	雾	wù	yz	朓	tiǎo
yrs	腥	xīng	yt	肚	dù*	yum	鲦	tiáo	yz	腞	zhuān
yrsi	鳗	mán	yt	肽	tài	yuor	胲	hǎi*	yz	鲊	zhǎ
yrxx	鳎	tǎ	yt	肫	zhūn	yury	腋	yè	yz	鮡	zhào
yrz	鳀	tí	yt	鲀	tún	yuxro	臃	yōng	yzbi	鳤	guǎn
ys	胜	shèng*	yt	雷	léi	yx	雪	xuě	yzc	脟	liè
ys	胂	shèn	ytbu	鲮	líng	yx	愚	yú	yzf	鳐	yáo
ys	豚	tún	yto	鳂	wēi	yxc	鲟	xún	yzid	鲅	bà
ysb	胩	kǎ	yts	胠	qū	yxidb	鳔	biào	yzid	胈	bá
ysckr	鲼	fèn	ytse	脚	jiǎo*	yxidb	膘	biāo	yzl	霾	mái
ysd	鯻	là	ytt	鲑	guī	yxn	腰	yāo	yzs	肱	gōng
ysda	鲹	shēn	ytx	鳃	sāi	yxpes	鲿	cháng	yzuk	露	lù*
yse	腨	shuàn	ytx	腮	sāi	yxpkt	膛	táng	yzy	鲔	wěi
ysi	肢	zhī	yu	雯	wén	yxu	胱	guāng	yzz	脬	pāo
ysidc	鳚	wèi	yubi	鲛	jiāo	yxxb	鳛	xí	zab	箔	bó

zafc	簿	bù	zbk	笱	gǒu	zcikc	蹰	chú	zei	趣	qù
zafig	躐	liè	zbkr	赀	zī	zcl	蹒	pán	zeii	蹑	niè
zb	此	cǐ	zbm	柴	chái	zclr	躇	chú	zerey	蹐	jí
zb	赴	fù	zbo	箪	dān	zcmro	躏	lìn	zez	筛	shāi
zb	趴	pā	zbo	艏	shǒu	zcpis	艨	méng	zf	舫	fǎng
zb	爬	pá	zbog	蹉	cuō	zcrd	貘	mò	zf	趺	fū
zb	真	zhēn	zbooe	篼	dōu	zcyd	箭	jiàn	zfc	踌	chóu
zb	笆	bā	zbor	颠	diān	zczk	箬	ruò	zfc	筹	chóu
zb	笨	bèn	zbor	蹭	cèng	zd	舠	dāo	zfm	簠	fǔ
zb	舶	bó	zbrb	蹜	sù	zdce	跪	guì	zfms	簇	cù
zb	舥	pā	zbrdo	雌	cí	zdd	趔	liè	zfn	鹞	yào
zb	貊	mò	zbrs	踔	chuō	zddk	踦	yǐ	zfpix	繇	yáo*
zbb	舵	duò	zbs	孢	bāo	zdhj	篪	chí	zfz	遥	yáo
zbb	跎	tuó	zbs	舻	lú	zdikc	蹬	dēng*	zg	左	zuǒ
zbbc	蹿	cuān	zbs	跑	pǎo*	zdio	跨	kuà	zg	孔	kǒng
zbbg	箜	kōng	zbt	蹯	fán	zdk	笤	tiáo	zg	孤	gū
zbbs	筚	bì	zbte	蹠	zhí	zdk	舸	gě	zg	竿	gān
zbbs	跸	bì	zbu	篁	huáng	zdk	超	chāo	zg	筻	gàng
zbd	龙	lóng	zbu	艎	huáng	zdk	貂	diāo	zg	赶	gǎn
zbdi	觜	zī*	zbuek	訾	zǐ*	zdo	筝	zhēng	zg	跟	gēn
zbdti	鮆	cǐ	zbxe	箢	yuān	zdskr	踬	zhì	zg	踝	huái
zbe	些	xiē	zc	策	cè	zdx	趋	qū	zgbk	踮	diǎn
zbe	貌	mào	zc	蚩	chī	zdz	跶	da	zge	筇	qióng
zbez	邈	miǎo	zc	载	zǎi*	ze	邾	zhū	zgf	筑	zhù
zbi	管	guǎn	zc	豺	chái	ze	竺	zhú	zghp	毋	wú
zbic	蹲	dūn*	zc	跚	shān	zedr	趑	zī	zgik	笥	sì
zbidb	踪	zōng	zcccr	蹶	jué*	zeee	跳	tiào	zgkr	笼	lǒng
zbiu	筦	guǎn	zchj	虢	guó	zeery	踖	jí	zgl	簕	lè
zbix	紫	zǐ	zcib	簧	huáng	zegm	篮	lán	zglbt	躔	chán

zgm	簋	guǐ	zi	笛	dí	zke	觅	mì	zm	笃	dǔ
zgni	踱	duó	zi	跃	yuè	zke	笕	jiǎn	zm	笔	bǐ
zgobb	簏	lù	zi	舣	yǐ	zke	舰	jiàn	zm	栽	zāi
zgph	毋	wú	zi	舳	zhú	zkf	篚	fěi	zm	臬	niè
zgrr	筮	shì	zi	裁	cái	zki	貙	chū	zm	踇	mǔ
zh	灰	huī	zibo	蹼	pǔ	zkik	筒	tǒng	zma	彩	cǎi
zhc	篇	piān	zid	奚	xī	zkj	箧	qiè	zmdix	纂	zuǎn
zhc	蹁	pián	zidbk	谿	xī	zkk	笸	pǒ	zmds	篡	cuàn
zhg	己	jǐ	ziri	貆	huán	zkk	筥	jǔ	zml	勐	měng
zhg	已	yǐ	zj	布	bù	zkkkm	躁	zào	zmm	箱	xiāng
zhg	巳	sì	zj	起	qǐ	zkkr	筼	yún	zmm	箖	lín
zhg	弓	gōng	zj	距	jù	zku	筐	kuāng	zmn	算	suàn
zhgps	弗	fú	zj	践	jiàn	zl	笼	lóng*	zmn	篓	lǒu
zhhhs	聿	yù	zj	趿	tā	zl	笠	lì	zmr	简	jiǎn
zhhp	尹	yǐn	zj	笈	jí	zl	筤	láng	zmri	蹅	chǎ
zhhtn	艮	gèn*	zj	笺	jiān	zl	跞	lì*	zmzj	簖	duàn
zhm	盔	kuī	zj	舀	yǎo	zl	踉	liàng*	zn	妥	tuǒ
zhn	踒	wō	zji	般	bān	zlcr	籍	jí	zn	鸼	zhōu
zhp	尸	shī	zjim	槃	pán	zlk	笳	jiā	zn	鸤	shī
zhpn	尺	chǐ*	zjis	磐	pán	zlk	跏	jiā	zne	筅	xiǎn
zhpn	夬	guài	zjj	篯	jiān	zlk	踣	bó	zne	跣	xiǎn
zhsh	丑	chǒu	zjjr	簪	zān	zll	艟	chōng	znenr	趱	zǎn
zhthg	民	mín	zjk	船	chuán	zlr	箸	zhù	znenr	躜	zuān
zhuei	躞	xiè	zjm	跺	duò	zls	箓	lù	zni	笯	nú
zhxx	簃	yí	zjx	跽	jì	zlz	笾	biān	znk	筶	gào
zi	友	yǒu	zk	右	yòu	zm	采	cǎi*	znkz	簉	zào
zi	赵	zhào	zk	哉	zāi	zm	孟	mèng	zo	第	dì
zi	笑	xiào	zk	笄	jī	zm	盅	zhōng	zo	笫	zǐ
zi	笋	sǔn	zk	趼	jiǎn	zm	盘	pán	zo	赳	jiū

zob	箕	jī	zrc	符	fú	zrkuk	龉	yǔ	zsk	跆	tái
zoboe	篼	dōu	zrc	跗	fū	zrky	龋	qǔ	zsk	踟	chí
zobp	簸	bǒ*	zrdo	截	jié	zrkz	龊	chuò	zskci	鼗	táo
zod	龙	máng*	zrdy	舲	líng	zrkzb	龇	zī	zsm	蹀	dié
zoi	艘	sōu	zre	舱	cāng	zrm	貅	xiū	zsm	艉	wěi
zoi	爰	yuán	zre	跄	qiàng	zros	篌	hóu	zspp	步	bù
zoibb	篦	bì	zrg	筏	fá	zrsu	筱	xiǎo	zsppr	频	pín
zoibb	貔	pí	zrh	艅	yú	zru	筌	quán	zspps	颦	pín
zoj	筵	yán	zri	笪	dá	zru	踢	tī	zsr	踏	tà*
zokr	篑	kuì	zriai	签	qiān	zrxx	蹋	tà	zsrdo	雄	xióng
zor	篝	gōu	zrik	答	dá*	zrz	踶	dì	zss	篾	miè
zor	艚	cáo	zrikc	籥	yuè	zs	舢	shān	zsshd	蚩	chī
zor	频	fǔ	zrikd	劄	zhá*	zs	跌	diē	zssk	踞	jù
zorx	蹽	liāo	zrj	艇	tǐng	zs	趵	bào	zsszs	出	chū
zorx	簝	liáo	zrk	齿	chǐ	zs	跖	zhí	zsx	箩	luó
zos	焉	yān	zrkb	龀	chèn	zs	豹	bào	zsxx	翃	hóng
zose	鄢	yān	zrkbs	龅	bāo	zs	笙	shēng	zsyy	蹦	bèng
zou	跷	qiāo	zrkdk	龆	tiáo	zs	箫	xiāo	zt	篆	zhuàn
zp	跛	bǒ	zrkdk	踦	yǐ	zsbc	躅	zhú	ztb	筢	pá
zpi	受	shòu	zrkg	龈	yín*	zsdkr	籁	lài	ztbe	筠	yún*
zpos	簰	pái	zrkj	龂	yín	zsdr	簌	sù	ztc	等	děng
zpxo	舜	shùn	zrkje	齯	ní	zse	踹	chuài	ztc	跱	zhì
zpzi	爱	ài	zrkkz	龊	chuò	zsgc	爵	jué	ztcb	戴	dài
zq	臭	chòu*	zrkmi	龁	hé	zshg	巴	bā	ztio	箨	tuò
zq	趄	qiè*	zrkmp	龊	chǔ	zshh	丑	chǒu	ztj	鼻	bí
zqkr	箦	zé	zrkq	龃	jǔ	zshp	爿	pán	ztj	箅	bì
zqy	箐	qìng	zrkre	龂	xiè	zsi	歧	qí	ztjbk	齁	hōu
zqz	跹	xiān	zrkry	龄	líng	zsi	跂	qǐ*	ztjd	劓	yì
zra	趁	chèn	zrkst	龌	wò	zsk	笞	chī	ztjg	鼾	hān

ztjhq	齇	zhā
ztjj	鼽	qiú
ztjoo	齉	nàng
ztk	筘	kòu
ztkj	箍	gū
ztodt	籀	zhòu
ztt	跬	kuǐ
ztt	筀	guì
zu	政	zhèng
zu	孜	zī
zu	笏	hù
zubi	跤	jiāo
zubkk	蹢	dí*
zubpj	蹄	tí
zue	跻	jī
zufz	篷	péng
zui	舷	xián
zuik	箴	zhēn
zuiko	篱	lí
zuj	航	háng
zuk	路	lù
zuk	貉	hé*
zukkk	篙	gāo
zukn	鹭	lù
zukxi	蹴	cù*
zukzu	蹾	dūn
zuo	裁	cái
zuor	孩	hái
zx	孙	sūn
zx	忠	zhōng
zx	怎	zěn
zx	息	xī
zx	舾	xī
zxg	筷	kuài
zxkk	趟	tàng*
zxm	篥	lì
zxpkt	蹚	tāng
zxrs	簟	diàn
zxx	筜	dāng
zxxro	趯	tì
zxy	筲	shāo
zxy	艄	shāo
zxz	逊	xùn
zy	有	yǒu*
zy	肯	kěn
zy	竽	yú
zy	越	yuè
zy	踽	jǔ
zye	郁	yù
zye	孺	rú
zyi	踊	yǒng
zyj	踺	jiàn
zyl	筋	jīn
zyom	蹂	róu
zypsb	箫	xiāo
zz	逃	táo
zz	跳	tiào
zz	趾	zhǐ
zz	踵	zhǒng
zz	孚	fú
zz	笊	zhào
zz	笮	zuó*
zz	迮	zé
zz	舴	zé
zz	孖	zī*
zzb	跐	cī*
zzd	幺	yāo
zze	郛	fú
zzg	乳	rǔ
zzhpn	彖	tuàn
zzhs	毌	guàn
zzid	跋	bá
zzid	蹊	xī*
zzj	蹈	dǎo
zzm	艋	měng
zzm	踩	cǎi
zzp	乡	xiāng
zzsh	毌	guàn
zzz	矗	chù

图书在版编目(CIP)数据

查文检字续：汉字检索探赜／蒋伟，蒋薇著．—
上海：上海社会科学院出版社，2018
ISBN 978－7－5520－2372－5

Ⅰ．①查… Ⅱ．①蒋… ②蒋… Ⅲ．①汉字—排检法
Ⅳ．①H124.5

中国版本图书馆CIP数据核字(2018)第152706号

查文检字续——汉字检索探赜

著　　者：蒋　伟　蒋　薇
责任编辑：杨　国
封面设计：周清华
出版发行：上海社会科学院出版社
上海顺昌路622号　邮编200025
电话总机021－63315900　销售热线021－53063735
http://www.sassp.org.cn　E-mail:sassp@sass.org.cn
排　　版：南京展望文化发展有限公司
印　　刷：上海龙腾印务有限公司
开　　本：710×1010毫米　1/16开
印　　张：23.75
插　　页：2
字　　数：475千字
版　　次：2018年10月第1版　2018年10月第1次印刷

ISBN 978－7－5520－2372－5/H·044　定价：98.00元